ISO 9000 丛书

ISO 9001：2015 质量管理体系文件

第 2 版

刘晓论　柴邦衡　著

机械工业出版社

根据 ISO 9001 标准的变化，对《ISO 9001：2008 质量管理体系文件》一书进行了全面修订。在对新版标准对体系文件要求全面理解和提炼的基础上，本书详细并举例阐述了如何编写 ISO 9001：2015 质量管理体系文件的有关问题。

全书共分 3 篇 6 章。第 1 篇介绍了质量管理体系文件基础，包括前 2 章，第 1 章论述了质量管理体系文件的编制原则、注意事项和新版标准关于质量体系文件理解的误区，以及如何按 2015 版新标准来编制质量体系文件；第 2 章说明了与质量管理体系有关的其他文件，包括质量计划等。第 2 篇着重阐述了如何编写大中型组织的质量管理体系文件，分 3 章阐述手册、程序和岗位作业文件编制要点、难点和"常见病"。第 3 篇阐明了小微型组织的质量管理体系文件的编写，归纳了小微型组织简明质量体系文件的特点，并提供了多种类型组织的案例。全书给出了 35 个案例，并对部分案例进行了点评。

本书适合各类组织的质量管理人员、质量管理体系内外部审核人员、培训人员、咨询人员及大专院校相关专业师生，作为参考书、工具书和培训教材使用。

图书在版编目（CIP）数据

ISO 9001：2015 质量管理体系文件/刘晓论，柴邦衡著 . —2 版 . —北京：机械工业出版社，2017.2（2025.4 重印）

（ISO 9000 丛书）

ISBN 978-7-111-56021-0

Ⅰ.①I… Ⅱ.①刘…②柴… Ⅲ.①质量管理体系—国际标准 Ⅳ.①F273.2-65

中国版本图书馆 CIP 数据核字（2017）第 027058 号

机械工业出版社（北京市百万庄大街 22 号 邮政编码 100037）
策划编辑：李万宇 责任编辑：李万宇
责任校对：佟瑞鑫 封面设计：鞠 杨
责任印制：单爱军
北京虎彩文化传播有限公司印刷
2025 年 4 月第 2 版第 11 次印刷
169mm×239mm·20.25 印张·1 插页·384 千字
标准书号：ISBN 978-7-111-56021-0
定价：55.00 元

凡购本书，如有缺页、倒页、脱页，由本社发行部调换
电话服务 网络服务
服务咨询热线：010-88361066 机 工 官 网：www.cmpbook.com
读者购书热线：010-68326294 机 工 官 博：weibo.com/cmp1952
010-88379203 金 书 网：www.golden-book.com
封面无防伪标均为盗版 教育服务网：www.cmpedu.com

ISO 9000丛书序言

ISO 9000系列标准从1987年问世以来，受到全世界工商企业、各经济部门、社会团体以及各种组织（包括各级政府的相关行政单位）的欢迎与重视，形成了始料未及的、持久不衰的、空前的ISO 9000热。

ISO 9000族（1994版）使ISO 9000系列标准的基础更为牢固、更为深化和规范化，同时，也为全面修订ISO 9000族，使之更适合于硬件产品加工制造业以外的各个领域、各个行业铺平了道路。

ISO 9000族2000版则更为简化、重点更为突出，更加科学、普适。它与其他管理体系［如ISO 14000（环境）、ISO 18000（职业卫生和安全）］的相容性更强，并将质量保证体系提高到质量管理体系的水平，更适合于市场的要求。

"ISO 9000丛书"的编写正处于世纪之交，ISO 9000族换版的过程中。因此，它担负着承前启后、继往开来的历史使命。能为此做出自己的贡献，是全体编著者的荣幸。本丛书立足于ISO 9000：2000版的要求，为读者在贯彻ISO 9001：2000版中可能遇到的难题提供指南。本丛书将根据国际标准的修订情况及时进行再版修订，力求为读者提供最新适用的指南。

由于本丛书的编著者具有扎实的理论基础、丰富的技术经历和管理实践经验，在硬、软科学相结合的边缘领域有其独到之处，从而使本丛书具有以下特点：观点鲜明，论据充实，方法切实可行，材料新颖，论述深入浅出，文风严谨，难点释疑，技术与管理紧密结合。本丛书无论对各级领导、质量管理人员、专业管理人员、内外部质量审核人员，还是对从事质量体系的培训、咨询人员和高校师生，都极具参考价值。

本丛书的第一部《ISO 9000质量保证体系》问世以来，受到了读者的厚爱。其根本原因在于实用性强，甚至可解决一批困惑读者多年的问题。本丛书作者将继承和发扬《ISO 9000质量保证体系》的优点，再接再厉，为质量管理在中国的发展做出贡献。

当前，在党中央的领导下，举国上下都在重视技术创新，寻求新的经济增长点。创新是我国自立于世界民族之林，跻身世界经济强国的必由之路。技术创新和管理创新是社会经济向前发展的两个车轮。在管理领域内创新，与技术创新具有同等重要的意义，管理模式、方法上的创新，往往给企业（或组织）带来意想不到的经营业绩（市场占有率、效率和效益等），实现突破性飞跃。应当看到，在管理方法上不断创新，是国内外许多著名企业获得成功之路。

本丛书将尽力反映国内、外质量管理界的新理论和经验，反映作者的研究成果和心得。希望在创新思路和方法上，能给读者提供更多的借鉴。本丛书力求内容充实、实用。在贯标、认证过程中，如何深入、健全、完善体系，以及质量管理体系各主要环节应如何控制等方面，都给读者以明示。衷心希望这套丛书能对读者有更多的助益。

对这套丛书的编著，作者也作了改革性的尝试。本丛书不设立编委会，而由主要编著者直接署名。

柴邦衡

2000 年

新版前言

目前，ISO 9001：2015 版标准已颁布实施，各有关组织正在学习、准备贯彻该标准。鉴于新标准对体系文件的要求，与以前各版标准有相当大的不同，因此，如何正确理解和实施新标准，编写出符合其要求的体系文件，就成为一个突出问题。本书作者力求帮助读者解决这一困难，为读者提供一整套解决问题的方法。本书重点论述了质量管理体系文件的编写原则、注意事项、文件编写中的难点和"常见病"。同时，在针对不同类型的组织，所提出的示范参考性质量手册、程序、岗位作业文件和简明手册等方面，都有独到的见解，诚望对读者能有所启发和助益。

本书分 3 篇 6 章。第 1 篇为质量管理体系文件基础；第 2 篇为大中型组织的质量管理体系文件；第 3 篇为小微型组织的质量管理体系文件。其中，第 1 章重点论述了质量管理体系文件如何满足 2015 版标准的要求；第 2 章介绍了与质量管理体系有关的其他文件；第 3 章突出了对大中型组织的质量手册的难点释疑；第 4 章阐述了程序文件应如何编写；第 5 章说明了岗位作业文件的编写要点；第 6 章着重说明小微型组织的质量体系文件编写的特点和简明手册。在各章节中都包括颇多极具参考价值的案例。

由于本人忙于其他工作，此次修订由刘晓论教授主持，特致谢意。书中错漏及不足之处，敬请读者指正。

柴邦衡

bhchai9@163.com

目　录

第 2 篇　大中型组织的质量管理体系文件

第 3 章　质 量 手 册

第 4 章　程 序 文 件

第5章　岗位作业文件

第3篇　小微型组织的质量管理体系文件

第6章　小微型组织质量管理体系简明文件

第 1 篇
质量管理体系文件基础

第 1 章　质量管理体系文件概论

1.1　概述

1.1.1　2015 版 ISO 9001 关于质量管理体系文件要求的主要变化

2015 版 ISO 9001 发布了，新版标准较之过去的标准，在质量管理体系完整性和活力机制方面有明显提升，使质量管理体系更能服务于组织目标的实现，并创造价值。

ISO 9000：2015 中 3.8.6 "成文信息" 明确了是指组织需要控制和保持的信息及其载体。成文信息可以任何格式和载体存在，并可来自任何来源。成文信息可包括：管理体系，包括相关过程；为组织运行产生的信息（一组文件）；结果实现的证据（记录）。

这里所说的质量管理体系文件信息，即为传统的质量管理体系文件。不过，2015 版的 ISO 9001 的修订，去掉了对体系文件的特定要求，不再把体系的文件叫作 "管理手册" "程序文件"，而是将文件的命名权交给了企业。

新版标准是在 ISO 9000：2008 的基础上，对质量管理体系文件要求方面进行了较大范围的修订，提出很多新的要求，有了明显的变化。主要变化内容如下所述。

1）标准结构设计按照 ISO/IEC 导则的要求进行了编排，为的是方便多个管理体系的整合。ISO/IEC 导则第 1 部分的补充部分：ISO 专用程序（2014 年第 5 版）附录 SL 的附件 2，被称为国际管理体系标准的标准模板。其确定了适用于所有 ISO 管理体系标准（MSS）的通用术语和定义，也确定了具有一致性结构的 10 个条款作为 MSS 的 "高层次架构"，以利于各种管理体系的整合。现在，ISO 55001—2014 资产管理体系标准和 ISO 45001 职业健康安全管理体系（预计 2018 年 3 月发布）标准，都是按照这个导则要求编排的。但是，这并不意味着组织一定要调整自己的质量管理体系文件编排格式。新版标准引言也说明不要求按此结构编写自己的文件。

2）文件要求（包括记录）方面有了明显的变化。新版标准未同 2008 版一样提出 "形成文件的程序"。2008 版的标准出现 "形成文件的程序" 之处，即要求建立该程序，形成文件，并加以实施和保持。2008 版要求必须具备的六个形成文件的程序：文件控制、记录控制、内部审核、不合格品控制、纠正措施和预防措施。新版标准虽对文件没有强制性要求，但在多处要求保持"成文信息"。新版标准作为与其他管理体系标准相一致的共同内容，有"形成文件"的条款，在 ISO 9001：2008 中使用的特定术语如"文件""程序文件""质量手册""质量计划"和"记录"等，在本版标准中均规定为"保持成文信息"要求。质量手册、程序等在过去标准中明确要求的文件称谓，被取消了。统一用"成文信息"这样非常通俗的词，从而给使用标准者以更大的操作空间。

新版标准 7.5.1"总则"注中的内容，提供了文件适应组织实际详略的指南。突出强调的是"适应"，需要多的就要够多，并非是对组织复杂过程所需文件的随意地宽容。这一点，新版标准和 2008 版标准，在实质上是一样的。

在 ISO 9001：2008 中，使用"记录"这一术语，表示提供符合要求的证据所需要的文件。现在表示为要求"保留成文信息"。组织有责任确定需要保留的成文信息及其存储时间和所用载体，也就是说，整个标准中要求的需保留的信息，也不强制要求叫作记录，只要能提供可让人相信的证据就可以，不用刻意去"做"记录。证据的内涵，就宽泛得多。不只是文字，影像、声音也可以作为记录，很多之前不能成为记录的证据，如痕迹、外部信息、数据分析等，都能作为证据提供。还有一点不同的是，对证据的要求更强调是结果的证据，如 8.2.3 评审与产品和服务有关的要求的结果；8.4.1 组织应保持评价、绩效监督和外部供方再评价的成文信息；8.5.3 保存已发生什么的成文信息等。以"评审""建立""实施"等动作开始，以"结果的证据"结束。这表明标准在证据方面，更强调的是动作产生的结果，并非事情本身。更强调做的结果，而不是具体过程和有没有进行记载。

若新标准使用"信息"一词，而不是"成文信息"，则并不要求将这些信息形成文件。在这种情况下，组织可以决定是否有必要适当保持成文信息。具体内容如下所述。

1）新版标准 4.3 确定质量管理体系的范围要求应用本标准的组织，应明确质量管理体系的边界和适用性，以确定其范围。对于新版标准中适用于组织确定的质量管理体系范围的全部要求，组织应予以实施。明确要求组织的质量管理体系范围，应作为成文信息加以保持。该范围应描述所覆盖的产品和服务类型。

2）新版标准 4.4.1 和 4.4.2 要求组织应按照要求，建立、实施、保持和持续改进质量管理体系，包括所需过程及其相互作用。并且，要求在必要的程度上，组织应保持成文信息，以支持过程运行和保留确认其过程按策划进行的成文信息。

3）新版标准要求质量方针适应组织的宗旨和环境并支持其战略方向。质量方针应作为成文信息，可获得并保持。2008 版的标准文件则要求质量管理体系文件应包括质量方针。

4）新版标准 6.2.1 要求组织应对质量管理体系所需的相关职能、层次和过程设定质量目标。组织应保留有关质量目标的成文信息。2008 版的标准则要求质量管理体系文件应包括质量目标。

5）新版标准 7.5 要求组织的质量管理体系应包括标准要求的成文信息。新版标准要求成文信息见表 1-1。

表 1-1　新版标准要求的成文信息（包括证据）

序号	标 准 条 款	成 文 信 息
1	4.3　确定质量管理体系的范围	质量管理体系范围：产品和服务、要求不适用的说明理由
2	4.4　质量管理体系及其过程	必要的保持成文信息以支持过程的实施，确保它们按策划的结果实施
3	5.2　质量方针	质量方针应保持成文信息
4	6.2　质量目标及其实现的策划	组织应保持质量目标成文信息
5	7.1.5　监视和测量资源	保持适当的成文信息，以提供监视和测量设备满足使用要求的证据
6	7.2　能力	保持成文信息，提供能力的证据
7	8.1　运行策划和控制	保持充分的成文信息，以确信过程按策划的要求实施并与产品和服务的要求保持一致
8	8.2.3　与产品和服务有关要求的评审	应保存成文信息：关于评审结果和关于每个产品和服务的新要求
9	8.3.3　设计和开发的输入	应保存有关设计和开发输入方面的成文信息
10	8.3.4　设计和开发的控制	这些活动的文件化信息予以保存
11	8.3.5　设计和开发变更	应保存文件化信息：关于设计和开发变更、评审的结果、更改的批准、对不利的影响采取的措施
12	8.4.1　总则	应保持评价、绩效监督和再评价的成文信息
13	8.5.1　产品生产和服务提供的控制	成文信息的可用性：生产的产品特点、提供的服务特征或执行的活动特色，要完成的成果
14	8.5.2　标识和可追溯性	在有可追溯性要求的场合，控制产品的唯一性标识，并保持可追溯性的成文信息
15	8.5.3　顾客或外部供方的财产	保存已发生什么的成文信息
16	8.5.6　变更控制	保持对变更评价的结果、人员授权的变化和其他必要措施的成文信息
17	8.6　产品和服务的放行	应保存产品和服务的放行方面的成文信息，包括（符合性）证据应同接收准则相一致和可追溯到放行人的授权
18	8.7　不合格输出的控制	应保存成文信息：描述不一致性（不符合）、采取的措施、让步的取得和关于不一致性确定权威性决定的措施

（续）

序号	标 准 条 款	成 文 信 息
19	9.1.1　总则	应保持适当的成文信息，提供"监视和测量活动结果"的证据
20	9.1.2　顾客满意	应确定获得监视和评审顾客满意信息的方法
21	9.2　内部审核	保留成文信息，作为实施审核方案，以及审核结果的证据
22	9.3　管理评审	应保留管理评审的结果的证据
23	10.2　不符合与纠正措施	应保留成文信息：不符合的性质及随后采取的措施和纠正措施的结果的证据

注：表中，除了序号 1、2、3 和 4 外，都要求保持结果的证据。

1.1.2　对新版标准中质量体系文件的要求理解的误区

（1）误区一

ISO 9001：2015 标准规定，质量管理体系应至少包括 5 种成文信息：质量管理体系范围的成文信息；必要的质量管理体系及其过程的成文信息；质量方针作为成文信息；有关质量目标作为成文信息；作为校准或检定（验证）依据的成文信息。

有人认为企业建立质量管理体系只把上述五方面形成文件，其他就不用形成文件了，这样的看法不正确。ISO 9001：2015 标准 7.5.1 b）要求质量管理体系应包括"组织所确定的，为确保质量管理体系有效性所需的成文信息"。对于不同组织，质量管理体系成文信息的多少与详略程度可以不同，组织需不需要有成文信息，原则是要看过程、体系能否受控。例如，当没有详细工作程序就会影响产品质量时，应编制并实施岗位文件；在培训新工人上岗时，如果没有成文程序，就不能保证操作者的技能，就应编制使用相应的岗位文件；如果工艺要求简单，操作人员技能素质较高，能胜任本岗位的活动，则不必要求有指导操作的文件。

（2）误区二

ISO 9001：2008 标准专门的章节对"4.2.4 记录控制"提出要求，但是 ISO 9001：2015 标准没有这样明确的具体要求，有人认为这就是说记录的控制没有具体要求了。这样的认识不正确。ISO 9001：2015 标准 7.5.3.2 要求："应对所保留的作为符合性证据的成文信息予以保护，防止非预期的更改"。由此明显可见，作为质量管理体系符合性证据的成文信息应保管好。对有关保留成文信息，7.5.3 做出了明确的规定。

（3）误区三

ISO 9001：2008 标准要求保留 21 种记录，而 ISO 9001：2015 标准通篇没有

规定保留"记录",有人认为这就是说无须保留记录。这样的认识不正确。ISO 9001:2015 标准要求保留 19 种成文信息,保留成文信息可理解为保留记录,详见表 1-1。

(4) 误区四

在上述"误区三"中阐述了新标准要求保留 19 种"记录"。对于这 19 种"记录",有人认为通常只要考虑设计了表式,多少栏、多少行,相关人员填写就可以了。这样的认识不正确。ISO 9001:2015 标准要求在创建和更新成文信息时,组织应确保适当的格式(如语言、软件版本、图示)和载体(如纸质、电子格式)。因此,首先要评审成文信息的载体是什么,如很多过程设备装置输出的信息是电子格式,就无须再设计表式,直接按照电子文档方式将其作为输入保留即可。当然,在这种情况下,要规定并实施电子文档信息的管理办法。

(5) 误区五

ISO 9001:2015 标准要求,质量方针和有关质量目标都应作为成文信息。有人认为 2008 版标准没有这么明确,于是决定把质量方针和有关质量目标都写进质量手册。这样的做法值得探讨。标准要求成文信息,但是没有规定一定要写入质量手册。我们知道,质量目标是需要持续改进动态管理的,如果写入质量手册,质量目标修改一次,就要改一次质量手册,这是非常麻烦的,也确实没必要。质量方针和有关质量目标可以单独形成文件,便于修改控制。

1.1.3 质量管理体系文件的作用

编制质量管理体系文件,实际上就是对质量体系进行总体策划和详细设计。

GB/T 19023—2003(ISO/TR 10013:2001)指出了质量管理体系文件的目的和作用:"将组织的质量管理体系形成文件,可实现(但不限于)以下目的和作用:a)描述组织的质量管理体系;b)为跨职能小组提供信息以利于更好地理解相互的关系;c)将管理者对质量的承诺传达给职工;d)帮助员工理解其在组织中的作用,从而加深其对工作的目的和重要性的认识;e)使管理者和员工达成共识;f)为期望的工作业绩提供基础;g)说明如何才能达到规定的要求;h)提供表明已经满足规定要求的客观证据;i)提供明确和有效的运作框架;j)为员工培训和现有员工的定期再培训提供基础;k)为组织的秩序和稳定奠定基础;l)通过将过程形成文件以达到作业的一致性;m)为持续改进提供依据;n)通过将体系形成文件为顾客提供信心;o)向相关方证实组织的能力;p)向供方提供明确的框架要求;q)质量管理体系审核提供依据;r)为评价质量管理体系的有效性和持续适宜性提供证据。"上述的作用告知组织,为控制运行过程需要必需的文件。新版标准的实质是取消了关于体系文件的强制性要求,即组织可以根据自己管理的需要，决定采取文件的形式和种类，从而提高文件执行的有效性。这对于解决目前各种组织体系文件执行的两层皮的问题，是具有极其重要的作用的。因此，本书为了符合读者的习惯，还是沿用传统的质量管理体系文件的称谓，但这并不排除读者可将体系文件称为"制度""规范""规程"等。总的来说，认为标准未规定的文件都可以取消，是一种严重的误解。如果原有体系文件运行良好，并为组织所习惯，则保留原有体系并适当按新要求增补必要内容，是明智的。在此基础上，笔者充分认识到，质量管理体系文件体现了质量体系的设计和开发过程，它具有以下作用。

（1）质量管理活动的法规

质量管理体系文件是指导企业开展管理活动的法规，是各级管理人员和全体员工都应遵守的工作和行为规范。俗话说"无规矩不成方圆"，一个组织的质量管理也需要立"规矩"，才能有序地进行，才能达到预期的目的。它为组织的秩序和稳定奠定基础。作为企业的质量管理法规，质量管理体系文件具有强制性，组织的有关人员必须认真执行，达到作业的一致性，以保证产品质量和工作质量。

（2）达到产品质量要求和预期管理目标的保障

质量体系文件中所规定的质量活动，都是为了达到产品质量要求，以及为此提供必要的信任，最终为实现顾客满意服务的。保障产品质量满足顾客的需求，是质量管理体系文件的基本目标之一。通过质量管理体系文件，明确管理职责、工作程序及控制要求，通过保证工作质量来确保产品质量符合要求。执行文件对保持产品质量的一致性和可追溯性，是非常必要的。同理，其他管理目标（如提高生产率、节能降耗、控制成本等），也都要借助于质量管理体系文件来实现实施过程的规范化，从而保障预期目标的实现，不断提高市场竞争力。因此，质量管理体系文件是一个组织参与市场竞争的重要资源。

（3）评价组织质量管理体系有效性和持续适宜性的依据

质量管理体系文件本身就是一个组织存在质量管理体系的重要证据。无论进行外部或内部的质量体系审核活动，在评价质量管理体系是否符合质量管理体系标准的要求，是否有效，是否适宜时，都要把质量管理体系文件作为基本依据。程序文件可以证明：过程已被确定；程序已被批准；程序更改处于受控状态。

（4）质量改进的保障

质量管理体系文件对质量改进起着重要的保障作用，它有助于：

1）发现目标。将质量管理体系运行中某个过程或某项质量活动的实施情况与质量管理体系文件的要求相对照，较易发现问题，寻求改进机会，从而获得需要改进的目标。

2）评价结果。对于质量改进措施的有效性，可以对照质量管理体系文件规定的要求和预期的目标，按其能否实现来评定。

3）巩固绩效。对经过验证有效的质量改进措施，通过质量管理体系文件的更改可将其固定下来，从而保障了质量改进措施的持续有效。

（5）促进内部沟通

1）将管理者对质量的承诺传达给员工，以就此在组织内达成共识。

2）为跨职能的小组提供信息，以利于更好地理解相互之间的关系。

3）帮助员工理解其在组织中的作用，从而加深其对工作的目的和重要性的理解。

（6）制订培训需求的依据

质量管理体系的各项质量活动，都需要具有相应素质的人员来完成。质量管理体系文件实施的协调性和绩效，取决于人员的技能。为保证人员的素质，需要根据质量管理体系文件的要求来安排相应的培训。它为新员工培训和现有员工的定期再培训提供基础。体系文件本身就是重要的培训教材，文件要求的程度与经培训所能达到的人员技能要相适应。从这个意义上说，体系文件的水平决定了培训应达到的水准。

（7）使相关方了解组织

1）向相关方证实组织的能力。

2）为顾客提供信心。

3）向供方提供明确的框架要求。

4）使审核机构了解组织的质量管理体系。

5）使法律顾问了解组织对质量承诺的程度。

综上所述，质量管理体系文件起着沟通意图、统一目标、促使行动一致、证实体系存在及保证其运行效果的重要作用。因此，编写和使用体系文件，应是一种动态的高增值活动。

1.1.4　质量管理体系文件的构成

质量管理体系文件通常包括诸多方面文件。质量管理体系文件的范围，因组织的规模、活动类型、过程及其相互作用的复杂程度和人员的能力等差异而不同，所以，相关标准对质量管理体系文件的结构并无硬性规定。2015 版 9001 去掉了对体系文件的统一要求，不要求质量管理体系文件具体的表述形式，不再要求把体系的文件分别叫作"管理手册""程序文件"，完全可以从组织的实际情况出发，根据需要来安排各层文件。质量管理体系文件一般为塔式结构，由二、三或四层文件组成（见图1-1）。例如，对于很小的组织，可能只需要一本包括质量管理体系程序和操作过程程序（岗位文件）的质量手册；对于特大型组织，则将文件分为四层更便于管理。图 1-1 所示的文件结构，是笔者在 2009 年出版的《ISO 9001：2008 质量管理体系文件》一书中提出来的，现在看来仍然满足 2015 版标准的要求。

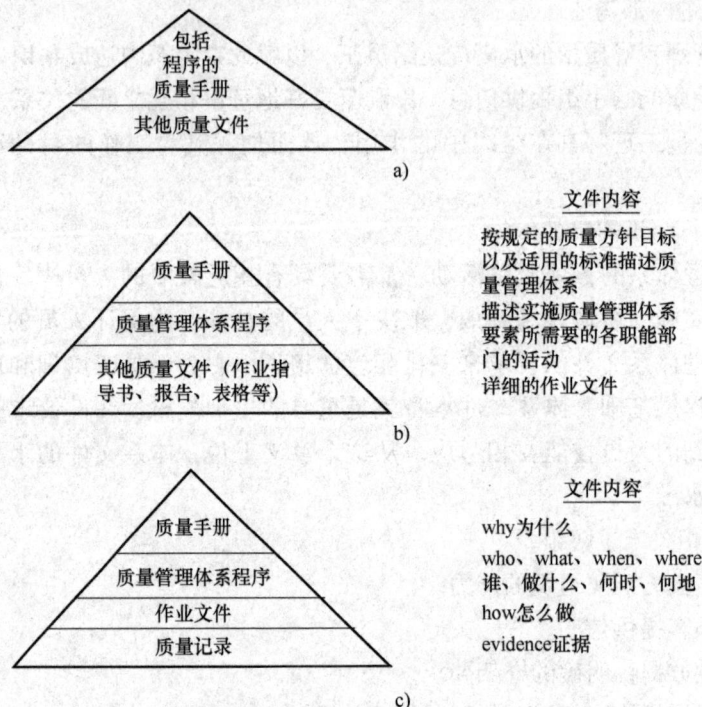

图 1-1　质量管理体系文件的塔式结构
a）二层　b）三层　c）四层

文件的范围、层次、数量和详细程度取决于：

1）组织的规模和类型。

2）过程的复杂程度和相互关系。

3）员工的能力。

4）证实质量管理体系符合要求的需要。

新版标准取消了关于"质量手册"和"程序文件"等的强制要求，不规定质量管理体系文件的称谓。通常，传统的质量管理体系文件包括：质量方针和质量目标；质量手册；程序文件；岗位文件；表格；质量计划；规范；外部文件和记录。下面介绍其中最重要的几种质量管理体系文件。

（1）质量手册（Quality Manual）

ISO 9000：2015 的 3.8.8 指出"质量手册　组织的质量管理体系的规范"。为了适应组织的规模和复杂程度，质量手册在其详略程度和编排格式方面可以不同，可适用于各种组织的复杂过程的细节和变化。质量手册供各级管理者使用，同时，供方和相关方也可通过质量手册来了解组织的质量管理体系。

它是组织质量管理的纲领性文件，是对质量管理体系总体的概括性描述，是质量战略的体现，是实施控制的基础。质量手册应当反映组织为实现组织的方针和目标所采用的方法。每个组织的质量手册都具有唯一性。但是，允许各类组织在将其质量管理体系形成文件时，在文件结构、格式、内容或表述的方法方面，具有灵活性。

对于小型组织而言，将对质量管理体系的整体描述（包括按 ISO 9001 要求建立的所有文件）写入一本手册，可能是适宜的。对于大型、跨国的或跨地区的组织而言，可能需要在不同层次上形成相应的质量管理体系文件，并且文件的层次，也更为复杂。通常，大型、跨国的或跨地区的组织质量手册应当包括一个引用文件的清单，但这些被引用的内容并不包括在质量手册中。

质量手册的内容一般包括或涉及：质量方针和目标；质量管理体系的适用范围；影响产品质量的人员职责、权限和相互关系；质量管理体系过程及相互作用；质量管理体系要素及其程序要点和说明；关于质量手册管理的规定等。

组织的有关信息，如名称、地址和联络方法也应当包括在质量手册中。质量手册还可包括如组织的业务流程，对组织的背景、历史和规模的简要描述等附加信息。

（2）程序（Procedure）

质量管理体系程序也称为程序文件/职能（部门）工作程序。若将质量手册视为"战略"文件，"程序"则为"战术"文件。它是描述质量管理体系过程所要求的质量活动如何开展的文件。活动的描述应考虑：

a）明确组织及其顾客和供方的需要。

b）以与所要求的活动相关的文字描述和（或）流程图的方式描述过程。

c）明确做什么、由谁或哪个职能或岗位做，为什么、何时、何地，以及如何做。

d）描述过程控制及对识别的活动的控制。

e）明确完成活动所需的资源（人员、培训、设备和材料）。

f）明确与要求的活动有关的文件。

g）明确过程的输入和输出。

h）明确要进行的测量。

组织可以决定把上述内容放在下一层次的岗位操作文件中，即岗位文件中加以描述，要明确这样做是否更为适宜。组织到底需要制订哪些文件，要根据如果没有这些文件，过程和活动的控制就可能出现问题与否来考虑。

　　程序文件应有力地支持质量手册的各项内容。程序文件的内容应包括如何达到过程和活动要求的确切描述，是实施运作的基础。例如，"外部提供的过程、产品和服务控制程序"的管理范围（如原材料、标准件、配套件、辅料或外协等）虽有不同，但均应详细描述对采购具体对象的控制方法和要求，即由谁、何时、何地、做什么、怎么做，以及为什么。

　　程序文件供职能（部门）或基层单位管理者/相关人员使用。

　　（3）岗位文件（也称为岗位操作指导书，Work Instruction）

　　岗位文件是程序的支持性文件，在程序中经常加以引用。岗位文件应当描述关键的活动，并足以对活动进行控制。它更详细规定某些质量活动和具体管理活动应怎样开展，如"生产和服务提供程序"中的有关过程控制、过程确认、产品标识、状态标识和可追溯性、产品防护等的规定。

　　程序是质量管理体系全局的过程的描述，而岗位文件则是对具体作业活动或质量活动的描述。岗位文件提供给从事具体业务岗位的管理人员和操作人员使用。

　　（4）质量计划（Quality Plan）

　　质量计划是针对某一特定情况应用的质量管理体系过程和资源做出规定的文件，也是针对某一产品、项目或合同，规定专门质量措施、资源和活动顺序的文件。质量计划只需引用质量管理体系文件，说明其如何应用于特定的情况，明确组织如何完成具体产品、过程、项目或合同所涉及的特定要求，并形成文件。应当规定质量计划的范围。质量计划可包括特定的程序、岗位文件和记录。

　　对某些特定的要求进行总体质量策划活动，其输出就是质量计划。质量计划既要对质量管理体系全局的过程进行描述，也要对具体过程中需控制的过程要素进行描述。一个工程项目或特定合同实施的基本依据是质量计划。质量计划是针对产品、项目或合同的质量管理大纲，可将其视为在特定范围的质量管理体系文件。

　　应当注意，对某一过程控制的计划需要加上必要的限定词，如设计开发质量计划、过程控制质量计划、检验质量计划等，而不宜统称为质量计划。

　　（5）表格（Form）

　　制订和保存表格是为了将文字性信息作为结果证据保持下来，以证实满足了质量管理体系的要求。需要事先确定信息的载体，若载体为纸质时，即通常所说的表式/表格。表格一般可作为程序或岗位文件的附录。当载体为电子文档时，图表也是常用形式。

　　在体系运行时，将描述质量活动实际情况的文字性信息填写到表格中之后，就构成了质量记录，就属于质量记录的管理范畴了。通常，质量记录是文字性信息证据，是一种特殊的成文信息。所用的表格/表式要经过批准，但是形成的记录就不需要批准了，也不能随意修改。

质量管理体系文件宜纳入组织的标准化体系。因此，质量管理体系文件的编写应符合标准化的原理和方法，例如按照 GB/T 1.1《标准要求的基本规定》的要求编写。

1.1.5　质量管理体系文件的评审

质量管理体系文件体现了对质量管理体系的策划和设计，它决定了组织的固有的管理能力，是指导质量管理活动的具体依据。因此，对体系文件的评审，可以确保其发挥应有的作用，持续达到预期的增值效果。评审需要以编制文件应遵循的基本原则为尺度，评价质量管理体系文件在有效性和适应性方面还有何欠缺，以便更改，从而优化文件的编制和修订过程。

根据 ISO/TR 10013：2001 要求，文件在发布前，应当由授权人员对文件进行评审，以确保其清楚、准确、充分和结构恰当。在文件的试行期，文件的使用者应当有机会对文件的适用性，以及是否反映了实际情况进行评价和发表意见。这些反馈的意见，应受到足够的重视和有效的处理。文件的放行，应当得到负责文件实施的管理者的批准。根据 ISO 9001：2015 标准的要求，在创建和更新成文信息时，组织应确保适当的评审和批准，包括正在编写的文件和现行使用的文件。

1.1.6　一般组织现有质量管理体系文件的弊病

许多组织现行的质量管理体系文件存在着一些共同弊病，下边举例说明。

（1）移植照抄

质量管理体系文件要结合组织的背景、运行状态和产品制造过程来编制，不能把其他公司的质量管理体系文件简单地搬移过来。笔者不反对把别的公司文件作为参考文件使用，借鉴其他公司文件的精华，如果适用于本组织则可以部分引用。但是，很多组织却不是这样，包括有些咨询人员更是不负责任，在指导被咨询企业时，不进行诊断分析，把现有的其他公司的手册和程序文件交给被咨询的企业作为模板。结果文件封面是改了，但是，不但内容没改，有的甚至部门名称、工艺过程都与持有文件的公司不符。笔者在实施上级部门的专项监督工作时，亲眼所见过这种"张冠李戴"现象。例如，这家公司的文件里边却有另一家公司的"企业介绍"。

（2）未能识别文件需求，认为文件数量越多越好

每个组织的背景、运行状态和产品制造过程都不相同，即使是同样一个产品，其工艺过程也不相同，因此，各个组织要根据自身需要来考虑，做到既要满足标

准要求，同时也要满足组织的需要，即"够用"就可以。不一定要面面俱到，建立一个庞大的质量管理体系文件库，在没遇到各种各样过程之前，却早早地做好准备编写了大量的文件，这样做是没有必要的。这样的文件也不具有前瞻性和时效性，反而会增加编写文件的成本。多余的文件不仅增加了文件编写和管理的成本，还经常容易出现文件重复、矛盾，造成低效率的恶果。

（3）过于精炼偏少

ISO 9001：2008 要求必备 6 个形成文件的程序，有些组织针对标准的这一要求，就不再多写其他的程序文件，其质量管理手册仅引用这几个程序文件，也没有引用岗位文件。正因为这样，质量管理体系文件特别简单，因而不好用，不便于操作，没办法指导体系的运行，致使许多过程失控。

（4）没有可操作性：时空未确定，程度不明确

质量管理体系文件编写完成以后，没有进行试用验证，也没有进行试运行，致使正式运行后不能用。具体地说，什么时候用，用到什么程度都不清楚。例如，关于控制图的文件中，只要求使用控制图计算过程能力指数，但是没有明确计量型数据用什么工具，计数型数据用什么工具，用不同的方法中的哪种或何时用，也未明确后续应采取的措施和方法。

（5）未形成闭环管理是"常见病"

质量管理成功经验之一是实施"策划 P-实施 D-检查 C-处置 A"（PDCA）循环，通常的理解是应实施螺旋式上升的闭环管理。通行做法是前面有"策划"，后面一定要有"实施""检查"和"改进"。若只有"策划"而后面没有"检查"，就等于不知道实施效果如何。这种形成开环（意味着管理中断）的毛病，极为普遍。这种做法会使管理的效果大打折扣，闭环管理详见 1.2.16 节。

1.2 质量管理体系文件编制原则

ISO 9000：2015 标准 3.8.5 指出"文件"是信息及其载体。文件的形成本身不是目的，它应是一项增值活动。为了实现高增值的目标，需要创造性的劳动，需要在文件编制时遵循一些普遍的原理和原则。除须全面贯彻 ISO 9000 中提出的质量管理 7 项基本原则外，还需特别注意遵循下列重要原则。

1.2.1 符合性

质量管理体系文件必须具有以下三方面的符合性。

（1）符合组织的质量方针和目标

质量方针和目标不应停留在口号上，而应通过质量管理体系文件确保其实现。

只有这样才能保证组织在市场竞争中占据更有利的位置，不断增强竞争实力。应根据质量方针和质量目标的要求，实施具有相应力度的控制措施。经常可以看到，不少组织的质量管理体系根本不能保证质量方针和质量目标的实现，这是完全不符合要求的。例如，有的组织提出的质量目标要求达到100%的顾客满意率，但却没有评价顾客满意的标准和方法。

（2）符合质量管理体系标准的要求

应当注意 ISO 9001：2015 标准提出的只是组织的质量管理体系应满足的基本要求，声称符合这个标准的组织必须达到这些要求。对不同组织而言，其产品和目标有很大的差异，显然本标准的要求并不是足以保证其竞争力的全部要求。

（3）符合组织的实际过程

众所周知，组织的构成和特点及其过程都是不相同的。即使生产同一类产品的组织，其职能部门设置和职责分配均不相同，产品及其零部件的工艺过程也不相同。因此，质量管理体系文件的编写，必须结合组织的实际情况，符合组织的实际过程。

1.2.2 创新性

（1）创新思维是持续改进的源泉

要提倡创新，在质量管理体系中营造有利于创新的氛围，鼓励那些立足于组织的过程和岗位，在管理方法和手段上不断创新的员工。只有用新的更好的方法和手段去代替原有的方法和手段，才能不断地实现质量的持续改进。

（2）创新会带来效益

只有创新，才可能取得突破性进展，带来巨大的效益。管理创新往往会带来质的飞跃，在质量管理发展史上，每一次重大的创新和变革，都会带来显著的效益。例如，统计质量控制（SQC）使废品明显减少；准时化生产（JIT）改变了传统的库存概念，极大地节约了资金；精益生产方式向一切浪费宣战；防错法（Poka-Yoke）可实现零缺陷。又如，将传统的机床排列方式（按机床种类一字长蛇阵式排列），改变为按工作元（Work Cell）来排列（如∏形）后，有利于操作者发扬团队精神、相互观摩、切磋，共同为保证质量和提高生产率、降低消耗做出贡献，从而取得了出乎意料的效果；将传统的按机器类型划分车间、工段的方法，改为按工艺流程安排设备，可以消除工件不必要的搬动，提高生产率。

（3）创新的范围

创新不仅限于新产品、新技术、新工艺、新材料等技术方面，在管理方面也同样大有可为。在质量管理体系的持续改进过程中，要特别强调管理创新，向管理要效益，以强化组织在市场中的竞争力，增强顾客满意。

1.2.3 确定性

在描述任何活动过程时，都必须使其具有确定性。即必须考虑影响这项活动结果的所有因素，并加以控制，明确规定何时、何地、做什么、由谁来做、依据什么文件、怎么做和应保留什么记录等，从而排除人为的随意性。只有这样，才能保证活动完全受控和过程的一致性，才能保证产品质量和工作质量的稳定性。例如，有的企业在检验文件中，未明确取样部位、测量部位和方向，致使检验人员在检测时有相当大的随意性，因而无法保证检验结果的一致性和可靠性。

1.2.4 兼容性

各种与质量管理体系有关的文件之间，应保持良好的兼容性。这里有两层意思，一是各领域管理体系的兼容；二是同一管理体系中，各种文件的兼容。可以看出，新版 ISO 9001 标准具有一致性结构的 10 个章节，采用了 MSS 的"高层次架构"，遵循了适用于所有 ISO 管理体系标准（MSS）结构标准化的原则。这就为实现 ISO 各种管理体系标准结构的一致性，以便融合进一步创造了条件。在组织中，文件之间更要协调一致不产生矛盾，而且要各自为实现总目标承担好相应的任务。从质量策划开始就应当考虑保持文件的兼容性。例如，有的企业在设计输出中明确规定了对一些重要质量特性的要求（如几何公差）；而在相应的工艺文件中，却没有措施来保证达到这些质量特性的要求；在检验规范中，也没有安排如何进行验证这些要求是否达到；在设备管理中，也不明确对相关设备的控制要求。很显然，上述情况表明，在设计文件、工艺文件、检验文件和设备管理文件之间，存在着不兼容的问题。

1.2.5 可操作性

质量管理体系文件都必须符合组织的实际，具有可操作性。这是文件得以有效实施的重要前提。编写人员应深入实际进行调查研究，并对文件实施进行跟踪验证。同时，使用人员应及时反馈使用中存在的问题，力求尽快改进和完善，确保文件可操作，并且行之有效。当文件确实难以操作，而又未能及时发现问题时，首先是编写人员的责任，其次使用人员也负有未能及时反馈的责任。因此，质量管理体系文件的可操作性，要通过落实职责来保证。

1.2.6 运用过程方法

任何使用资源，将输入转化为输出的活动或一组活动都可视为过程。为使组织有效运行，必须识别和管理那些相互关联和相互作用的过程。过程方法的目的是提高组织完成预定目标的有效性和效率。了解过程之间的相互作用，是过程方法的核心。运用过程方法需要充分理解过程顺序和相互作用（见图1-2）。图中，I表示输入，O表示输出。由图可见，制造过程这种复杂的关系，常常因为某一过程出现差错，而导致后续一系列过程的差错。只有充分控制了每个过程的全部输入和输出，才能有效地控制全局，最终满足顾客要求。由于局部利益导致在过程的接口和界面上失控是常见病。因此，合理划分界面，并明确界面两侧的管理职责是至关重要的。同时，各部门、小组之间的信息支持和协同，对于任何项目的成功也是十分必要的。

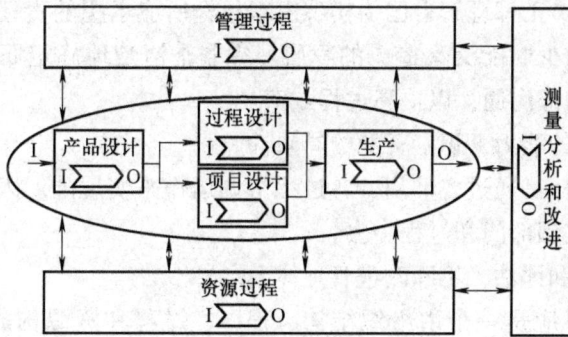

图1-2 过程顺序和相互作用

组织的过程识别清楚以后，可以利用乌龟图方法对每一个过程进行研究，如图1-3所示。所有的过程都有输入和输出，分别测量可获得的增值效果，以判断过程的有效性。所有过程都依据某些程序方法运作。过程运作都要有设施、设备、材料等方面的参与，也离不开经过培训获得技能的管理者或操作者。更重要的是通过测量和评价，来判断过程是否增值。图1-3的输出是乌龟的头，输入是乌龟的尾，程序方法、设施材料、技能培训和测量评价是乌龟的四只爪。把所有过程的程序方法集合，就是组织的质量管理体系文件的总和。

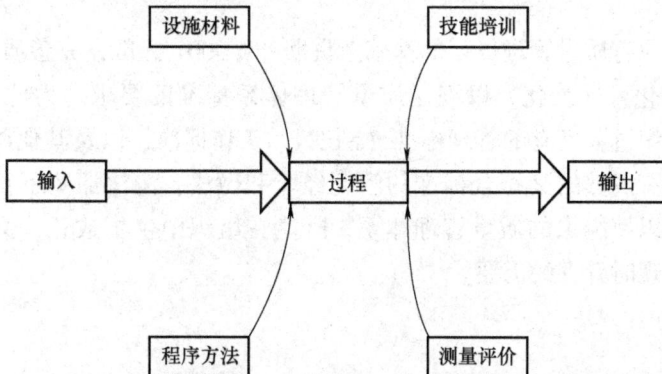

图1-3 研究过程的模型

1.2.7　系统性

管理体系的系统性要求如下。

1）建立一个管理体系，以最有效的方法实现组织的目标。管理的系统性要使组织的层次、职能分配为实现组织目标提供资源保障，以及对目标的管理、测评和改进更为有序。

2）了解各过程之间的相互依赖关系，并提供信息、资源、验证和配合诸方面的支持。

3）管理者和员工都理解自己为实现组织目标所应承担的责任，识别清楚责任的接口和界面，减少职能交叉造成的障碍。应非常清楚地确定职责、权限和相互关系，并且加强内部沟通，以提高过程效率。

4）认清组织的能力，识别资源的局限性。

5）组织的目标是通过各部门、各过程协调运作来实现的。因此，要把组织的总目标分解，落实到部门和过程中去。

6）通过测量和评估，不断改进管理体系。

质量管理体系应是一个由组织结构、程序、过程和资源构成的有机的整体，但在体系文件编写的过程中，由于过程和部门人员的分工不同，工作侧重点不同及其局限性，较难保持全局的系统性。因此，必须强调编写人员应站在系统的高度，着重搞清每个程序在体系中的作用，其输入、输出与其他程序之间的界面和接口，并加以有效的反馈控制。此外，文件之间的支撑关系必须清晰：程序要支撑质量手册，即对质量手册提出的各种管理要求应做出具体的交代和有控制的安排；岗位文件也应如此支撑程序文件。系统管理要求分清文件的层次，保证文件的唯一性，加强系统协调，改善系统的综合性，并实施动态管理。

1.2.8　继承性

组织应在原有质量管理体系的基础上贯彻 ISO 9001 标准，完善质量管理体系，并进一步规范化、标准化，以满足质量管理体系标准的要求。为此，要在收集、分析、研究组织过去已有的管理标准（制度）、工作标准，以及其他质量文件的前提下，继承原有成熟的又符合标准的管理经验和做法，淘汰那些不符合标准的规定。这样做可以使组织的质量管理体系，既能在组织中生根成长，又符合标准要求，并且满足现时管理的需要。

1.2.9　简化

简化可以获得如下效果。

1）节省。通过简化管理过程和作业活动，可以大量节省一些不必要的、非增值的管理，从而可减少人力资源和其他资源的浪费。

2）减少差错。简化的系统（过程）可使操作要求降低，不易发生差错，因而更容易得到充分的质量保证。

3）降低人员素质和培训要求。简化的系统（过程）对人员素质的要求会降低，培训要求较易掌握，招聘人员门槛可放低。

在市场经济条件下，人员流动是正常的现象，由于人员的流动性增加，使简化的效果更明显。一个简化的系统（过程）是更为可靠的系统（过程）。

1.2.10 优化

每个程序（过程）都应在权衡风险、利益和成本的前提下，寻求最佳的折衷方案，实现在特定具体条件下的优化目标。

研究优化，首先要明确目标，然后要搞清约束条件（包括各种可能的负面效应），并找出规律，寻求最佳解决方案。

这种优化的思路和方法应贯穿在文件编写的全过程中。在文件实施过程中，要继续进行动态优化、持续改进，才能获得最佳增值效果。同时，应考虑如何确保过程优化，以便用最低的成本达到预期的效果。

1.2.11 预防

预防是管理的精髓，预防也是最节省成本的。新版 ISO 9001 虽未要求"预防措施"，但以风险控制来替代。这种思维是建立质量管理体系的有力的工具之一，这也是新版 ISO 9001 主要变化的一个方面。

美国汽车行业的一个市场调研小组写出了一份很有影响的调查报告，建立了著名的"质量杠杆"模型（见图1-4）。图中，支点的左侧表示产品形成前的投入，支点的右侧表示产品形成后的投入。由图可见，在产品形成的早期阶段，特别是设计、开发阶段的投入属于最有效的预防性投入，其回报率最高；产品形成后的投入属于弥补性投入，其回报率是非常低的。遗憾的是，在我国，肯在设计开发阶段进行投入的企业，只是期望开发出一种新产品，而不愿在产品的可靠性方面进行早期投入。这是造成众多产品技术性能指标尚可，但效能不高和故障率高的重要原因。

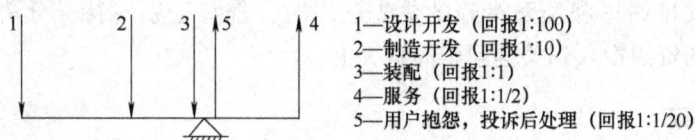

1—设计开发（回报1:100）
2—制造开发（回报1:10）
3—装配（回报1:1）
4—服务（回报1:1/2）
5—用户抱怨，投诉后处理（回报1:1/20）

图1-4 质量杠杆

在体系文件编写过程中，要始终立足于加强预防。在质量活动中，可利用过程失效模式及后果分析（FMEA）预先识别对各种质量活动可能的影响因素。同时，要针对这些可能的影响因素，做出有效的控制安排。对质量策划、设计和开发活动，更应给予特别的关注，因为策划、设计开发是早期最有效的预防。同时，还应注意如何发现潜在的不合格原因，并采取风险控制措施。利用统计分析技术研究过程的规律和趋势，是识别潜在不合格原因的重要手段。

1.2.12　证实性

质量管理体系文件本身就是符合标准要求的体系存在的重要证据。因此，在质量管理体系文件中，对质量记录工作应做出周密、细致的安排。这就要求在过程和质量活动的控制中，应考虑如何去检查和测评其开展情况是否符合标准的要求，并留下相应的证据信息。这样所形成的证据信息，就可证实体系符合标准要求。

1.2.13　可检查性

检查或评价质量管理体系运行的符合性、充分性、适宜性和有效性，是促进质量管理体系日臻完善的重要手段。为了便于检查时做出确切的评价，在编制文件时就应注意所描述的过程和活动是否可以测量及测量的有效性。

1.2.14　独立性

为了保持评价的真实性，在质量管理体系文件中，应贯彻独立性原则，使评价人员独立于被评价的活动（即只能评价与自己无责任和利益关联的活动）。只有这样，才能保证评价的客观性、公正性，才能促进质量管理体系的持续改进。同理，在设计验证、设计确认、产品质量审核、过程质量审核、检验及顾客满意的评价活动中，贯彻独立性原则，也是非常必要的。

1.2.15　区别

在各种活动中，要反对一刀切，实行区别对待、分类指导，从问题的重要性和实际情况出发决定对策。在这里，要特别关注关键的少数，以便解决大多数重要问题。例如，对产品质量特性重要度分级，对设备、工装、检测设备、计量设备、供方和客户的重要度实行 ABC 分类时，首先要抓住 A 类问题。此外，在制订审核计划、安排纠正和预防措施的优先顺序时，都宜区别对待，分清轻重缓急，以便把有限的资源投入到关键问题的解决上。

1.2.16　闭环

任何管理活动均应善始善终，并按照过程的策划、实施、检查、处置（PD-

CA）循环，力求不断改进。如果 PDCA 循环开环，则意味着管理中断、半途而废、前功尽弃。因此，是否闭环也是检查质量管理体系运行是否正常的一个有效手段。在闭环管理中，不断检查和评价管理的效果是否达到了预期要求是至关重要的。例如，对合同管理来说，应从合同评审开始，到合同执行中的控制与协调，直到按质、按期交付，实施全过程的闭环管理，经常出现的问题是合同评审没有问题，但合同的履约率很低，显然这表明合同评审活动走了过场。在针对不合格项所采取的纠正措施中，必须确保其措施有效，仅仅调查和分析不合格原因，并提出针对性的措施是不够的，必须实施跟踪管理，找出措施持续有效的证据。

接口控制不良是造成开环的"常见病"。

1.2.17　制衡

权力不受制约，会造成质量管理体系过于依赖某个部门、某一个管理者或某个工作人员的局面，不利于形成监督机制，难以全面贯彻质量方针，保证产品质量。在管理职责方面，对机构的设置、职能的分配、职责职权的赋予及其相互关系等，均应考虑权力的制衡原则，以形成有效的监督，确保当质量管理体系偏离质量方针、质量目标和标准要求时，能及时得到纠正。有些组织违背制衡原则，以致质量管理体系先天不足。例如，有的企业进行机构"改革"，为了强化生产指挥，将采购、检验、生产技术均归于统一管理，其结果是一切为生产让路，生产任务、计划得到有力的保障，但产品质量却明显滑坡；有些企业在生产部门管理人员、操作人员的素质并不高的情况下，没有设置独立的检验部门和质量管理部门，因而使监督、检查把关的职能难以实施到位。

1.2.18　补偿

补偿就是对复杂事物，运用调节的方法进行控制以达到规定的要求。例如，在一个复杂的尺寸链中，要保证最后装配得到的封闭环的尺寸精度，最简单而有效的办法就是增加补偿环，通过补偿环来控制封闭环的精度。在质量管理中，也可以运用这一原理，来改善控制的效果，如设备、工装、检测设备、计量器具的检查校准周期，就可作为一个补偿环节，通过及时调节周期，可实现更有效而节省的控制。

1.2.19　风险控制

各种类型和规模的组织，都面临内部和外部的、组织不能确定是否影响其实现目标的因素。这种不确定性所具有的对组织目标的影响，就是"风险"。组织的所有活动过程都面临各种风险。组织通过识别、分析和评定，决定是否运用风险控制来规避风险，以满足其风险控制准则，来管控风险。通过这个过程，组织与利益相关方进行沟通和协商，监测和评审风险，以及确保不再进一步需求风险的管控措施。因此，在编写企业相关文件化信息时，同样要辨识各种过程涉及的风险，并将对其的应对措施写在文件中。

1.2.20 充分运用现代计算机和网络技术

计算机和网络技术可以极大地提高效率并降低管理成本。例如，电子版文件的发放、更改、作废、回收和存档，都可以做到很简单；内部网络可使信息传递快捷而准确；许多质量记录直接填在电子表格上。

1.2.21 持续改进

对质量管理体系的持续改进，要实施动态管理。为巩固改进成果，应将其体现到质量管理体系文件中。对顾客的要求、质量管理体系文件和各项管理活动的实施，都应着眼于动态控制。实施动态控制，要求不断跟踪情况的变化和运行实施的效果，并及时、准确反馈信息，调整相应的控制方法和力度，以保持质量管理体系的适宜性，从而保证质量管理体系具有健壮性，能不断适应质量管理体系环境条件的变化并及时改进，使质量管理体系能持续有效地运行。

1.3 ISO/TR 10013 质量管理体系文件编写指南

ISO 9001：2015 附录 B（资料性附录）《ISO/TC 176 制定的其他质量管理和质量管理体系标准》中，明确包括《ISO/TR 10013 质量管理体系文件指南》。因此，编写质量管理体系文件时，应参考该标准。《质量管理体系文件指南》是用于质量管理体系文件开发和维护的指南。在其"范围"中明确指出："本技术报告不仅适用于建立 ISO 9000 标准的文件化质量管理体系，也适用于建立如文件化的环境管理体系和安全管理体系。"因此，对于建立环境管理体系、安全管理体系，或质量、环境、安全兼容管理体系的企业，均可将该技术报告作为编制文件的指南。《ISO/TR 10013 质量管理体系文件指南》包括六章内容，其中，第四章"质量管理体系文件"包括总则、目的和作用、质量方针和质量目标、质量手册、程序文件、作业指导书（即岗位作业文件）、表格、质量计划、规范、外来文件和记录，明确指出了质量管理体系文件通常包括的 9 种类型；第五章"质量管理体系文件的编制过程"包括编制的职责、质量管理体系文件的编制方法和引用文件的使用；第六章"质量管理体系文件的批准、发布和控制过程"包括评审和批准、分发、更改、发布和更改控制和非受控文件。另外，标准附录 A（资料性附录）为新结构、术语和概念说明。

1.4 质量管理体系文件的编制

1.4.1 文件编制的准备

在质量管理体系设计阶段的各项任务（包括制订质量方针、质量目标，确定质量管理体系所覆盖的产品，组织机构、各部门的职能分配、资源需求等）完成后，就具备了进入文件编写阶段的条件。但要着手进行文件编制，尚需进行以下准备。

（1）明确编制职责

质量管理体系文件应当由参与过程和活动的人员，最好是负责的管理者来编写。这样有助于加深对必需的要求的理解，并使参与者产生责任感。同时，还应确定由何部门（或职能）来管理这项工作。由于编写文件是临时性任务，它可由临时建立质量管理体系的工作班子（如贯标办）或由质量管理部门来承担文件编写的管理工作。

（2）评审组织的现有文件和引用文件

组织原有的管理文件（如手册、程序、管理标准和工作标准、质量记录等）具有重要的参考价值。对这些文件的评审和引用，将显著缩短体系文件的编制时间。同时，还有助于识别质量管理体系中存在的不足，以便进行弥补和纠正。

（3）收集或编制指导性标准、文件或参考资料

为了统一文件编写的要求、体例和格式，要明确编写的依据。在这方面，可参考 GB/T 19023—2003（等同 ISO/TR 10013：2001）《质量管理体系文件指南》。为了更切合实际，作者建议对于程序、岗位文件、记录表式，宜自行拟定相应的指导性文件（如编制导则），参见本章的 1.4.5 节【案例 1-1】。

应该指出，对一些书刊中的关于如何编制质量管理体系文件的案例，切莫作为"范本"加以模仿。因为很可能被误导，也容易脱离组织的实际，并将严重影响质量管理体系的开发和编制人员的创造性的发挥。本书提供的一些案例仅是为了启发读者的编制思路，切勿脱离组织的实际照搬照用。

（4）文件编写人员专题培训

对文件编写人员进行比较系统的培训，使编写人员掌握编写要求、依据、方法、应遵循的原则和注意事项等，对于保证质量管理体系文件编写的质量和进度，是一个十分重要的环节。培训要由有文件编写和文件审核经验的人员来进行。

1.4.2 文件编制的策划

文件编写工作同样需要周密的策划，以便更好地掌控全局。在文件编制的准

备工作完成后，应着手开展以下策划活动。

1）文件需求的识别。首先要识别组织体系运作的过程，每个过程都需要哪些文件。然后，把组织所有过程所需文件合并与集合，以形成对总体需要多少文件的认识，并估计大约需要的工作量。通常采用识别过程的乌龟图法（见图 1-3），其中的一只爪就是这个过程需要的程序方法。

2）确定质量管理体系文件的结构层次。文件的结构层次取决于组织的背景、规模和人力资源状况，可参见图 1-1 所示的结构。

3）提出质量管理体系文件目录。除质量手册外，需列出程序和作业指导书的目录。

4）确定文件编写小组或主要执笔人。宜临时组成专门的编写小组来编写质量手册，程序宜由归口管理部门的负责人执笔，岗位文件宜由业务主管人员执笔。

5）安排文件编制的进度表。当组织认证时间紧迫时，可采用运筹学的方法，将质量管理体系文件的建立和实施同步推进。一方面对照标准落实整改，另一方面编制体系文件。这对于整改工作量大的部门（如质量管理、设计开发、工艺、检验、计量等）尤为重要。采用这种平行交叉的作业方式，一般可赢得 3、4 个月的时间。实施的关键是要对文件的编制工作进行精心安排，做到有条不紊。在安排计划时，宜遵循"急用先编、先出台实施"的原则。

1.4.3 文件编制的实施组织

在文件编制过程中，归口管理机构要做好组织协调、监督检查、评审和审批工作。

（1）组织协调

对于相关部门、相关活动之间的界面、接口，应拟定处理原则，并及时解决不同文件之间交叉、重叠、矛盾、扯皮等问题。文件草案完成后，应组织专人统稿、核稿。

（2）监督检查

文件编制的管理机构，要按计划定期对文件编制的进度、质量进行检查、督促，并帮助编写人员解决具体困难。

（3）评审

对文件的评审是保证文件质量的重要环节。它可保证文件清楚、准确、充分、结构恰当。文件的使用者应当有机会对文件的适用性及其是否反映了实际情况进行评价和发表意见。一般可安排两次评审，一次在初稿完成后，另一次安排在文件草案完成并试运行后。文件评审宜由管理机构组织有关人员进行。评审时应特别注意质量管理体系文件是否符合标准要求，是否具有可操作性。

（4）审批

经评审修改后的文件送审稿可提交审批。文件的放行应当得到负责文件实施的管理者的批准。文件发布前，要按组织有关文件审批的规定，先经审查（一般公司级文件由管理者代表或各条线的归口领导审查），保证内容正确可行，再由最高管理者或其授权人员批准后颁布实施。

1.4.4 质量管理体系文件的编制方法

（1）编制文件前应做如下事项

1）识别有效实施质量管理体系所需的过程。

2）理解这些过程间的相互作用。

3）将这些过程按需要的程度形成文件，以保证其有效运行和得到控制。

质量管理体系所需文件的多少取决于对过程的分析，而不应当是文件决定过程。

（2）文件编制的基本活动

1）根据选择的质量管理体系标准，确定适用的质量管理体系文件要求。

2）通过各种手段（如问卷调查和面谈），收集有关现有质量管理体系和过程的信息。

3）列出现有适用的质量管理体系文件，并分析这些文件，以确定其可用性。

4）对文件参编人员进行有关标准和文件编制的培训。

5）从运作部门寻求并获得源文件或引用文件。

6）确定拟编制文件的结构和格式，编制质量体系范围内所有过程的流程图。

7）对流程图进行分析，以识别可能的改进并加以实施。

8）通过试运行，确认这些文件。

9）使用适宜的方法完成这些文件。

10）在发放前对文件进行评审和批准。

（3）引用文件的使用

为使文件的规模不致过大，可在文件中引用现有公认的标准或者使用者可获得的文件。在引用文件时，应避免规定文件的修订状态（如修订的年号或版本号），以免因引用文件修订而使引用失效。

1.4.5 文件编制导则

编写质量管理体系文件（本节所说质量管理体系文件包括：程序文件、岗位文件、表格、质量计划、规范和记录）与其他工作一样，都需要有一个准则。本书所说的质量管理体系文件编写的准则就是 GB/T 1.1《标准编写的基本规定》和 GB/T 19023 idt ISO/TR 10013《质量管理体系文件指南》。在此基础上，还要结合组织编写文件过程的具体特点，制定一个比较详细的质量管理体系文件编制导则，这样不仅可以解决同一体例等问题，也使文件编写者有所遵循。

【案例1-1】质量管理体系文件编制导则

版次：01／修改码：01   编号：QP00.00—2015

质量管理体系文件编制导则

1 目的和要求

加强协调对质量管理体系文件（包括质量手册、程序文件和岗位作业文件，下称"文件"）编写的系统管理，确保文件的编写在体例、格式、内容、方法上一致，使其在质量管理体系中发挥应有的作用。规范文件，确保文件符合公司实际运作过程，具有可操作性。

2 适用范围

公司所有文件的编制和修订。

3 术语

3.1 导则：指导和准则

……

4 职责

由文件编制组负责人组织制定，质量管理部门负责审查，由相关领导负责批准此导则。

各职能部门负责人按此导则组织编制职能部门的所有文件。

5 控制规范

5.1 编写文件的策划

5.1.1 文件需求的识别

首先要识别组织的体系运作的过程，每个过程都需要哪些文件。

5.1.2 确定文件的框架和结构层次

文件的框架和结构层次取决于组织的背景、规模和人力资源状况，可选图1-1所示的其中一例。

5.1.3 在上述框架下确定文件目录

除质量手册外，需列出程序和岗位作业文件的文件目录，或者一套文件（不分质量手册、程序和岗位作业文件）的章节目录。

5.2 文件体例和格式

5.2.1 文件体例

文件应尽可能采用统一的体例，尤其是同类文件。这样有利于文件的系统性，并便于文件管理。

文件一般可设置以下各章：目的、适用范围、术语、职责、工作流程、引用文件和质量记录等。以下按章、节、条、款、项、则的顺序编排，如：

1（章）

1.1（节）

1.1.1（条）

（1）（款）（应为标题）

1）（项）　　　或　1.1（节）　　　或 1.1.1（条）

a）（则）　　　b）（则）　　　c）（则）

5.2.2　文件格式

文件尽可能采用统一格式，同类文件必须使用同一格式，以便文件规范化和标准化。

1）文头

在文件的第一页列出文头（参见本书表1-2），并突出标题。

2）正文

按要求叙述文件的内容。

3）页头

在该文件的每页起始处加一页头（参见本书表1-3），以便文件的活页管理。

4）文尾

在该文件结尾处加一文尾（参见本书表1-4），以便记录文件的修改情况。

5.2.3　标准化

应参照 GB/T 1.1《标准编写的基本规定》和 GB/T 19023 idt ISO/TR 10013《质量管理体系文件编写指南》编写文件，以符合管理文件标准化的规定。应由标准化部门审查文件的标准化是否符合要求。

5.3　编号规则

文件应有相应的唯一性编号。编号时，宜采用如下规则进行。

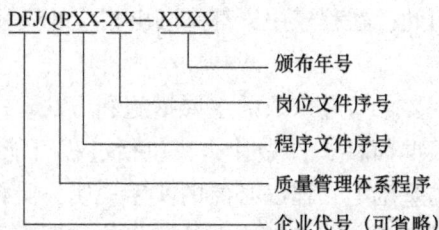

```
DFJ/QPXX-XX— XXXX
                 └── 颁布年号
                 └── 岗位文件序号
                 └── 程序文件序号
                 └── 质量管理体系程序
                 └── 企业代号（可省略）
```

岗位文件编号方法示例：东方机械公司 2015 年发布的生产和服务运作程序中的第一个岗位文件《设备管理规程》，可编为：DFJ/QP 07-04.01—2015。

5.4　编制依据

文件的主要编制依据为：

1）有关的 ISO 9000 标准。

2）国家或行业的有关法律、法规及标准。

3）符合上一层次文件的基本要求，即程序应依据手册，岗位文件应依据程序等。

4）顾客指定的特殊特性。

5）有关的工程和制造标准。

6）人、机、料、法、环的特定条件。

7）统计过程控制要求。

8）过程的输入条件。

9）过程的输出要求，过程的目标。

10）公司相关程序岗位文件。

5.5　文件内容

5.5.1　职能或职能部门文件

（1）目的和要求

1）目的。阐述本过程活动欲实现的管理目标，说明为什么需要这么做和有什么意图。

2）要求。严格管理，有章可循，确保文件受控。

（2）范围

说明该过程控制涉及的产品、场所和管理范围，并说明不涉及的领域。

（3）职责

规定执行该文件和实现管理目的的责任部门、主要相关部门及各自的管理责任。

（4）工作流程

用流程图说明工作流程，这样做可实现简单、明了和直观，而且有利于保持合理的工作顺序。因此，在程序中，都宜画出相应的流程图。

（5）控制要点

应阐述为达到过程要求所应采取的主要措施和方法。一步步列出在什么地方、何时、谁、需要根据何种文件做什么，包括过程可能的相关风险及环境。同时，需要在流程图的基础上，辅以必要的文字说明，具体怎么做可以引用下一层次（作业）文件或者直接做出规定。应特别注意所需开展活动的顺序和接口。还应指出例外、特殊的范围和相应的控制措施。

（6）文件和引用文件

应明确指出使用该程序时涉及的参考标准和其他管理文件和记录表格，包括程序本身要求形成的文件和引用文件，如涉及的相关标准、岗位文件、质量记录等。

（7）证实的信息

明确该程序要求保留的证实的信息名称、保存地点和保存期限。

5.5.2 岗位文件

岗位文件是操作层面使用的文件，其内容是在职能部门文件的基础上编制，主要包括所要描述和规定的活动，如岗位文件的目的、适用范围、职责、工作细则、何时、何地、谁、做什么、怎么做（依据什么去做）、留下什么记录以证实所做工作符合要求。对于岗位文件，描述的关键内容主要是如何去做，对应管理标准或工作标准；描述和规定的主要内容是要求和验收条件。

5.6 文件编制方法

5.6.1 按编写文件策划结构

对所需控制的质量过程活动编制拟编文件清单，以明确在质量管理体系中，到底需要哪些程序和岗位文件。在实际编写过程中，就是按编写清单要求编制，必要时也可根据需要评审编写清单，甚至调整编写清单。另外岗位操作文件比较特殊，一定要根据需求情况确定。需要编制岗位操作文件的情况如下。

1）没有岗位操作文件，则不能保证工作/活动质量时，应编制相应的岗位操作文件。一般针对关键、重要质量特性和特殊工序，应编制能指导操作的岗位文件。

2）岗位操作文件应能支撑程序文件，对在程序文件中引用的岗位文件必须进行编制。

5.6.2 文件的编制负责人

文件宜由组织开展此项活动的部门负责人或责任工程师负责编制，如有关设备管理的文件宜由设备管理部门负责人或设备工程师来编制。

5.6.3 按工作的流程顺序编写

对于每个文件宜按工作的流程顺序来编制，以便于实施、控制和管理，也可按过程的质量控制计划来编制。

5.6.4 方法步骤

1）将拟编写文件清单与现有的有效文件进行对比并分析（宜对应列出现有岗位文件清单）。

2）对现有文件进行分类，分出哪些符合要求，无须再编制或修改，哪些经局部修改后就能符合要求，哪些需要彻底修改才能符合要求，哪些需要重新编制。

3）确定文件编制总负责人。将文件编制工作进行分工并制定相应的职责。通常，根据文件的种类和所属部门进行分工，即由哪个部门开展的活动或工作，对应的文件则由此部门负责。由部门负责人确定某文件的具体编制人员并规定相应职责。

4）根据文件编写清单制订文件编制计划（包括文件修改）。总负责人制订文件编制计划，并经管理部门审核，主管业务的公司级领导批准。应规定这些文件的具体完成时间。计划时间应符合实际，难度大、工作量大的可将时间安排得略长些。

5）绘制流程图。作业过程活动的职责明确以后，首先绘制流程图，流程图要示出重要环节，尤其关注判断评价（菱形框）的环节。在流程图的基础上，辅以文字描述。

6）总负责人协调并检查有关文件的相互接口及相关规定是否兼容，并检查与相应的文件的接口问题。若有不相容之处，必须修改。

7）审批文件。对编制完成的岗位文件按规定的授权进行审批。通常可由部门负责人审核，质量管理部门负责人审定，主管业务领导批准，以保证文件的合法性、适宜性和文件的兼容性。

8）将已审批的文件投入正式运行。有关人员必须严格按文件的规定开展相应的工作或活动并记录有关结果，验证文件的适宜性和可操作性。如果有不妥，难于实施，则应反馈，填写"质量管理体系文件实施反馈单"。实施阶段，文件编写人员和使用人员的沟通是保证文件适用性的关键。

9）修改并完善文件。根据文件在运行过程中反馈的信息资料，研究并确定哪些规定不适宜或者规定不合理。对于不合适的规定应进行修改。修改之后，应更符合有关的要求、符合实际。对于实际工作中总结的新的经验和措施，应纳入相关的文件之中。修改后，也应注意与有关程序和其他文件的接口检查。修改的文件经审批后，可投入再运行并收回原失效版本的文件。

5.7 岗位文件编制注意事项

可参见本书1.2和1.4.4，具体要求如下。

1）遵从本书第一章所列质量管理体系文件编制原则和注意事项及组织文件编写程序。

2）岗位操作文件应能支撑相应的职能部门文件，且应与程序规定相一致。

3）对于管理性活动，当没有详细工作程序就会影响产品质量时，应编制并实施岗位操作文件，应符合所选质量管理标准的要求。

4）识别需要确认的过程，对于需要确认过程用的设备，宜编写工艺规程。例如，液压系统的清洁度是保证工作可靠的重要条件，却又难以检测其清洗过程质量，这就需要编写相应的清洁机工艺规程（参见5.2.5节岗位作业文件【案例5-5】清洗机工艺规程），并认真执行。

6　文件的修订

文件应根据实际执行中存在的问题，以及在运行中反馈的信息资料和修改建议，评审以后应进行修改。参照前面5.6的4）的要求进行修改。修改时应按QP07-03.01—2015《质量管理体系文件修改规程》进行。

7　引用文件

应列出在岗位文件中引用的其他文件的名称、编号和版本等。

8　运行结果

运行的结果不光只是文字，影像、声音可以作为记录，痕迹、外部信息、数据分析等都能成为证据提供。新标准再有一点不同的是，对于证据，标准更强调的是结果的证据，对ISO 9001标准要求的证据性文件信息宜按要求纳入规范性管理，而对生产过程，公司出于自身需要的证据，则可自行酌情规定。

按照传统思维，应列出完成此项工作/活动应保留的记录名称和/或记录表式及保存地点、保存时间。对于在程序文件中未加规定的记录，如果需要，则应在岗位文件中加以规定。对于电子版信息，同样应明确管理方法。

9　绩效评价指标

序号	过程指标	指标计算	监控部门	监控频次

1.4.6　文件编制的注意事项

除应遵循1.2节所述21项原则之外，还应注意以下8个方面。

（1）参考ISO 9004

为了进一步提升质量管理体系的有效性，以提高效率和有效性，宜参考ISO 9004：2009《追求组织的持续成功——质量管理方法》。目前，ISO 9004正在修订，将突破ISO 9001的框架，向卓越绩效模式靠拢。这两个标准的联合使用，将为组织的质量管理体系提供广阔的发展前景。这两个标准体现了两种不同的管理水平的要求。对管理基础较差的组织，宜分两步走：第一阶段着重贯彻ISO 9001，打好管理基础；第二阶段再实施ISO 9004，进一步提高管理绩效。对于管理基础较好的组织，可考虑将这两个标准的要求融合起来贯彻实施，在全面贯彻ISO 9001的基础上，同时，按实际条件实施ISO 9004的某些条款。

（2）积极运用先进的管理方法

ISO 9001 仅规定了对质量管理体系的要求，ISO 9004 虽提出了质量管理体系业绩改进指南，但也只限于改进的思路和途径。至于如何达到这些要求，都未加说明。为了解决有效控制的技术和方法问题，为了进一步提高组织的总体竞争力，应当学习和采用先进而实用的管理技术。这些方法包括：全面质量管理（TQM）；卓越绩效模式管理；ISO/TS 16949 推荐的方法，包括产品实现的策划的 APQP（产品质量前期策划和控制计划）或项目策划、FMEA（潜在失效模式及后果分析）、SPC（统计过程控制）、MSA（测量系统分析）、PPAP（生产件批准程序）；可靠性技术；质量功能展开（QFD）；试验设计（DOE）；防错法（POKA-YOKE）；预防性维护和预见性维护；标杆管理；业务流程重组（BPR）；精益生产（LP）；并行工程（CE）；全面生产维护（TPM）；敏捷制造（AM）；六西格玛管理等。只有这样，才能有效地达到管理要求并提高组织的管理水平，有关内容可见参考文献［5］。

（3）注意"异常流"的控制

如果将质量活动受到有效控制的多数情况视为"主流"或"正常流"，那么不正常的少数、特殊情况则是"支流"或称为"异常流"。"异常流"往往易被误认为是正常的，在"异常流"中的产品常易出现失控或者造成质量问题。因此，要给予特别关注。例如，例外采购；紧急放行、例外转序的产品；不合格品；标识丢失或不清的产品；在校准周期内漏校或不合格的检测设备、计量器具、生产设备、工装等。

在质量管理体系文件中，对"异常流"问题应有充分的控制措施，以预防失控。

（4）逻辑性

在内容安排及文字说明中，要符合逻辑规律，不能前后矛盾或不统一。

（5）体例、格式统一

为保持文件的系统性，应遵照统一的要求来编写，不能"百花齐放"，各行其是。

（6）严格界定术语

在采用术语方面要力求严谨。凡是 ISO 9000：2015 中有定义的，就要按标准中的定义正确地界定术语；凡是 ISO 9000 中未加定义的，一些行业术语或组织沿用的略语，都应给出确切的定义。

（7）文字表达准确、顺畅、简练

要注意文字表达的规范性。"准确"就是要表达清楚，避免歧义。"顺畅"就是要语句通顺，易朗朗上口。"简练"就是要简洁、明了。

（8）文件活页化

为了便于修订，宜将质量管理体系文件装在活页夹中，而不宜装订成一整本。这样做就可以在修订时，只更改某一页，而不必更改整个文件，即可做到"换页不换版"。

为此，应在每个文件起始页列文头，每页上列页头，并在该文件结尾页列文尾，以便于记录修改情况。典型的文头、页头、文尾列示见表1-2、表1-3和表1-4。

表1-2　质量管理体系文件文头示例

版次：02 修改码：01	×××××公司 质量管理体系文件 内部质量审核	编号：.QP14 批准：×××　×年×月 页码：1/3

表1-3　质量管理体系文件页头示例

版次：02 修改码：03	×××××公司 文件名称	编号：×× 页码：第×页/总页数

表1-4　质量管理体系文件文尾示例

修改记录	01	QMSC2015—08-06	×年×月	×年×月
	修改码	更改通知单号	拟稿	批准

1.5　质量管理体系文件如何满足 ISO 9001 标准的要求

1.5.1　2000 年以来 ISO 9000 族的新标准

自 2000 版 ISO 9000 族发布以来，颁布的有关新标准及其现行有效版本如下。

（1）ISO/TR 10013：2001《质量管理体系文件指南》

该标准替代了 ISO 10013：1995《质量手册编制指南》。虽然标准的层级降为技术报告，但其仍然是 ISO 9000 族中的一员，所规定的内容中的"应"（shall）表示要求，"应当"（should）仅起指导作用。

（2）ISO/TS 16949：2009《质量管理体系——汽车生产件及相关服务件组织应用 ISO 9001：2008 的特别要求》

在 2002 版 ISO/TS 16949 基础上，根据 2008 版 9001 的换版要求，国际汽车特别工作组或称国际汽车行动小组（IATF）发布 ISO/TS 16949：2009《质量管理体系——汽车生产件及相关服务件组织应用 ISO 9001：2008 的特别要求》。IATF 在其网站上宣布，已成立一个由 IATF 成员组织组成的工作小组，"以制定 ISO/TS 16949 修订的设计规范，配合 ISO 9001：2015 的架构和要求"。目前修订正在进行中，预计 10 月份将发布，IATF 16949：2016 将取代当前的 ISO/TS 16949：2009 标准。其中，还规定了汽车行业使用的一些重要工具，如 PPAP（生产件批准程序）、APQP（产品质量前期策划和控制计划）、SPC（统计过程控制）、FMEA（潜在失效模式及后果分析）、MSA（测量系统分析）。这些方法对于整个制造业颇有参考价值。

（3）ISO 9000：2015《质量管理体系——基础和术语》

该标准替代了 ISO 9000：2005，修订后这个标准变动较大。这个标准的主要内容为"基本概念和质量管理原则""术语和定义"。"基本概念和质量管理原则"部分包括总则、基本概念、质量管理原则及用于建立质量管理体系的基本概念和原理 4 个章节。基本概念又包括质量、质量管理体系、组织环境、相关方和支持 5 个概念。新版标准的质量管理原则不再是 8 项质量管理原则，而是减少为 7 项质量管理原则。其中，将系统管理有关内容纳入过程管理。术语和定义部分包括有关人员的术语、有关组织的术语、有关活动的术语、有关过程的术语、有关体系的术语、有关要求的术语、有关结果的术语、有关数据、信息和文件的术语、有关顾客的术语、有关特性的术语、有关确定的术语、有关措施的术语和有关审核的术语等 13 类 138 个，比 2005 版有所增加（共 10 类 84 个）。特别是对于一些重要基础术语进行了修订（如输出、产品和服务），将有助于实现标准的目标和结果。除此之外，术语方面有些小的修改，使之更为准确，如对技术专家、要求、能力、审核、审核组、审核范围、审核计划、测量管理体系、计量职能等术语进一步加以说明或增补；同时，在附录的概念图中，作了相应的修改。

（4）ISO 19011：2011《管理体系审核指南》

该标准在 ISO 19011：2002《质量和（或）环境管理体系审核指南》基础上，考虑了更宽范围的管理体系审核，以及提供更通用的指南进行了修订。本版标准提供了管理体系审核的指南，包括审核原则、审核方案的管理和管理体系审核的实施，也对参与管理体系审核过程的人员的能力提供了评价指南。本版标准引入了管理体系审核风险的概念。所采用的方法与未达到审核目的的审核过程风险相关，也与审核对受审核组织的活动和过程的潜在干扰有关。

（5）ISO 10012：2003《测量管理体系　测量过程和测量设备的要求》

该标准将 ISO 10012-1：1992 和 ISO 10012-2：1997 两项标准合并，同时，修订了有关技术内容，使之成为有效的测量管理体系。为测量过程管理及支持和证明符合计量要求的测量设备的计量确认提供指南。该标准规定测量管理系统的质量管理准则，以确保满足计量要求。它能确保测量设备和测量过程的特定用途，对于保证产品质量和消除测量不正确的原因起着重要作用。据此开展的计量确认活动，本应具有明显作用。然而，有些主管部门将确认活动走了过场，以致许多拥有最高级计量确认证书的单位，离标准的要求尚有相当大的差距。

(6) ISO 10006：2003《质量管理体系 项目质量管理指南》

该标准替代了 ISO 10016：1997《质量管理——项目管理指南》。它全面规定了从项目策划、过程配合管理，直到与项目范围、时间、成本、资源、人员、沟通、风险和采购等有关过程的控制要求和控制要点。可适用于从小到大、从简单到复杂、从单独的项目到项目组合中组成部分的各种项目。既可供项目管理人员使用，也可供需要确保其组织应用 ISO 质量管理体系相关标准所含实践的人员使用。

(7) ISO/TR 10007—2003《质量管理体系 技术状态管理指南》

该标准替代了 ISO 10007：1995《质量管理——技术状态管理指南》。本标准帮助组织在整个寿命周期内，对产品的技术和物理状态、应用技术状态进行管理。技术状态管理可用于满足本标准规定的产品标识和可追溯要求。在参考文献［2］中，对技术状态管理有详细的介绍。对于较复杂的设计开发项目，应对技术状态进行严格的管理。

(8) ISO/TR 10017：2003《统计技术在 ISO 9001：2000 的应用指南》

该标准替代了 ISO 10017：1999《用于 ISO 9004：1994 的统计技术指南》。本标准文件阐述了在明显稳定条件下，可用观察过程状态和结果的变量来解释的过程控制的有效性的统计技术。采用统计技术可以更好地利用获得的数据进行决策，从而有助于持续改进产品和过程质量，实现顾客满意。在大数据时代，如何正确选用适当的数据分析方法，更具有重要性。

(9) ISO 10005：2005《质量管理体系 质量计划指南》

为组织制订和实施质量计划，作为满足相关过程、产品、项目或合同要求的手段，形成支持产品实现的工作方法和实践提供指南。制订质量计划的益处在于，能使相关人员增加可以满足质量要求并有效控制相应过程的信心，推动其积极参与。对于各种有一定复杂性的项目，往往都需要进行周密的策划，编制一个质量计划。这时，参考该标准将会得到全面的指导。

(10) ISO 10019：2005《质量管理体系顾问的选择和享受其所提供服务的指南》

该标准指导如何选择质量管理体系咨询师及使用其服务。对质量管理体系咨询师的能力评价过程提供指南，帮助组织获得满足其需求和期望的咨询服务。选择顾问对于希望按 ISO 9000 族建立质量管理体系的组织来说，是一个关系到能否成功、是否走弯路，以及如何提高质量管理体系的有效性和效率等的重大问题。以往在这方面缺乏规范的指导，该标准填补了这一缺失。

（11）ISO 10014：2006《质量管理　实现财务和经济效益的指南》

该标准替代了 ISO 10014：1998《质量经济性管理指南》。这是专门为最高管理者制定的指南标准，为如何应用质量管理原则实现财务和经济效益提供指南，有利于促进组织应用管理原则及选择持续成功的方法和工具。如果要改进质量管理体系的业绩，进一步提高效率和效益，该标准在财务管理和效益管理方面提供了极有价值的指南。

（12）顾客满意三项标准

在 ISO 10002：2014《质量管理　顾客满意　组织对投诉处理的指南》的基础上，又发布了最新国际标准 ISO 10001：2007《质量管理　顾客满意　组织行为准则指南》和 ISO 10003：2007《质量管理　顾客满意　组织外部争议解决指南》。

ISO 10001 可以为组织计划、设计、开发、维护和提高产品的顾客满意度提供指南。组织通过以顾客为中心的指导原则，可以了解顾客的期望和需求，并实施相关行动来达到预防纠纷发生的效果。

ISO 10002 可以为组织提供在内部处理产品相关投诉的指导原则。组织通过履行顾客满意行为准则中的相关承诺，使顾客对组织及其产品存在的潜在困惑减少，从而降低问题出现的可能性。

ISO 10003 可以为组织在内部无法解决产品相关投诉时提供指导原则。当纠纷在组织内部无法解决时，顾客满意行为准则将帮助各方理解顾客的期望及组织为满足顾客的期望所做的努力。

这 3 个标准构成了包括如何提高顾客满意度、有效减少或避免投诉的行为规范、组织内部投诉处理，以及投诉无法在内部解决时的外部争议解决途径等一整套完善且有效的投诉处理体系，既可独立，也可联合使用。这就为投诉提供了一个公开、公平、有章可循、有法可依，用户能积极响应的处理系统，使企业在任何地域都可依据相同标准，及时改进产品和服务，降低投诉率，提高顾客满意度，从而系统地处理投诉，并最终圆满解决最棘手的投诉问题。

（13）ISO 13485：2003《医疗器械　质量管理体系　法规性要求》

ISO 13485：2003 是医疗器械行业以法规和监督管理为目的对质量管理要求所做的规定。医疗器械因其与安全密切相关，故特别提出针对性的补充要求。我国在医疗器械质量管理体系方面的管理水平尚处于起步、发展阶段。近几年来所取得的成绩，还是比较显著的。

（14）ISO/IEC 27001：2013《信息技术　保密技术　信息保密管理体系　要求》

随着信息技术应用的发展，信息安全问题日益突出。该标准在这方面提出了信息安全管理的基本要求。

（15）ISO 31000：2009《风险管理原则与实施指南》（TC262 技术委员会范畴）

所有类型和规模的组织，都面临内部和外部的、使组织不能确定是否及何时实现其目标的因素和影响。这种不确定性所具有的对组织目标的影响，就是"风险"。组织的所有活动都涉及风险。组织通过识别、分析和评定是否运用风险处理以满足他们的风险准则来管理风险。通过这个过程，他们与利益相关方进行沟通和协商，监测和评审风险，以及为确保不再进一步需求风险处理的控制措施。本标准详细描述了这一系统的和逻辑的过程。为企业在风险管理体系建设上指明了方向。

1.5.2 ISO 9001：2015 修订的主要变化

本章的 1.1.1 阐述了 2015 版 ISO 9001 关于质量管理体系文件要求的主要变化，在这节里介绍除文件要求以外的其他变化。

（1）标准章节的设计

本版 ISO 9001 结构与上述的附录 SL 的附件 2 所列的条款顺序和名称，所有采用高层次结构的 ISO 管理体系标准，都是一样的。新版标准有 10 章，其内容如下。

第 1 章　范围（Scope）

第 2 章　规范性引用文件（Normative references）

第 3 章　术语和定义（Terms and definitions）

第 4 章　组织环境（Context of the organization）

第 5 章　领导作用（Leadership）

第 6 章　策划（Planning）

第 7 章　支持（Support）

第 8 章　运行（Operation）

第 9 章　绩效评价（Performance evaluation）

第 10 章　改进（Improvement）

（2）同组织的环境相关联

与组织的环境相关联，是标准的又一个变化。在标准引言总则中明确进一步考虑了质量管理体系所受各种环境的影响，说明了一个组织质量管理体系的设计和实施受到下列因素的影响：商业环境、环境的变化或与环境有关的风险；组织的各种需求；组织的具体目标；所提供的产品；所采用的过程；组织的规模和结构。

在当代，自然和生态环境问题日益突出，国际关系、法律法规、政府政策等都围绕其发生很大变化。从长远战略上考虑，组织必须对环境问题给予足够的重视。这里，商业环境则是另一层含义，是指与商业有关的宏观经济状况、经济和金融政策、市场供求关系及其走向、新技术的发展、人力资源等。由于质量管理体系是组织的一项战略决策，因此对上述这些问题都应加以充分考虑。其目的除质量保证外，在于增强顾客满意。其思路是"以最少的一致要求提供产品符合性保证和信任"。

标准第 4 章标题为"组织的背景环境"。ISO 9000：2015《质量管理体系基础和术语》是 ISO 9001 的引用标准，所定义的"组织的环境"和"……内部和外部因素和条件的组合，其通过产品、服务、投资，以及利益相关方，能够对组织的产生影响"。标准 4.2 涉及理解相关方的需求和期望，"相关方对组织持续提供符合顾客和适用的法律法规要求的产品和服务的能力存在影响或潜在影响"。组织的外部环境，可以考虑法律、技术、竞争、文化、社会、经济和自然环境方面，不管是国际、国家、地区或本地，组织的内部环境可以是组织的理念、价值观和文化；标准 4.3 和 4.4 都涉及规定 QMS 的范围及建立和实施体系的过程。这是由于理解内部和外部因素和相关方的需求，已直接关联到 QMS 的范围和其所实施的方式。总的来说，标准第 4 章要求组织确定和理解内部和外部因素可能影响其达到预期效果的能力。同时，标准 7.1.4 关注运行过程环境。组织应确定、提供并维护在过程运行中，为获得产品和服务符合性所需的必要的环境。这些运行环境能根据产品和服务提供不同而有实质差异。过程环境可包括物理、社会、心理和环境等因素（如温度、承认方式、人因工效、大气成分）。

此外，这还是一个战略上和战术上的策划的基础。如果没有完全理解这些内部和外部因素，就不知道该采取什么行动措施。同时，也就不能最佳地决定最有利地消耗资源，以达到结果和减轻风险。

（3）基于风险的思想

旧版 ISO 9001 标准以"预防措施"的思想处理风险。新版 ISO 9001 标准的 6.1 以"处理风险和机遇的措施"为标题，"预防措施"不再是一个特定的条款，而是通过基于风险的方法制订质量管理体系要求。不再提及具体的"预防措施"，而直接明确提出关于识别和应对风险的要求。这是在策划通用标题下，并且是直接地处理组织环境的问题。在标准的这一章节中的内容，是基于风险的思想要求。它不能达到正式风险管理体系的要求，对小公司将会太麻烦。我们能谈论有关识别和处理风险的要求和目的，前提是理解先前已陈述的内部和外部因素同相关方有关的风险和机遇。

标准的 6.1.2 是组织应策划应对风险和机遇的措施方法。在质量管理体系过程中纳入和实施这些措施，以及评价这些措施的有效性。换言之，质量管理体系的主要目的之一是作为预防风险的工具。采取的任何风险和机遇的应对措施，都应与其对产品、服务的符合性和顾客满意的潜在影响相适应。这里提及的应对风险和机会的措施可以包括：风险规避，争取机会所带来的风险，消除风险源，变更的可能性和相应结果，风险分担，经决策的风险保持。

（4）新版标准的文件要求

详见本书 1.1.1 节。

（5）ISO 9001：2008 与 ISO 9001：2015 术语的区别

ISO 9001：2008 与 ISO 9001：2015 术语的区别见表 1-5。

表1-5　ISO 9001：2008 与 ISO 9001：2015 术语的区别

ISO 9001：2008	ISO 9001：2015
产品（Products）	产品和服务（Products and services）
删减（Exclusions）	未用（Not used） （见条款 A.5 适用性说明（See Clause A.5 for clarification of applicability））
管理者代表 Management representative	未用（Not used） 分派类似的职责和权限，但不要求委托一个管理者代表（Similar responsibilities and authorities are assigned but no requirement for a single management representative）
文件、质量手册、形成文件程序和记录（Documentation, quality manual, documented procedures, records）	成文信息（Documented information）
工作环境（Work environment）	运行过程环境（Environment for the operation of processes）
监视和测量设备（Monitoring and measuring equipment）	监视和测量资源（Monitoring and measuring resources）
采购产品（Purchased product）	外部提供的产品和服务（Externally provided products and services）
供方（Supplier）	外部供方（External provider）

（6）ISO 9001：2008 与 ISO 9001：2015 章节信息的对应关系

ISO 9001：2008 与 ISO 9001：2015 相关章节对应关系见表 1-6，ISO 9001：2015 与 ISO 9001：2008 相关章节对应关系见表 1-7。

表1-6　ISO 9001：2008 与 ISO 9001：2015 相关章节对应关系

ISO 9001：2008	ISO 9001：2015
4　质量管理体系（Quality management system）	4　组织环境（Context of the organization）
4.1　总要求（General requirements）	4.4　质量管理体系及其过程（Quality management system and its processes）

（续）

ISO 9001：2008	ISO 9001：2015
4.2 文件要求（Documentation requirements）	7.5 成文信息（Documented information）
4.2.1 总则（General）	7.5.1 总则（General）
4.2.2 质量手册（Quality manual）	4.3 确定质量管理体系的范围（Determining the scope of the quality management system） 7.5.1 总则（General） 4.4 质量管理体系及其过程（Quality management system and its processes）
4.2.3 文件控制（Control of documents）	7.5.2 控制和更新（Creating and updating） 7.5.3 成文信息的控制（Control of documented Information）
4.2.4 记录控制（Control of records）	7.5.2 控制和更新（Creating and updating） 7.5.3 成文信息的控制（Control of documented Information）
5 管理职责（Management responsibility）	5 领导作用（Leadership）
5.1 管理承诺（Management commitment）	5.1 领导作用与承诺（Leadership and commitment） 5.1.1 总则（General）
5.2 以顾客为关注焦点（Customer focus）	5.1.2 以顾客为关注焦点（Customer focus）
5.3 质量方针（Quality policy）	5.2 方针（Policy） 5.2.2 沟通质量方针（Communicating the quality policy）
5.4 策划（Planning）	6 策划（Planning）
5.4.1 质量目标（Quality objectives）	6.2 质量目标及其实现的策划（Quality objectives and planning to achieve them）
5.4.2 质量管理体系策划（Quality management system planning）	6 质量管理体系策划（Planning for the quality management system） 6.1 风险和机遇的应对措施（Actions to address risks and opportunities） 6.3 变更的策划（Planning of changes）
5.5 职责、权限和沟通（Responsibility, authority and communication）	5 领导作用（Leadership）
5.5.1 职责和权限（Responsibility and authority）	5.3 组织的作用、职责和权限（Organizational roles, responsibilities and authorities）
5.5.2 管理者代表（Management representative）	5.3 组织的作用、职责和权限（Organizational roles, responsibilities and authorities）
5.5.3 内部沟通（Internal communication）	7.4 沟通（Communication）
5.6 管理评审（Management review）	9.3 管理评审（Management review）
5.6.1 总则（General）	9.3.1 管理评审（Management review）

（续）

ISO 9001：2008	ISO 9001：2015
5.6.2 评审输入（Review input）	9.3.2 管理评审输入（Management review inputs）
5.6.3 评审输出（Review output）	9.3.3 管理评审输出（Management review output）
6 资源管理（Resource management）	7.1 资源（Resources）
6.1 资源的提供（Provision of resources）	7.1.1 总则（General） 7.1.2 人员（People）
6.2 人力资源（Human resources）	7.2 能力（Competence）
6.2.1 总则（General）	7.2 能力（Competence）
6.2.2 能力、培训和意识（Competence, training and awareness）	7.2 能力（Competence） 7.3 意识（Awareness）
6.3 基础设施（Infrastructure）	7.1.3 基础设施（Infrastructure）
6.4 工作环境（Work environment）	7.1.4 过程运行环境（Environment for the operation of processes）
7 产品实现（Product realization）	8 运行（Operation）
7.1 产品实现的策划（Planning of product realization）	8.1 运行的策划和控制（Operational planning and control）
7.2 与顾客有关的过程（Customer-related processes）	8.2 产品和服务要求（Requirements for products and services）
7.2.1 与产品有关的要求的确定（Determination of requirements related to the product）	8.2.2 与产品和服务有关要求的确定（Determination of requirements related to products and services）
7.2.2 与产品有关的要求的评审（Review of requirements related to the product）	8.2.3 与产品和服务有关要求的评审（Review of requirements related to the products and services）
7.2.3 顾客沟通（Customer communication）	8.2.1 顾客沟通（Customer communication）
7.3 设计和开发（Design and development）	8.3 产品和服务的设计开发（Design and development of products and services）
7.3.1 设计和开发策划（Design and development planning）	8.3.1 总则（General） 8.3.2 设计开发策划（Design and development planning）
7.3.2 设计和开发输入（Design and development inputs）	8.3.3 设计开发输入（Design and development Inputs）
7.3.3 设计和开发输出（Design and development outputs）	8.3.5 设计开发输出（Design and development outputs）
7.3.4 设计和开发评审（Design and development review）	8.3.4 设计开发控制（Design and development controls）
7.3.5 设计和开发验证（Design and development verification）	8.3.4 设计开发控制（Design and development controls）

（续）

ISO 9001：2008	ISO 9001：2015
7.3.6 设计和开发确认（Design and development validation）	8.3.4 设计开发控制（Design and development controls）
7.3.7 设计和开发更改的控制（Control of design and development changes）	8.3.6 设计开发更改的控制（Design and development changes）
7.4 采购（Purchasing）	8.4 外部提供的过程、产品和服务的控制（Control of externally provided processes, products and services）
7.4.1 采购过程（Purchasing process）	8.4.1 总则（General） 8.4.2 控制的类型和程度（Type and extent of control）
7.4.2 采购信息（Purchasing information）	8.4.3 外部供方的信息（Information for external providers）
7.4.3 采购产品的验证（Verification of purchased product）	8.6 产品和服务的放行（Release of products and services）
7.5 生产和服务提供（Production and service provision）	8.5 生产和服务提供（Production and service provision）
7.5.1 生产和服务提供的控制（Control of production and service provision）	8.5.1 生产和服务提供的控制（Control of production and service provision） 8.5.5 交付后的活动（Post-delivery activities）
7.5.2 生产和服务提供的确认（Validation of processes for production and service provision）	8.5.1 生产和服务提供的控制（Control of production and service provision）
7.5.3 标识和可追溯性（Identification and traceability）	8.5.2 标识和可追溯性（Identification and traceability）
7.5.4 顾客财产（Customer property）	8.5.3 顾客或外部供方的财产（Property belonging to customers or external providers）
7.5.5 产品防护（Preservation of product）	8.5.4 防护（Preservation）
7.6 监视和测量设备的控制（Control of monitoring and measuring equipment）	7.1.5 监视和测量资源（Monitoring and measuring resources）
8.0 测量、分析和改进（Measurement, analysis and improvement）	9.1 监视、测量、分析和评价（Monitoring, measurement, analysis and evaluation）
8.1 总则（General）	9.1.1 总则（General）
8.2 监视和测量（Monitoring and measurement）	9.1 监视、测量、分析和评价（Monitoring, measurement, analysis and evaluation）
8.2.1 顾客满意（Customer satisfaction）	9.1.2 顾客满意（Customer satisfaction）
8.2.2 内部审核（Internal audit）	9.2 内部审核（Internal audit）
8.2.3 过程的监视和测量（Monitoring and measurement of processes）	9.1.1 总则（General）

（续）

ISO 9001：2008	ISO 9001：2015
8.2.4 产品的监视和测量（Monitoring and measurement of product）	8.6 产品和服务的放行（Release of products and services）
8.3 不合格品控制（Control of nonconforming product）	8.7 不合格输出的控制（Control of nonconforming outputs）
8.4 数据分析（Analysis of data）	9.1.3 分析和评价（Analysis and evaluation）
8.5 改进（Improvement）	10 改进（Improvement）
8.5.1 持续改进（Continual improvement）	10.1 总则（General） 10.3 持续改进（Continual Improvement）
8.5.2 纠正措施（Corrective action）	10.2 不符合及纠正措施（Nonconformity and corrective action）
8.5.3 预防措施 Preventive action	6.1 应对风险和机遇的措施〈见6.1.1，6.1.2〉（Actions to address risks and opportunities〈see 6.1.1，6.1.2〉）

表1-7 ISO 9001：2015 与 ISO 9001：2008 相关章节对应关系

ISO 9001：2015	ISO 9001：2008
4 组织环境（Context of the organization）	1 范围（Scope）
4.1 理解组织及其环境（Understanding the organization and its context）	1.1 总则（General）
4.2 理解相关方的需求和期望（Understanding the needs and expectations of interested parties）	1.1 总则（General）
4.3 确定质量管理体系的范围（Determining the scope of the quality management system）	1.2 应用（Application） 4.2.2 质量手册（Quality manual）
4.4 质量管理体系及其过程（Quality management system and its processes）	4 质量管理体系（Quality management system） 4.1 总要求（General requirements）
5 领导作用（Leadership）	5 管理职责（Management responsibility）
5.1 领导作用与承诺（Leadership and commitment）	5.1 管理承诺（Management commitment）
5.1.1 总则（General）	5.1 管理承诺（Management commitment）
5.1.2 以顾客为关注焦点（Customer focus）	5.2 以顾客为关注焦点（Customer focus）
5.2 方针（policy）	5.3 质量方针（Quality policy）
5.3 组织的作用、职责和权限（Organizational roles, responsibilities and authorities）	5.5.1 职责和权限（Responsibility and authority） 5.5.2 管理者代表（Management representative）
6 策划（Planning）	5.4.2 质量管理体系策划（Quality management system planning）
6.1 风险和机遇的应对措施（Actions to address risks and opportunities）	5.4.2 质量管理体系策划（Quality management system planning） 8.5.3 预防措施（Preventive action）

（续）

ISO 9001：2015	ISO 9001：2008
6.2　质量目标及其实现的策划（Quality objectives and planning to achieve them）	5.4.1　质量目标（Quality objectives）
6.3　变更的策划（Planning of changes）	5.4.2　质量管理体系策划（Quality management system planning）
7　支持（Support）	6　资源管理（Resource management）
7.1　资源（Resources）	6　资源管理（Resource management）
7.1　资源（Resources）	6.1　资源的提供（Provision of resources）
7.1.1　总则（General） 7.1.2　人员（People）	6.1　资源的提供（Provision of resources）
7.1.3　基础设施（Infrastructure）	6.3　基础设施（Infrastructure）
7.1.4　过程运行环境（Environment for the operation of processes）	6.4　工作环境（Work environment）
7.1.5　监视和测量资源（Monitoring and measuring resources）	7.6　监视和测量设备的控制（Control of monitoring and measuring equipment）
7.1.6　组织知识（Organizational knowledge）	无对应
7.2　能力（Competence）	6.2.1　总则（General） 6.2.2　能力、培训和意识（Competence, training and awareness）
7.3　意识（Awareness）	6.2.2　能力、培训和意识（Competence, training and awareness）
7.4　沟通（Communication）	5.5.3　内部沟通（Internal communication）
7.5　成文信息（Documented information）	4.2　文件要求（Documentation requirements）
7.5.1　总则（General）	4.2.1　总则（General）
7.5.2　控制和更新（Creatingand updating）	4.2.3　文件控制（Control of documents） 4.2.4　记录控制（Control of records）
7.5.3　成文信息的控制（Control of documented Information）	4.2.3　文件控制（Control of documents） 4.2.4　记录控制（Control of records）
8　运行（Operation）	7　产品实现（Product realization）
8.1　运行的策划和控制（Operational planning and control）	7.1　产品实现的策划（Planning of product realization）
8.2　产品和服务要求（Requirements for products and services）	7.2　与顾客有关的过程（Customer-related processes）
8.2.1　顾客沟通（Customer communication）	7.2.3　顾客沟通（Customer communication）
8.2.2　与产品和服务有关要求的确定（Determination of requirements related to products and services）	7.2.1　与产品有关的要求的确定（Determination of requirements related to the product）

（续）

ISO 9001：2015	ISO 9001：2008
8.2.3 与产品和服务有关要求的评审（Review of requirements related to the products and services）	7.2.2 与产品有关的要求的评审（Review of requirements related to the product）
8.3 产品和服务的设计开发（Design and development of products and services）	7.3 设计和开发（Design and development）
8.3.1 总则（General）	新（New）
8.3.2 设计开发策划（Design and development planning）	7.3.1 设计开发策划（Design and development planning）
8.3.3 设计开发输入（Design and development Inputs）	7.3.2 设计开发输入（Design and development Inputs）
8.3.4 设计开发控制（Design and development controls）	7.3.4 设计和开发评审（Design and development review） 7.3.5 设计和开发验证（Design and development verification） 7.3.6 设计和开发确认（Design and development validation）
8.3.5 设计开发输出（Design and development outputs）	7.3.3 设计和开发输出（Design and development outputs）
8.3.6 设计开发更改（Design and development changes）	7.3.7 设计和开发更改的控制（Control of design and development changes）
8.4 外部提供的过程、产品和服务的控制（Control of externally provided processes, products and services）	7.4.1 采购过程（Purchasing process）
8.4.1 总则（General）	7.4.1 采购过程（Purchasing process）
8.4.2 控制的类型和程度（Type and extent of control）	7.4.1 采购过程（Purchasing process） 7.4.3 采购产品的验证（Verification of purchased product）
8.4.3 外部供方的信息（Information for external providers）	7.4.2 采购信息（Purchasing information）
8.5 生产和服务提供（Production and service provision）	7.5 生产和服务提供（Production and service provision）
8.5.1 生产和服务提供的控制（Control of production and service provision）	7.5.1 生产和服务提供的控制（Control of production and service provision）
8.5.2 交付后的活动（Post-delivery activities）	7.5.3 标识和可追溯性（Identification and traceability）
8.5.3 顾客或外部供方的财产（Property belonging to customers or external providers）	7.5.4 顾客财产（Customer property）
8.5.4 防护（Preservation）	7.5.5 产品防护（Preservation of product）

（续）

ISO 9001：2015	ISO 9001：2008
8.5.5 交付后的活动（Post-delivery activities）	7.5.1 生产和服务提供的控制（Control of production and service provision）
8.5.6 变更控制（Control of changes）	7.3.7 设计和开发更改的控制（Control of design and development changes）
8.6 产品和服务的放行（Release of products and services）	8.2.4 产品的监视和测量（Monitoring and measurement of product） 7.4.3 采购产品的验证（Verification of purchased product）
8.7 不合格输出的控制（Control of nonconforming outputs）	8.3 不合格品控制（Control of nonconforming product）
9 运行（Performance evaluation）	新（New）
9.1 监视、测量、分析和评价（Monitoring, measurement, analysis and evaluation）	8 测量、分析和改进（Measurement, analysis and improvement）
9.1.1 总则（General）	8.1 总则（General）
9.1.2 顾客满意（Customer satisfaction）	8.2.1 顾客满意（Customer satisfaction）
9.1.3 分析和评价（Analysis and evaluation）	8.4 数据分析（Analysis of data）
9.2 内部审核（Internal audit）	8.2.2 内部审核（Internal audit）
9.3 管理评审（Management review）	5.6 管理评审（Management review）
9.3.1 管理评审（Management review）	5.6.1 总则（General）
9.3.2 管理评审输入（Management review inputs）	5.6.2 管理评审输入（Management review inputs）
9.3.3 管理评审输出（Management review output）	5.6.3 管理评审输出（Management review output）
10 改进（Improvement）	8.5 改进（Improvement）
10.1 总则（General）	8.5.1 持续改进（Continual Improvement）
10.2 不符合及纠正措施（Nonconformity and corrective action）	8.3 不合格品控制（Control of nonconforming product） 8.5.2 纠正措施（Corrective action）
10.3 持续改进（Continual Improvement）	8.5.1 持续改进（Continual Improvement）

1.5.3 质量管理体系文件如何过渡

（1）有关过渡的要求

ISO 9001：2015 版已于 2015 年 9 月发布。与 ISO 9001：2008 相比较，新版标准发生了显著的变化。为配合 ISO 标准变化，确保新版标准顺利过渡，国际认可论坛（IAF）于 2015 年 1 月正式发布了《ISO 9001：2015 版转换实施指南》。

《ISO 9001：2015 版转换实施指南》简单介绍了新版标准的主要变化情况，提出了组织、认证机构及认可机构应对标准变化的相关建议及指导意见。

值得关注的是，IAF 在《ISO 9001：2015 版转换实施指南》中明确了：IAF 和国际标准化组织/合格评定委员会（CASCO）已经达成一致意见，新版标准转换期限为：在 ISO 9001：2015 版正式发布日后 3 年内转换完毕，并对正在使用 ISO 9001：2008 的组织建议采取以下措施。

1）尽快进行新老标准在组织内应用的差异分析。

2）建立转换实施方案。

3）对所有涉及管理体系有效性的部门进行培训或者告知其标准变化。

4）按照新版标准更新现有管理体系，以确保体系持续。

5）符合新标准的要求，并保持有效性。

6）在使用新标准时，请联系现有提供服务的认证机构进行转换的相关安排。

新标准给出组织运行质量管理体系应满足的基本要求。但是，没有规定满足这些要求的途径、方法和措施。组织需设计符合自身实际情况的质量管理体系，并且在实施过程中不断调整。因此，不同的质量管理体系结构不需要统一。所形成的质量管理体系文件结构，不一定要与新版标准结构一致。我们讨论的是如何满足新版标准要求的内容，而不是其形式。

（2）过渡计划

表1-8 给出 ISO 9001：2015 版转换实施工作计划案例，读者可参照借鉴，本表的计划包括体系完善的一些内容，适用于已运行了一个时期的管理体系。

表1-8 ISO 9001：2015 版转换实施工作计划

序号	阶段名称	工作步骤	活 动 要 求	负责部门/岗位	完成日期	备注
1	ISO 9001：2015 标准转换策划	领导决策	1.1 领导层统一思想，对标准转换做出决策，并发布正式文件	总经理	年 月 日	
		建立工作机制	1.2 公司领导层明确转换领导小组和具体负责部门及人员，规定其职责和权限	总经理	年 月 日	
			1.3 制订工作计划	职能部门	年 月 日	
			1.4 领导小组审核、批准，并以正式文件下发实施	领导小组	年 月 日	
		明确顾客	1.5 进一步明确顾客及其要求	销售部门	年 月 日	
		新版标准培训	1.6 培训内容：新版标准，包括主要修订变化	职能部门/顾问	年 月 日	
			1.7 培训对象：公司高、中层领导，主要生产车间班组长和公司技术骨干，相关管理人员			

（续）

序号	阶段名称	工作步骤	活 动 要 求	负责部门/岗位	完成日期	备注
2	完善体系的总体设计	评审公司的质量方针和目标	2.1　公司总经理提出思路，相关部门形成文件	总经理	年　月　日	
			2.2　领导小组讨论定稿，由总经理批准发布	领导小组	年　月　日	
			2.3　总经理做出质量承诺，并形成书面文件	总经理	年　月　日	
		确定覆盖产品	2.4　确定体系覆盖范围和体系覆盖产品目录	领导小组	年　月　日	
		对现有体系的评价	2.5　对现有体系的质量活动进行调查，了解现状与新版标准差异分析，尤其运行风险的识别	职能/部门	年　月　日	
			2.6　确定公司体系可能包含的过程、过程绩效指标	职能/部门	年　月　日	
3	体系的完善	完善组织机构	3.1　对现有组织机构的新标准适应性进行评价	总经理	年　月　日	
			3.2　若不适用，审定批准新的组织机构	总经理	年　月　日	
		制定质量职责和权限	3.3　编制质量过程活动职能、职责和权限分配表	职能/部门	年　月　日	
			3.4　组织相关职能部门讨论、确定	职能/部门	年　月　日	
			3.5　审定、批准	总经理	年　月　日	
		配备体系所需的资源	3.6　各职能部门根据职能和覆盖产品范围提出所需的资源和人员配置要求	职能/部门	年　月　日	
			3.7　编制新版标准的体系资源配置计划表	职能/部门	年　月　日	
			3.8　各职能部门领导讨论、批准	职能/部门	年　月　日	
4	体系的成文信息	体系文件的总体框架	4.1　确定体系文件称谓，以及目录表和质量活动要点汇总（文件体系表及层次）	职能/部门	年　月　日	
			4.2　确定各文件章节框架内容及编写要求	职能/部门	年　月　日	
			4.3　制订体系文件编写计划	职能/部门	年　月　日	
		证据信息	4.4　确定体系要求的证据信息载体和记录表/格式	职能/部门	年　月　日	
		体系文件编写审批	4.5　按人员特点进行分配，按计划进行编写	相关人员	年　月　日	
			4.6　评审、修改、审定确定初稿	职能/部门	年　月　日	
			4.7　审定和批准	总经理	年　月　日	

（续）

序号	阶段名称	工作步骤	活动要求	负责部门/岗位	完成日期	备注
5	实施运行	实施运行准备	5.1　配置人员和资源到位检查	职能/部门	年　月　日	
			5.2　向全厂职工宣传公司的质量方针、目标	总经理	年　月　日	
		各层次培训	5.3　公司中层以上及骨干人员关于体系文件的基础培训	职能/部门	年　月　日	
			5.4　对操作者进行岗位培训	职能/部门	年　月　日	
		试运行	5.5　协调各项质量活动，对偏离标准现象进行监控	职能/部门	年　月　日	
			5.6　根据信息反馈，组织采取纠正措施	职能/部门	年　月　日	
			5.7　组织内部体系审核	职能/部门	年　月　日	
			5.8　组织管理评审	总经理	年　月　日	

上面的计划发布以后，相关职能/部门一定要跟踪实施进度。在计划时间之前一周提示责任部门或人员准时完成，不允许拖期。这样，才能保证整体转换工作的完成时间。当然，对于小企业也可以参考上述做法，使用这种方法的思路。

（3）贯标 ISO 9001：2015 过渡期间程序

因为 IAF 于 2015 年 1 月发布《ISO 9001：2015 版转换实施指南》，要求转换时间为 3 年，一些组织并不急于马上着手转换质量管理体系文件。根据标准 ISO 9001：2015 的要求，发布了贯彻标准过渡期间的实施指南。该指南具备下述特点。

1）质量手册的格式和体例可以沿用 2008 版 ISO 9001 的条款顺序和基本结构，也就是原有文件都不改动，语言文字和体例基本都是以 2008 版 ISO 9001 和 2005 版 ISO 9000 为基础的。

2）2015 版 ISO 9001 的引言强调，实施该标准并不意味着需要统一不同质量管理体系的架构，也不意味着形成与该标准条款结构相一致的文件，也不要求在组织内使用本标准的特定术语。

3）针对 2015 版 ISO 9001 相对 2008 版 ISO 9001 的变化部分，组织增加若干补充程序，提出过渡性要求即可。待对标准充分研究以后，在过渡期满前，再修改组织的体系文件。只要能保证转换标准的时间要求，都是可行的做法。

4）过渡期间能够收集多方面信息，包括转换标准过程的经验和教训。这些信息要能够全面融入贯彻 ISO 9001：2015 标准的质量管理体系文件，才能使组织的质量管理体系文件更加符合 ISO 9001：2015 标准的要求，更加符合组织的实际过程。

5）贯彻 ISO 9001：2015 标准的补充程序，要从多个方面做出规定，并且要明确具体职能/部门。程序更要关注过程结果，还要关注补充过程所要求保留的形成文件的信息。

【案例 1-2】 贯标 ISO 9001：2015 过渡期间程序

贯彻 ISO 9001：2015 标准的补充程序（过渡时间至 2018 年 9 月 15 日止）概要

公司背景：公司主营范围是从提供咨询项目的服务到完成，以及后续的实施和服务。公司由 3 个业务部门组成，它们是企业管理部、业务管理部和中介服务部。每个部门都能独立工作或者对共同项目联合工作。各部门主要职能如下。

① 企业管理部。该部门主管公司内外的沟通活动，便于建立组织内外的信任、诚实、尊重和"真诚的对话"的坚实基础。这一层次经常是企业性公司中业务管理体系咨询的先导者。

② 业务管理部。该部门按照有助于公司实现其战略质量和义务指标的目标进行过程评价和改进咨询。

③ 中介服务部。该部门专门对工程咨询服务业（监理、中介公司等）的业务管理、质量、和信息技术提供咨询服务。它利用另外两个业务部门的许多工具为特定目标提供服务。

1 目的和要求

为全面贯彻 ISO 9001：2015 标准，在原有的体系文件基础上，识别出 ISO 9001：2015 与 ISO 9001：2008 差异部分，制定本补充程序。

本程序编写在体例、格式、内容、方法上与原文件一致。本程序为规范性文件，确保公司实际运作过程在实施原体系文件的同时，执行与本程序相关活动。

2 适用范围

公司所有的过程活动。

3 术语

符合 ISO 9000：2015 要求。

4 职责

4.1 企业管理部负责公司识别 ISO 9001：2015 与 ISO 9001：2008 差异部分，并对如何达到新的要求编制本程序。

4.2 业务管理部和中介服务部参与程序评审，并实施本程序。

5 控制规范

5.1 公司环境背景

5.1.1 理解公司的环境是一个过程

这个过程确定了影响公司的宗旨、目标和可持续性的各种因素。它既需要考虑内部因素，如组织的价值观、文化、知识和绩效，还需要考虑外部因素，如法律的、技术的、竞争的、市场的、文化的、社会的和经济的环境。公司的宗旨可被表达为其愿景、使命、方针和目标。

5.1.2 企业管理部负责识别影响公司的宗旨、目标和可持续性的各种内外部因素，在内审和管理评审时提供相关信息，尤其要确定公司的竞争对手和"标杆"。在修订质量方针和目标时，认真考虑法律的、技术的、竞争的、市场的、文化的、社会的和经济的外部环境因素，同时，也要考虑价值观、文化、知识和绩效等内部因素。企业管理部将公司内外部环境因素形成文件化信息。

5.2 相关方

5.2.1 相关方的概念扩展了仅仅关注顾客的观念，而考虑所有的相关方是至关重要的。识别相关方是理解组织环境过程的组成部分。有关的相关方是指若其需求和期望未能满足，将对组织的持续发展产生重大风险的各方。为降低风险，公司需确定向相关方提供何种必要的结果。组织的成功，有赖于获取、赢得和保持对相关方的支持。

5.2.2 企业管理部负责识别对公司的持续发展产生重大风险的各相关方，分析这些相关方是谁，这些相关方在哪里，会给公司带来什么风险，并将这些相关方的分析形成文件化信息。

5.3 应对风险和机遇的措施

5.3.1 新版ISO 9001标准的6.1节，以"处理风险和机遇的措施"为标题，不再提及具体的"预防措施"，而直接明确提出关于识别和应对风险的要求。质量管理体系的主要目的之一是作为预防风险的工具。采取的任何风险和机遇的应对措施都应与其对产品、服务的符合性和顾客满意的潜在影响相适应。

5.3.2 企业管理部要负责在每年年初，全面识别一次公司面对的风险，以及采取的任何风险和机遇的应对措施，对产品、服务的符合性和顾客满意的潜在影响，并且确定"风险规避"和"风险分担"的有效性。将这些识别、分析和措施形成文件化信息。当预知出现新的风险时，企业管理部要及时识别，并制定应对措施。

5.4 关于"成文信息"

企业管理部要根据新版标准的要求，结合公司的实际过程对现有文件进行清理整顿，需增加的增加，需简化的就简化。每年评审一次公司的文件的适用性。将有效文件全部纳入SOP4.201"文件和资料控制程序"的管理范围。

5.5 关于知识的要求

5.5.1 新标准明确把知识作为资源，要求组织应确定所需的知识，以运行过程并获得合格产品和服务。组织的知识是组织特有的，通常是从其成功项目和失败得到的经验教训，是为实现组织目标所使用和共享的信息。这些知识应予以获取、分享和保持，并在必要范围内可得到。为应对不断变化的需求和发展趋势，组织应审视现有的知识，确定如何获取更多必要的知识和知识更新。

5.5.2 企业管理部要根据新版标准的要求，识别知识来源。这些知识来源包括：内部来源（如知识产权，从经历获得的知识，从失败和成功项目得到的经验教训，获取和分享未形成文件的知识和经验，过程、产品和服务的改进结果）；外部来源（如标准，学术交流，专业会议，从顾客或外部供方收集的知识）。企业管理部将这些知识形成文件化信息。

5.6 关于能力的要求

5.6.1 新标准明确要求组织应确定受公司控制的工作人员所需具备的能力。这些人员从事的工作影响质量管理体系绩效和有效性。同时，要求组织应确保受其控制的工作人员知晓：

a）质量方针和相关目标；

b）他们对质量管理体系有效性的贡献，包括改进绩效的益处；

c）不符合质量管理体系要求的后果。

当所有人员认识到并应用了其岗位和职责所需的技能、培训、教育和经验时，质量管理体系才是最有效的。

5.6.2 能力需求确定及其评价

企业管理部要按新版标准的要求，识别确定公司业务运作的岗位。然后，根据各岗位的实际情况，确定岗位的特定职能所需要的知识和技能。与此同时，一方面寻找机会为公司人员提供拓展必要的能力，另一方面对各岗位人员进行评价。除通常的考试和考核，需要时对各岗位人员，尤其对独立提供咨询的服务人员进行见证评价，确定可实施见证的资深人员，同时拟定年度见证计划。

5.7 关于沟通

5.7.1 2008 版的 5.5.3 "内部沟通" 和 7.2.3 "顾客沟通"，涉及范围较窄，而新标准把 "沟通" 作为更广泛的、独立的过程，并对其提出明确的具体要求。组织应确定与质量管理体系相关的内部和外部沟通活动。其中包括：谁负责沟通、与谁沟通、何时沟通、沟通什么和如何沟通。通过有效沟通，可提高人员的参与质量管理体系的程度，并使其更加深入的理解组织的环境、顾客和其他有关的相关方的需求和期望。

5.7.2 企业管理部要按新版标准的要求，为确保质量管理体系的有效性，应建立顺畅的 "神经系统"，充分传递信息。经过策划识别确定公司具体沟通过程，并有效开展的内部（如整个组织内）和外部（如与有关的相关方）沟通，明确沟通的各环节，明确谁负责沟通、与谁沟通、何时沟通、沟通什么和如何沟通。

5.8 关于外部提供的过程、产品和服务的控制

5.8.1 七项质量管理原则之一"关系管理"，要求组织管理与相关方（如供方）的关系。相关方影响组织的绩效。当组织管理与所有相关方的关系，能尽可能地发挥其在组织绩效方面的作用时，持续成功更有可能实现。因此，对供方及合作伙伴的关系网的管理是尤为重要的。组织和供方是供应链的重要组成部分，其相关关系明显影响组织绩效。新标准把2008版的7.4节的"采购"和4.1节的"过程外包"合一，并提升要求的程度。对"外部提供的过程、产品和服务的控制"，提出了明确的具体要求。

5.8.2 企业管理部要按新版标准的要求，为确保对供方质量管理的有效性，识别明确提供的过程、产品和服务的供方，并按其提供的过程、产品和服务的重要性分类进行管理。更要关注外部提供的过程、产品和服务，对组织持续地满足顾客要求和适用的法律法规要求的能力的潜在影响。据此，将确定对外部供方的评价、选择、绩效监视，以及再评价的形成文件的信息，并加以实施。对于这些活动和由于评价引发的任何必要的措施，公司应保留形成文件的证据信息。

6 引用文件

1）ISO 9000：2015《质量管理体系——基础和术语》；

2）ISO 9001：2015《质量管理体系——要求》；

3）公司《质量手册》。

7 运行结果

1）公司内外部环境因素的成文信息。

2）对相关方分析的成文信息。

3）识别、分析风险和机遇的措施的成文信息。

4）公司知识获取和分享的成文信息。

5）咨询服务人员见证计划。

6）外部提供的过程、产品和服务的成文信息。

1.5.4 贯标 ISO 9001：2015 过渡期间程序点评

1）列举两个版本标准明显差异之处，指出职能部门，并规定如何过渡。

2）补充程序从8个方面提出要求：公司环境背景；相关方；应对风险和机遇的措施；关于"成文信息"；关于知识的要求；关于能力的要求；关于沟通；关于

外部提供的过程、产品和服务的控制。

3）对这 8 个方面，都是先提出要求，再规定如何做。

4）关于管理者代表的点评与本书 3.3.2 节对【案例 3-1】的点评 8）相同。

5）尽管贯彻 ISO 9001：2015 标准的补充程序从多个方面做出规定，分析了 ISO 9001：2015 标准的关键变化点，但是从中可看出，在程序中未充分体现"强化关注改进的机会"的要求。

第2章 质量管理体系的其他文件

2.1 概述

对成文信息，前面已进行了阐述。传统的形成文件的信息，即质量管理体系文件，由质量手册、程序文件（质量管理体系程序和工程控制程序）、岗位文件和其他文件（如质量计划、质量记录、质量文件和报告等）构成，如1.1.4节所述。这些其他文件应对质量管理体系主体文件（手册、程序、岗位文件）进行有力的支撑。它们是质量管理体系运行状况的重要证据，也是质量体系审核中应特别关注的内容。因此，要像对质量管理体系主体文件一样，认真对待其他文件，使其从策划、编写、审批到规范化管理的整个过程，均应处于控制之中。

但遗憾的是，不少组织（包括许多已通过质量体系认证注册的）对这些文件的编写和管理重视不够，以致它们不能适应质量管理体系的要求。其中比较典型的问题有：简单搬用组织原有的一些文件和记录表格，而不问它们是否符合标准的要求；编写的随意性较大，由各部门自行拟定，以致"政出多门"，缺乏规范化的管理；不重视文件的审批，难以保证其有效性等。在本章中，将提示读者编写这些文件时应注意什么。

2.2 质量计划

在本书1.1.4节中，已对质量计划做了概要介绍。制订质量计划时，可参考ISO/TR 10005：2005《质量管理体系 质量计划指南》。对较为复杂的新产品项目来说，编制质量计划时，参考 ISO/TS 16949：2009 标准中规定汽车行业采用的《产品质量先期策划和控制计划》（APQP），是非常有帮助的。

在 ISO 9000：2015《质量管理体系 基础和术语》标准中，将质量策划定义为"质量管理的一部分，致力于制定质量目标并规定必要的运行过程和相关资源以实现质量目标"。质量计划则定义为"对特定的客体，规定由谁及何时应用所确定的程序和相关资源的规范"（客体是可感知或可想象到的任何事物，客体的示例：产品、服务、过程、人员、组织、体系、资源）。并且在注中说明"这些程序通常包括所涉及的那些质量管理过程以及产品和服务实现过程""通常，质量计划引用质量手册的部分内容或程序文件""质量计划是质量策划的结果之一"。显然，严格地说，质量策划是"活动"，质量计划是策划输出的"文件"，质量策划的范畴更广一些，而质量计划则是具体完成质量策划的安排。然而，一般可将两者结合在一起，将质量策划的输出称为质量计划。

在 ISO 19001：2015 标准 8.1 中规定，为满足产品和服务提供的要求，并实施所确定的措施，组织应通过所需的过程进行策划、实施和控制，并且要求策划的输出应适合组织的运行需要。大多数组织还是按传统称之为质量计划。

上述说明中的质量管理体系过程，主要包括活动的顺序、职责分配和质量措施。质量计划可在顾客的特定要求和组织的原有质量管理体系之间架起一座"桥"，从而大大提高了质量管理体系适应各种环境的能力。对于尚未建立质量管理体系的组织，质量计划则是特定产品或项目的质量管理大纲。质量计划除对所需过程和资源做出规定外，还对所需开展的质量活动规定了具体的控制措施。它因此成为确保满足特定顾客要求的最重要的依据，故可将其视为特定客体的"质量手册"。

2.2.1 质量计划的作用

（1）提高质量管理体系在满足顾客要求方面的适应能力

一个组织已建立了质量管理体系，表明它具有满足顾客对其质量管理体系覆盖产品要求的能力。这个质量管理体系虽然是通用的，它可以指导各种产品的质量管理工作，但它仅在体系所覆盖的产品范围内具有质量保证能力和满足顾客要求的能力。然而，在市场经济条件下常常遇到以下两种情况。

1）新的市场机遇要求根据顾客需求开发超出原来体系覆盖范围的产品。

2）在原有覆盖产品范围内，顾客提出某些特殊要求，而原有体系不能完全满足这些要求。

（2）降低质量管理体系运行成本

通过质量策划，对各种可能的异常情况进行了有效的预防。因此，可以认为质量计划是针对特定的质量要求而制定的有效控制措施。它使非增值性因素大为减少，可大幅度删减通用的质量管理体系中对特定产品、项目不适用的过程和质量活动，从而降低运行成本。为此，质量计划的制订过程，应建立在对原有质量管理体系的组织结构、管理程序和岗位技术活动是否适合于特定产品的系统分析基础上。这样可使质量计划能够做出优化的安排，能利用更经济的针对性措施，并提高管理效能。

（3）增强顾客对满足其要求的信任

质量保证过程是顾客建立信心的过程。顾客的信任对于完成合同、达到顾客的要求是很重要的，对于大的工程项目，顾客的信任对保证工期和降低成本，更是至关重要。由于质量计划能向顾客证实其每项要求均已被充分理解，并在质量活动措施、相关资源及活动顺序方面，做出了周密的安排。特别是对于关键、重要质量特性，设置了停止点（停止待检点 H）、见证点（现场见证点 W、文件见证点 R），为顾客或其代表直接安排了联合检查。这样，更容易逐步取得顾客的信任。

（4）有利于现场管理

一个针对性强、内容全面的质量计划，只涉及现场使用的文件。因此，可以在特定的产品和项目上，代替或减少其他质量管理体系文件和技术文件，从而有利于现场管理，提高工作效率。

（5）质量审核的依据

无论对于内部审核还是外部审核来说，质量计划是针对特定产品和项目的最重要的审核依据。审核中应检查质量计划的实施情况和内部质量监督情况，特别是 H 点（停止监督控制点）、W 点（现场监督控制点）和 R 点（文件监督控制点）的记录。

（6）有利于资源保证

资源不足常是导致质量管理体系和产品质量达不到预期效果的重要原因。对此，在质量计划中明确资源（人力、物力、财力、时间）的需求，成为企业落实资源配置的依据。这意味着质量计划一经批准实施，资源便有了保障。同时，通过策划可以合理地配置资源。

2.2.2 质量计划的编制要求

质量计划的编制应遵循本书 1.2 节质量管理体系文件编制原则和 1.4.6 节文件编制的注意事项。此外，考虑到质量计划的特点，还应符合以下要求。

（1）与原有质量管理体系协调

对已成文信息的质量管理体系的组织来说，应与其质量方针、目标、政策及其他质量管理体系文件协调一致。对于质量手册、程序文件已有规定的，在质量计划中适用的部分只需直接引用，而不必重新加以规定。

（2）满足合同中规定的顾客全部质量要求

为此，应明确达到这些质量要求的具体控制措施、资源保证和活动顺序。通常可通过质量功能展开（QFD）的方法，逐步将顾客要求展开落实到产品形成的各个阶段的控制措施和方法上。

（3）质量计划必须建立在周密的质量策划基础上

质量策划是一项活动，其结果（即活动的输出）形成了质量计划。质量策划与质量计划有所区别，质量策划涉及建立质量管理体系，质量计划只是针对特定情况确定所需过程和资源，而并非一定要建立完整的质量管理体系。因此，制订质量计划只是质量策划活动的一部分，它是以质量策划活动为基础的。

对于制造业来说，ISO 9001：1994 版标准规定了颇为实用的质量策划应开展的 8 项活动。

1）编制质量计划。

2）为达到质量要求，确定和配备必要的控制手段、过程、设备、工装、资源和技能。

3）确保有关文件的兼容性。产品形成全过程（包括设计和开发、生产、安装、服务、检验和试验等）的有关文件，不仅应协调一致，而且还应担负起各自对实现总目标的责任，即起着为实现产品质量特性而应有的作用。

4）必要时，更新质量控制、检验和试验技术，也包括研制新的检测设备。

5）测量能力的开发。应确定所有的测量要求，包括超出现有水平的要求，但要求在允许的时间内能开发的测量能力。

6）确定在产品形成的各阶段适宜的验证。在设计、制造、采购等阶段均应安排适当的检验点（包括 H 点）、见证点（包括 W 点和 R 点）或评审点。

7）明确接收标准。对所有特性和要求，包括含有主观因素的特性和要求（如外观），均应明确接收标准。

8）确定和准备记录。对于可以引用原有记录表式的应加以确定，而对于新增要求，相应的记录表式应事先列出，包括空白表格及填写要求。

应当指出，在质量策划的上述 8 项活动中，特别强调了应在 3 个层次上考虑检测技术和装备，即配备、研制（在现有技术水平上）和开发。同时，还应注重质量管理技术和方法的更新。

由于按照过程方法进行管理（如 PDCA 等）已经深入多数组织，在 ISO 9001：2015 标准正文中，各有关章、节、条款对质量策划做了更广泛的规定。

1）6 策划。这章讲的是 6.1 应对风险和机遇的措施的策划和 6.2 对质量目标及其实现的策划要求。

2）6.1.1 在策划质量管理体系时，组织应考虑 4.1 所描述的因素和 4.2 所提及的要求，并确定需要应对的风险和机遇，以：

a）确保质量管理体系能够实现其预期结果；

b）增强有利影响；

c）避免或减少不利影响；

d）实现改进。

3）6.1.2 组织应策划：

a）应对这些风险和机遇的措施；

b）如何：

① 在质量管理体系过程中整合并实施这些措施。

② 评价这些措施的有效性。

4）6.2.2 策划如何实现质量目标时，组织应确定：

a）做什么；

b）需要什么资源；

c）由谁负责；

d）何时完成；

e）如何评价结果。

5）6.3 变更的策划。当组织确定需要对质量管理体系进行变更时，变更应按所策划的方式实施。

6）8.1 运行的策划和控制。为满足产品和服务提供的要求，并实施第 6 章所确定的措施，组织应通过以下措施对所需的过程进行策划、实施和控制，详见程序文件【案例 4-2】。

7）8.1 策划的输出应适合组织的运行需要。组织应控制策划的变更，评审非预期变更的后果，必要时采取措施减轻不利影响。

8）8.3.2 设计和开发策划。在确定设计和开发的各个阶段和控制时，组织应考虑，详见程序文件【案例 4-8】。

9）8.6 产品和服务的放行。组织应在适当阶段实施策划的安排，以验证产品和服务的要求已得到满足。除非得到有关授权人员的批准，适用时得到顾客的批准，否则在策划的安排已圆满完成之前，不应向顾客放行产品和交付服务。

10）9.2.1 组织应按照策划的时间间隔进行内部审核，以提供有关质量管理体系的信息，详见程序文件【案例 4-15】。

11）9.2.2 组织应依据有关过程的重要性、对组织产生影响的变化和以往的审核结果，策划、制定、实施和保持审核方案，审核方案包括频次、方法、职责、策划要求和报告。

12）9.3.1 最高管理者应按照策划的时间间隔，对组织的质量管理体系进行评审，以确保其持续的适宜性、充分性和有效性，并与组织的战略方向一致。

13）9.3.2 策划和实施管理评审时应考虑的内容，详见程序文件【案例 4-16】。

综上所述，凡涉及重要的质量活动，标准都强调了策划。同时，应该指出，在我国的许多组织中，质量策划仍是一个薄弱环节，难以充分发挥其应有的预防作用。在现阶段，主要应根据 ISO 9001：2015 标准来开展质量策划活动，对制造业则参照 ISO 9001：1994 标准将产品实现策划更具体化，这样可以使质量策划活动能更有效地开展。而对于简单或成熟的产品和服务，现有质量管理体系文件若已能有效保证其质量目标实现并能达到顾客满意时，无须另外制订质量计划。

2.2.3　质量计划的编制和管理

质量计划的制订、评审认可和修订的过程，应把握以下要点。

（1）制订

1）针对某一特定情况制订质量计划时，应确定所需的过程和质量活动，并形成文件信息。

2）对已建立文件化质量管理体系的组织来说，质量计划除引用通用的程序外，还应增加所针对的产品、项目或合同所需的专用程序和作业文件，以达到规定的质量目标。

3）质量计划的格式和详略程度，应与顾客要求、操作方法，以及所开展的活动的复杂性相适应。

4）对尚未建立文件化质量管理体系的组织来说，质量计划应是一个独立的文件。它可以用一个总体的质量计划来描述；也可分为若干部分，在产品形成的各个阶段，如设计、采购、生产、检验等，分别制订计划；也可为某些特定活动制订计划，如可靠性计划、环保计划等。

5）质量计划应针对不同阶段的工作特点分别制订。对于产品的质量计划，一般包括 3 个阶段：样件研制、小批试生产、正式大批或大量生产。

（2）评审和认可

1）应对质量计划的适宜性进行评审，并经授权人（或小组）批准。通过采用多方论证的方法，即建立一个跨部门的横向协调小组来完成这项任务。横向协调小组应包括组织内有关部门/职能的代表，如市场营销、设计、工艺、采购、制造、装配、检测、质量管理和服务（含维修）等。

2）在签订合同的情况下，质量计划一般应提交顾客（或其授权的顾问）评审并认可。这对于确保质量计划能完全满足合同要求，达到顾客满意起着重要作用。顾客评审及认可的时机，可在合同签订前的投标过程中，也可在合同签订后。

3）若提交的质量计划作为标书的一部分，则质量计划应按合同评审的要求来管理。必要时，可根据合同签订前谈判的结果对质量要求的改变，来修改质量计划。

4）应在合同开始执行前向顾客提供质量计划。在合同执行的各个阶段，也应在该阶段工作开始前向顾客提交相应的质量计划。顾客还应该能获得质量计划中引用的程序。

（3）修订

1）组织应及时修订质量计划，以反映产品、项目或合同的变化，产品制造或服务方法的变化，质量管理措施的变化。

2）应由对原质量计划进行评审的同一授权小组，对更改的适宜性进行评审。

3）在执行更改过的质量计划前，应将其提交顾客评审并认可。

2.2.4　质量计划的内容及其要点

质量计划是特定客体的质量管理体系的描述，除应遵循本书 2.2.2 节所述的质量策划的要求外，其内容和要点如下。

（1）质量计划的范围

应明确规定质量计划的范围，至少应包括以下内容。

1）适用的产品或项目。

2）适用的合同。

3）产品、项目或合同质量目标（尽可能量化）。

4）具体的不适用的范围。

5）有效条件。

（2）产品或项目的质量要求

1）应与合同、产品要求的评审等活动接口，注意隐含的要求及如何能达到顾客满意。

2）应确定影响主要失效模式的关键、重要特性，并明确其控制重点。

（3）组织机构和管理职责

1）已建立质量管理体系的组织，常常打破部门的束缚，针对项目建立专项临时组织，以便减少管理层次，提高效率。这时，必须对项目的组织结构、职责、授权及相互关系，予以明确规定。

2）对于纳入原有质量管理体系的产品或项目来说，应明确规定执行补充程序和特定活动的管理职责和权限。

（4）质量活动的控制

对于 ISO 9001 标准规定的质量活动，应按特定顾客与产品或项目是否相关来确定管理必须覆盖的质量活动，并做出相应的具体控制安排，明确影响质量的人、机、料、法、环、测等诸多因素，制定相应的控制措施，更应注意可能的管理方法的更新。

（5）增补岗位文件和相应的质量记录

应考虑合同的规定和顾客的要求，增加必要的质量活动。对这些质量管理活动和岗位活动，应编制相应的岗位文件。在这方面，尤其应注意顾客的特殊要求。

（6）检测的安排

1）应随着产品质量水平的提高，重视相应的检测技术的更新。

2）确定停止点（H 点）、见证点（W 点、R 点），在关键问题上应取得顾客的认可。

（7）异常情况处理

应规定出现异常时的反应计划：对过程异常应如何调整；对产品异常应如何返工、返修或报废；对工程异常应如何消除缺陷等。

2.2.5　编制质量计划常用的工具和技术

编制质量计划时，常采用下列工具和技术。

（1）控制计划表

对于产品实现的各个阶段，可参照采用表 2-1 所示的控制计划表。应注意控制计划只反映了对影响产品质量诸因素的控制要求，是较原则的规定，它不能代替内容更为详细的指导操作的岗位作业文件。

现对控制计划的主要栏目说明如下。

1）样件、试生产、生产。表示产品形成的 3 个注意阶段的分类：样件研制、小批试生产、批量生产。

2）生产设备。此处是指广义的生产设备，包括机器、装置、工装、夹具，或者其他工具。

3）特性。

a）编号。为便于参照已编号的有关文件，如流程图、计划、草图等，而对应列出。

b）产品特性。根据设计输出标示出的产品的关键、重要特性，可以是零、部件的特性。

c）过程特性。过程特性是与产品特性有因果关系的过程变量。例如，喷漆质量与油漆质量有关，则油漆就属于喷漆工序应控制的过程特性的范畴；喷漆操作时需要保持喷漆装置清洁，处于无尘或少尘场所，这也是定期维护的关键。因此，定期的清洁、修理、更换易损件和保持工作场所适当的粉尘度，就属于喷漆工序的过程特性。再如，冲压成形过程中，材料特性（如硬度）对成形过程影响甚大，因此，材料（硬度）即属于冲压工序的过程特性。

4）特殊特性分类。特殊特性是指特定的顾客提出的要求，可分为关键、重要、安全等类别。

5）产品/过程规范/公差。从有关工艺文件，如图样、工艺、材料标准等，可以获得规范的名称代号或公差值。

6）评价/测量技术。在这一栏中，应简要描述所使用的测量系统，包括量检具、工具、试验装置和测量方法。

7）样本容量/频率。若需取样，对样本容量/频率应明确地加以规定。

表2-1　控制计划

□样件　□试生产　□生产		控制计划编号	日期（编制）　　　日期（修订）
零件号/最新更改程序	主要联系人/电话		顾客工程批准/日期（如需要）
零件名称/描述	核心小组		顾客质量批准/日期（如需要）
供方工厂	供方代号	供方/工程批准/日期	其他批准/日期（如需要）
		其他批准/日期（如需要）	

零件/过程编号	过程名称/操作描述	生产设备	特性			特殊特性分类	方法					反应计划
			编号	产品	过程		产品/过程规范/公差	评价/测量技术	取样		控制方法	
									容量	频率		

8）控制方法。对怎样在操作中进行控制所做的简要描述，如 X – R（均值 – 极差）控制图、试验报告、自动控制、检查表等。

9）反应计划。规定为避免产生不合格品或操作失误所需要的纠正和预防措施。

（2）控制计划检查表

在表 2-2 中，列示了对控制计划应检查的问题。

表 2-2　控制计划检查表

	问　　题	是	否	意见/措施	负责人	完 成 日 期
1	在制订控制计划时是否使用了适当的方法？					
2	为了便于选择特殊产品/过程特性，是否已明确了所有已知的顾客关注事项？					
3	是否已将所有特殊产品/过程特性纳入控制计划内？					
4	制订控制计划时是否使用了 SFMEA、DFMEA 和 PFMEA？					
5	是否已明确要求检验的材料规范？					
6	控制计划是否涉及从进货（材料/零部件）、加工/装配直至包装的全过程？					
7	是否已明确工程性能试验要求？					
8	是否具备控制计划所要求的量具和试验装置？					
9	如要求，顾客是否已批准控制计划？					
10	本企业和顾客所应用的测量方法是否一致？					

（3）过程分析

控制和减少变差的前提是分析变差形成的主要原因及影响产品质量的主导因素，这就是过程分析的主要内容。过程分析有很多方法，如失效树分析、试验设计、因果图等，可视过程实现的情况来选择最有效的方法。

如图 2-1 所示是列示了典型的制造过程的因果图。这种分析是制定各种文件的基础。

（4）潜在失效模式及影响分析（FMEA）

必须对可能的失效模式进行全面分析，以便在质量策划中采取充分的预防措施。系统的 FMEA 称为 SFMEA，设计的 FMEA 称为 DFMEA，过程的 FMEA 称为 PFMEA。

有关 FMEA 的详细介绍可参阅参考文献［2］，FMEA 也可以成为风险分析的基础。

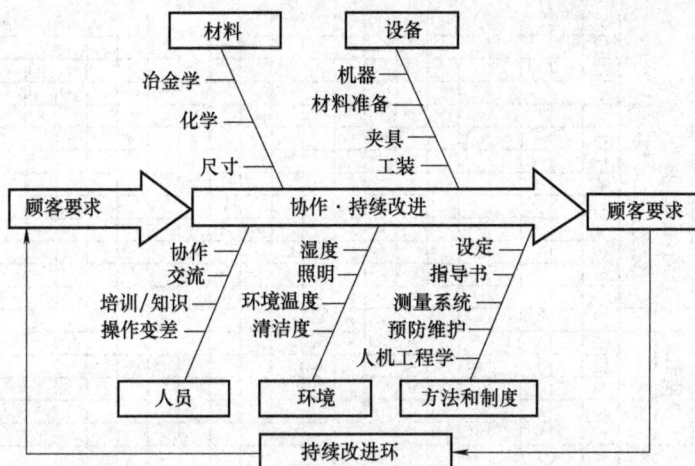

图 2-1　过程因果图

FMEA 是用来识别总体系统设计中潜在弱点的分析技术，它是一种自上而下的系统功能分析，对整个产品的质量策划更具有重要意义。

（5）特性矩阵图

特性矩阵图表示过程参数和制造岗位之间的关系。制造关系越多，特性控制越重要。表 2-3 列示了典型的特性矩阵图。

表 2-3　特性矩阵图示例

尺寸编号	描　述	公　差	工　序　编　号			
			05	10	20	30
1	内径		X	C		
2	端面			X	C	X
3				X	C	L
4					X	
5					X	
6					X	

注：C—夹紧，L—定位，X—由此操作引起的特性，应符合过程流程图。

（6）关键路径法

关键路径法是按完成任务的最长期限的时间（年月）顺序编制的甘特（Gantt）图。它可提供多种有价值的信息。

1）相互关系。

2）对问题的及时预测。

3）识别责任者。

4）识别资源及分配平衡。

表 2-4 中列示了项目设计阶段的甘特图。

表2-4 甘特图，设计和开发进度计划

项目名称：产品设计和开发
主要阶段：A. 目标 D. 设计 G. 生产
　　　　　B. 创意 E. 生产准备 H. 使用
　　　　　C. 开发 F. 销售准备

负责人：
决策者：D.
参加者：P.

策划：
修改：
实施：

项目号：
部门：
设计部门：
竖划表示：更改

批准：　日期：
修改：　日期：
修改：　日期：

阶段	活动 子项目	设计评审	销售部门	设计部门	质量部门	财务部门	生产部门	计划部门
A	目标、指南、建议	DR. A 评价	D	D				
B1	确定思路起草计划	评价	D	P	P	P		
B2	可行性分析		D	P	P	P		
B3	设计输入	DR. B	P	D	P	P	D	
C1	项目计划和预算	审批	P	D	P	D	P	P
C2	基本设计规范			D	P		P	
C3	产品规范		P	D	P		D	P
C4	质量规范、程序和作业指导书	评价	D	P	D		D	D
C5	实验室试验结果	评价	D	P	P		D	D
C6	基本决定	DR. C	D	D			D	D
D1	样机结果	评价	P	D	P		D	D
D2	最终检验规范		P	D	P		D	P
D3	设计审批	DR. D		D	P		D	
E1	产品规范	评价	P	P	D		D	P
E2	试生产结果			D	P		D	D
E3	首批检验	DR. E		D	D		D	D
F1	内外部技术状态	批准	D	D	P		D	D
G1	对过程、控制和结果进行评价	关键特征		D	D		D	D
G2	对生产全面验证			D	D		D	D
H1	对质量和可信性进行评价	统计技术		D	P		D	D
H2	对提议的更改进行评价		P	D	P	P	P	D
H3	收集各种建议	归档	D	P	D		P	P

注：DR（Drsing Review）——设计评审。

（7）过程流程图和活动表

过程流程图和活动表是直观描述工作顺序和相关工作的方法。它可为策划、开发活动和制造过程提供交流和分析的工具。

质量管理的目标之一是减少缺陷并提高制造和装配过程的效率。因此，在质量策划中，就应涉及各项活动的控制及其相关的问题。应用过程流程图特别便于识别改进，便于查找纳入控制计划的、待以后开发的关键或重要的产品特性和过程特性。

典型的过程活动表如表 2-5 所示，由表可见它的增值效果。

表 2-5　典型的过程活动表

序号	操作步骤	流程	设备或地点	距离/m	时间/min	人数	操作O	运输T	检验I	存储S	延迟D	备　　注
1	分电器自制零件	S	机加工车间	20	5	1				√		机加工、焊接等
2	外协件、标准件	S	外协件库	20	5	1				√		
3	送到电梯间上楼	T		30		2		√				
4	由电梯卸下	T		5	3	2		√				
5	运至配料间配套	T	配料间	25		2		√				按分总成配套
6	运至各分装线组装	O	分装线	10	10	20	√					分电器底板、真空调节器等
7	检验	I	检验设备		3	4			√			检测
8	送至总装配线装配	O	总成装配线	10	16	63	√					积放式装配线
	凸轮轴组件、壳体组件						√					
	分电器底板、真空调节器等						√					
9	密封试验	I	试验台	6	1.5	1			√			检测并记录
10	发火性能试验	I	试验台	6	1.5	1			√			检测并记录
11	离心提前性能试验	I	试验台	6	1.5	1			√			检测并记录
12	真空提前性能试验	I	试验台	6	1.5	1			√			检测并记录
13	最低转速试验	I	试验台	6	1.5	1			√			检测并记录
14	在总装配线上调整	O	试验台	6	5	2	√					调整
15	分电器综合性能试验	I	综合试验台	6	2	1			√			检测并记录
16	贴标识等	O		6	3	2	√					
17	包装密封	O			2	2	√					标准小盒

（续）

序号	操 作 步 骤	流程	设备或地点	距离/m	时间/min	人数	操作O	运输T	检验I	存储S	延迟D	备　　注
18	放入大包装箱	T		5	2	2	√					标准大箱
19	延时至装满1箱	D			20						√	
20	捆扎包装箱	O		2	2	2	√					
21	运至电梯间	T		48	3	1		√				
22	由电梯卸下	T		5				√				
23	送往成品库	T		20	5	1		√				
24	等待车辆外运	D			480	1					√	
25	叉车装载	T		28	5	1		√				
26	装满一车	D			40	2					√	操作、运输各1人
27	等待发运	D			60	1					√	1个运输工
	总计			276	678.5	118	6	8	7	2	4	
	操作员				38	91						
	增值比例（%）				5.6	77						

（8）质量功能展开（QFD）

QFD 是一种将顾客要求转化为技术要求和操作要领，并将所转化的信息以文件形式列在矩阵图中的系统方法。由于形成的矩阵图像房屋，故 QFD 又称为质量屋。典型的 QFD 形态如图 2-2 所示，详见参考文献［2］。

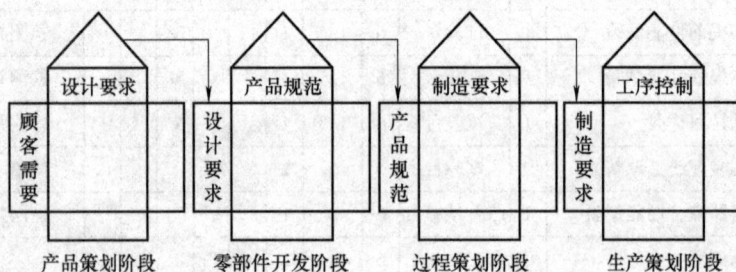

图 2-2　质量屋

1）QFD 的任务有以下两个方面。

a）质量设计。将顾客要求转化为产品设计要求。

b）功能展开。将设计要求转化为适宜的零部件、过程和生产要求。

2）QFD 有以下作用。

a）进一步保证满足顾客的要求。

b）减少工程更改的数量。

c）识别相互矛盾的设计要求。

d）将各项活动集中到以顾客为中心的目标上。

e）缩短产品的开发周期。

f）降低全过程的成本。

g）改进产品和服务质量。

（9）可制造性和装配设计

可制造性和装配设计是一种优化设计功能、制造和装配方便性之间关系的同步（并行）工程过程。改进装配和制造的设计，是保证产品满足顾客要求的一个重要步骤。由于计算机技术的普及应用，现在，设计和制造分析、策划同步进行已成为可能。这有助于及早发现产品设计中的工艺性缺陷，并可尽快在设计阶段加以弥补。

（10）基准确定

确定产品和过程的基准（比较标准，又称标杆，详见参考文献［6］），对确定质量策划的目标是非常重要的，不仅可对产品和过程设计提供概念性的输入，还可提供有关改进过程和程序的概念，应包括：

1）对策划对象的性能度量。

2）对同行业（包括国内、外）产品和服务水平的比较。

以上所述为现代质量策划常采用的 10 种工具和技术，可在开展质量策划时参考，并逐步掌握，以不断改进质量策划活动，提高质量。

2.2.6　质量计划案例

【案例 2-1】服务质量计划

如图 2-3 所示为用流程图表示的服务质量计划。

服务质量计划也应包括流程图中未标出的，但活动需要的书面说明和引用的程序或其他文件，如：

——文件控制。

——产品的可追溯性。

——第三方参与。

——不合格品的控制。

——质量体系审核。

——质量记录。

——管理职责。

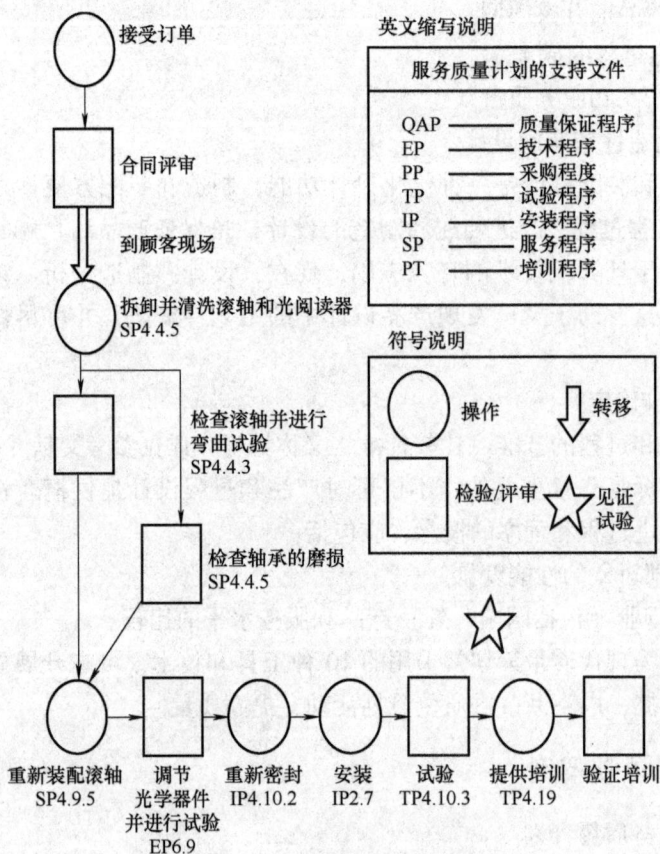

图 2-3　服务质量计划的流程图

【案例 2-2】 产品制造的质量计划

如图 2-4 所示为典型的产品制造的质量计划。

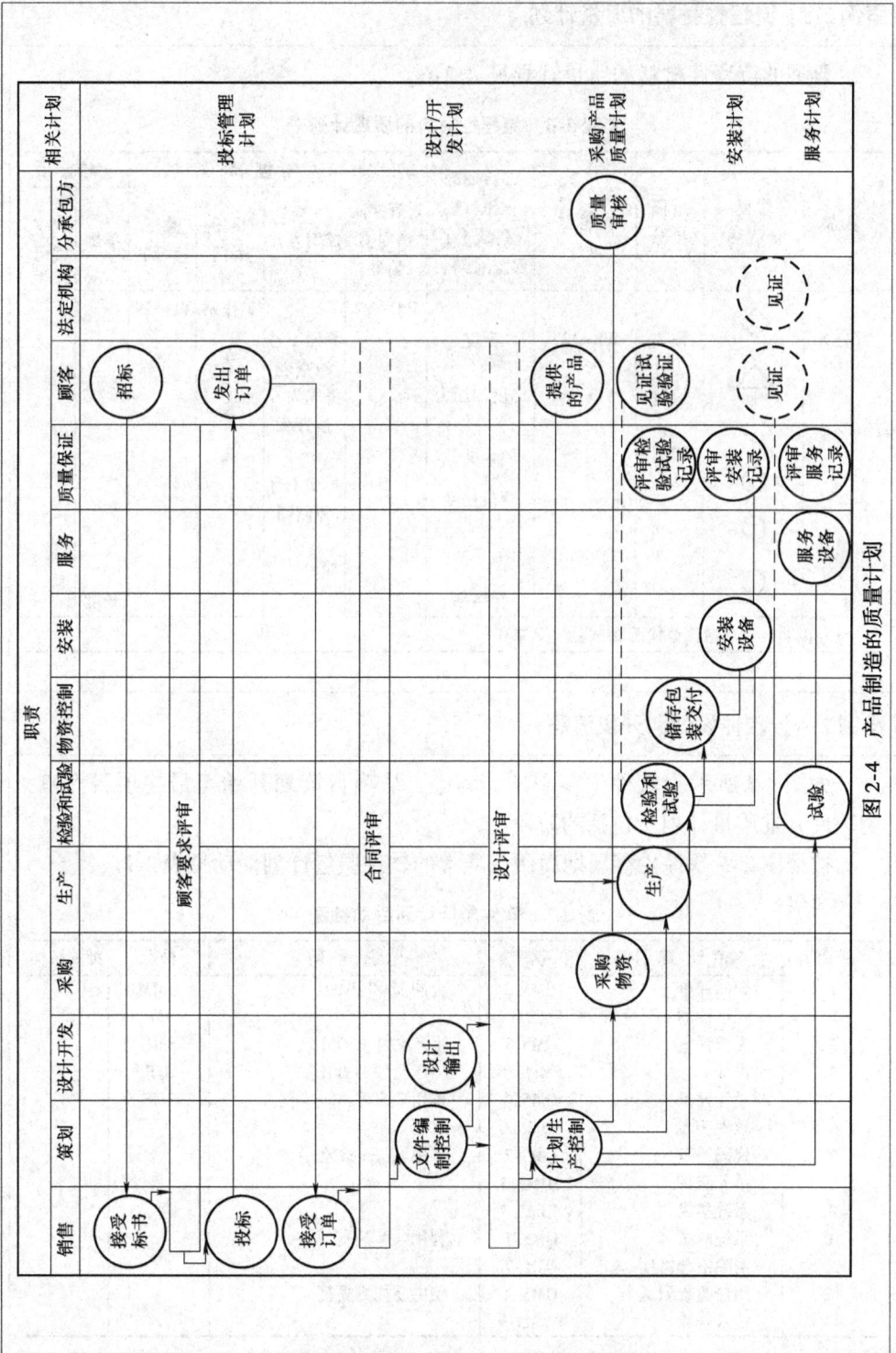

图 2-4　产品制造的质量计划

【案例 2-3】流程性材料的质量计划

典型的流程性材料的质量计划见表 2-6。

表 2-6　流程性材料的质量计划

名称	过程流程图	过程步骤	作业指导书编号	需控制的质量特性（要核查的工艺条件）	过程控制				检验	
					过程控制指导书编号	控制方法	责任部门	验证指导书	参数	程序编号
部分 A		预热	WI—123	温度	IPC—22	参照 1 号检查表	工作站 A	V1—29		
		成形	WI—321	温度、压力		参照 2 号检查表	B			
		切割		长度			C			
				测量长度		参照 1 号控制图	D			
				合格率					长度	IT—6

符号说明：○制造　◇检验和试验　▽储存

【案例 2-4】软件设计和开发流程

如图 2-5 所示为软件生存周期。其中，从项目策划开始至最终项目评审，为软件开发质量计划所包括的阶段。

按照图 2-5 软件生存周期简历，通常的软件质量计划活动见表 2-7。

表 2-7　软件质量计划活动参考

序号	活动类别	程序	说　明	分配	批准机构
1	合同评审	QM5.2	合同 M 和 P1091	AMM	
2	评审计划	PMM5.4		GT	
3	需求评审	QM5.3	生产文件 RS001	SME	
4	设计	PMM5.6	生产文件 DS001	UT	
5	设计评审	QM5.6	采用专家评审	SME	
6	软件实现	SDM5.6	采用 C + +		
7	代码评审	QM5.7	采用 Fagan 检验		
8	单元测试	SDM5.7			
9	系统集成	SDM5.7			
10	系统测试	QM5.7	利用顾客的资料		
11	消除不合格项	QM5.7			
12	用户验收测试	QM5.8	仅由委托方见证		
13	技术转让	PMM5.9			

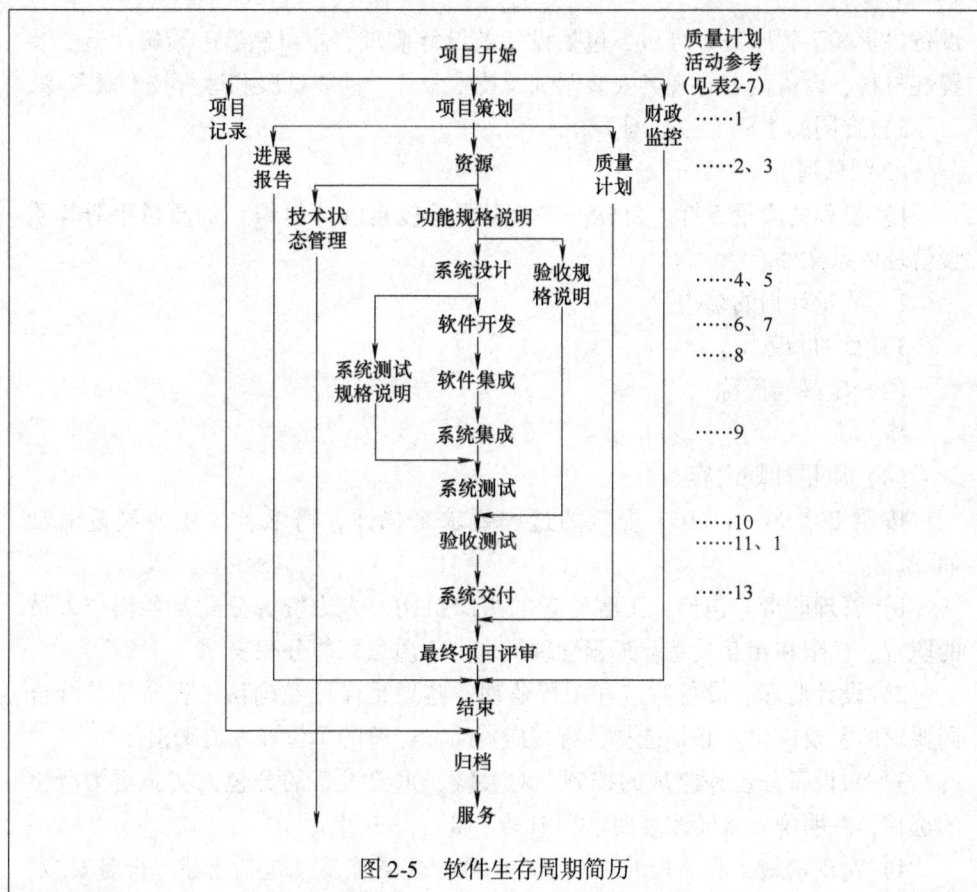

图 2-5　软件生存周期简历

【案例 2-5】　工程项目的质量计划

　　工程（设备）项目一般都具有投资金额大、协作单位多、质量要求高、完工期要求严格和过程复杂等特点。工程项目大多属于交钥匙工程。承担合同任务的组织责任重大、经济利益明显，故不宜用简单的图表来描述。工程管理应从顾客/业主的要求的合同出发，针对过程特点编制一份书面的质量计划，以确保全面满足合同要求。下面以大型火电厂建设为例，简述过程项目质量计划要点。

　　（1）工程简介

　　1）概述：介绍工程名称、工程容量、工程现场、现场气象（温、湿度；最大日降雨量；风力等级）、现场地质特点。

　　2）合同关系：顾客/业主、顾客咨询方；工程总承包方；主要分包方的工作任务是：电厂总体设计和系统设计、现场土建安装、汽轮机岛和锅炉岛设计、设备供货和工程服务。分包方包括设计及设计监理、主机制造、辅机制造、装置性材料、设备监造、现场安装调试及技术服务、性能试验和运行技术服务等。

3）合同的主要工作范围。

（2）总则

1）工程的质量方针、目标，或者引用承包实体（组织）的质量手册等质量管理体系文件。

2）质量计划的结构。

3）目的和范围。

（3）定义与简称

略。

（4）质量计划内容

按照 ISO 9001：2015 规定的过程要求来描述，需增补的主要质量活动如下。

1）管理职责。包括：工程管理的组织机构、人力资源分配及各岗位人员的职责、权限和相互关系，工程管理机构内部质量职能分配表。

2）设计监理、设备监造和工程监理。监理是保证和确认工程质量符合合同要求的重要岗位，必须选择具有相应资质和经验的单位和人员来担任。

3）对设备分包和监理的控制。对关键、重要设备的分包方实施更为严格的选控，并明确设备的监理要求和 H 点、W 点、R 点。

4）对现场施工和监理的控制。严格规定现场施工（包括土建、设备安装、调试）必须执行的规范和必须保留的记录。规定现场的 H 点和 W 点，对现场消缺、补缺活动实施严格控制。

5）编制适用的补充文件。应根据工程管理的需要制定补充程序和作业文件，如：

a）检验和试验见证管理办法，用以控制设备制造和现场施工阶段的 H 点、W 点和 R 点。

b）对分包方提交的文件和资料的审核办法。

c）设计监理报告处理程序。

d）现场施工过程质量控制程序。

e）设备清点、消缺和补订管理程序。

f）现场文件和资料控制程序。

g）联合检查程序。

h）现场当地物资采购程序。

2.3　成文信息

2.3.1　保留的成文信息的作用

前面的几版 ISO 9001 标准，都在不同程度上提出要求保留各种记录。ISO 9001：2015 标准同样提出要求，要求保留 19 类成文的信息，详见 1.1.2（3）。我们不难看出，这些形成文件信息有如下作用。

（1）证实作用

保留的成文信息，可以证实产品质量满足顾客的质量要求的程度。同时，它也可为质量管理体系运行的有效性提供客观证据。它还是质量审核中的重要依据。

（2）追溯作用

通过保留的成文信息，可查明内外部顾客反馈的质量问题的原因和责任者。从合同号、生产令、工号标识（对涉及安全的特别重要的工序，如高压焊缝、电机绕组等）可以追溯到生产时间、生产者，参照当时的值班记录、工艺参数监控记录、检验和试验报告乃至原辅材料、配套件的状况，从而便于查找原因和责任者。

（3）统计分析的数据源

为了对过程进行有效的控制，以及采取纠正措施和质量改进，常需要运用统计分析技术。这种分析必须建立在质量记录中的数据源的基础上。准确的数据，对于提高对数据分析的分析水平，找出变化的规律和趋势是非常重要的。

由上述可见，保留的成文信息在质量管理体系中占有相当重要的位置。

2.3.2　纸质的成文信息的空白表格的设计

保留纸质的成文信息的空白表格样式，传统的称为质量记录表式（Form），它属于质量管理体系文件的组成部分。

在质量管理体系运行过程中，成文信息的表式记载了各种有关的实际情况和数据之后，就形成了质量记录（Record）。由于记录是一种特殊类型的形成文件信息，因此，应按标准的要求对保留的形成文件信息实施不同于文件控制的管理。

纸质的成文信息的空白表格的设计有以下要求。

（1）与程序文件和岗位文件的编制同步进行

纸质的形成文件信息的空白表格往往是程序文件和岗位文件的附录。也就是说，在编写程序文件和作业文件时，应根据标准要求和自身质量管理的需要确定应有哪些质量记录，同时对记录的内容应加以系统考虑。

（2）具有可追溯性

纸质的成文信息的空白表格应具有唯一性的标识。为便于归档和检索，应具有分类号和流水号。在质量记录中，必须标明合同（或生产令）号、产品型号（或图号）、时间、地点、记录人。只有达到以上要求，质量记录才具有完全的可追溯性。

（3）栏目设置合理

纸质的成文信息的空白表格中的栏目，既要满足质量管理的要求，做到适用，又要力求简化，以降低成本。这就需要仔细琢磨，做到栏目不多不少。栏目还应适用于多种情况，以减少表格数量。

（4）标准化、规范化

纸质的成文信息的空白表格宜标准化，这样便于实施规范化的管理，既便于填写，又便于统计和分析。在使用计算机管理时，还应考虑怎样便于识别各种信息，如调查表的设计，就不宜在方框内打"√"或"×"，而宜采用涂黑或空白。这样做就为利用计算机进行信息管理打下了基础。

2.3.3　纸质的成文信息的控制

除在设计表式已解决的问题外，尚需达到以下要求。

（1）检索

纸质的成文信息中，包含了大量有用的质量管理体系运行证据和原始信息，要发挥其作用，就必须便于有关部门/职能和员工查找。编制电子索引，利用计算机来检索，是提高检索效率的必由之路。

（2）储存和保护

纸质的成文信息应存放于适宜的环境中，需明确保存地点。对长期保存的，应防止褪色或模糊不清，不宜用铅笔或圆珠笔填写。应有必要的防潮、防霉变及防虫蛀措施。现在，对这些文件都宜建立电子文档，存放在云里，长期保存。

（3）保管和处置

纸质的成文信息应有专责保管人员及保管（含借阅）制度。应明确其保存期限，保留过期的纸质的成文信息应予销毁。对重要的、含有保密内容的应保留销毁记录。

2.3.4　ISO 9001：2015 标准所要求保留的成文信息

应当指出，ISO 9001：2015 标准未明确对质量记录提出要求，而是提出"保留成文信息"。实质上两者基本相同，只不过后者内涵更广泛些。具体保留形成文件信息的名称，已在 1.1.1（3）中列出。这里，仅说明这些保留的形成文件信息要求的特点。

1）具有广泛的覆盖范围，其深度和广度都足以表明质量管理体系的运行状况，可提供评价体系运行有效与否的证据。

2）要求进一步体现 PDCA 循环。过程本身的记录要求有所减少，更重视过程的结果及其跟踪，因而对质量管理的闭环要求明显提高。

3）对过程和测量均应按广义的范围来理解，即：任何活动都可视为一个过程来管理；测量是为了某项水平的比较，可用量具、仪器、装置来进行，也可以采用某种方法来进行。

4）对设计开发过程给予更多的重视，保留的成文信息要求也更为详细。

5）对人力资源能力的要求更为具体，如培训已扩展到教育、培训、技能和经验的适当信息。

6）对一些次要的记录要求，不再提出。当然，这并不意味着这些记录没有意义，而是它对某些行业来说不适用，同时，也不宜将其作为普遍的要求。但对高水平的制造业，这些记录还是很有意义的。

2.3.5　纸质的成文信息的表格案例

纸质的成文信息的空白表格，应根据组织的实际需要来设计。下面列示了一些单位的记录表式，仅供参考。

表 2-8 列示了某公司的合同评审记录。

表 2-8　合同评审记录

产品名称				批号		
合同类型	□电传文件（订单），□电话记录，□其他			合同号（日期）		
质量保证	□有要求，□无要求		运输方式	□海运，□空运，□陆运		
合同评审项目	曾否生产过？	□是，□否		特殊合同会签		生产部
	物资供应能否满足？	□能，□否				经营部
	交货期限能否满足？	□能，□否				生产部
	价格能否接受？	□能，□否				经营部
	技术要求能否满足？	□能，□否				工程部
	包装要求能否满足？	□能，□否				工程部
	质保要求能否满足？	□能，□否				质量部
	其他					
经营部签署			年　　月　　日	主管总裁	年　　月　　日	

说明：本记录由经营部组织填写和保存（保存期三年）。

表 2-9 列示了典型的设计/工艺更改通知单。

表 2-9 设计/工艺更改通知单

代号	更改标记	更改理由		更改实施期限	更改许可单号	
名称				年　月　日		
					第　张	共　张
原有情况		应改为			需要统一更改的	
					资料代号	更改标记

更改	日期	许可	日期	批准	日期	领导批示	日期	订货方意见	日期	会签	

生产准备	成品处理	投产批次	分送单位
1. 不需要准备,可立即执行 2. 发出通知单号码：_____ 3. 完成日期____年____月____日	1. 库存及半制品共____件,全部报废 2. 库存及半制品共____件,用完为止 3. 库存及半制品共____件,整修后再用	1. 于____季度____月投产（批号：_____） 生产调度部门	

表 2-10 列示了典型的工装履历卡。

表 2-10 工装履历卡

填卡说明	×××公司			
	工装履历卡 ZJ12.03			

1. 工装履历卡随工艺装备一起流动。
2. 工装履历卡填写分工：
   (1) 基本状况：由工装管理部门成品库保管员填写，检验员填写检验结果。
   (2) 试样验证记录，由检验员填写。有关部门会签。
   (3) 工装使用记录：借出日期由使用者填写并签字，还回日期由保管员填写，首尾件检验记录由检验员填写。
   (4) 工装报废记录：由工装成品库保管员填写，检验员签章。

卡片编号		产品名称		
零件图号		零件名称		
工装图号		工装名称		
工装检验结果： 检验员： 年 月 日		使用单位		
		使用设备		
		发出时间	年 月 日
工装首次试校或验证记录				
试校结果		检验员		
验证结果		检验员		
		工艺部门		
		工装部门		
		使用车间		

工装使用记录				
借用日期	返还日期	使用者	首尾件检验记录	检验员

工装修理记录		
修理日期	检修记录	检验员

工装报废记录				
日期	原因	报废单编号	检验员	保管员

表 2-11 列示了典型的内部审核不符合报告。

表 2-11　内部审核不符合报告

受审核部门：	审核日期：　　年　　月　　日
受审核岗位（人员）：	陪同人员：
规定条款内容与不符合事实记录： 　　　　　　　　　　　　　　　　　　　　　　　　　审核员：	
不符合：□质量手册　□程序文件_____ 　　　　　□ISO 9000 不符合程度评价：□严重　□一般 说明：□已在受审期间采取了纠正措施	章、条号：
受审核部门保证采取以下纠正措施： 　　　　　　　　　　　　　　　　　受审核部门代表： 　　　　　　　　　　　　　　　　　日期：	
对纠正措施的评价： □满足　□不符合标准规定 　　　　　　　　　　　　　　　　　审核组长： 　　　　　　　　　　　　　　　　　日期：	

表 2-12 列示了某电话公司的用户意见表。

表 2-12 用户意见表

交换局名			总容量	
地址	省 市（具） 路（街） 号			
设备	□×××　　□×××　　□××× （请打√）			
类型	□市话　　□长途　　□长市合一 （请打√）			
邮政编码	传真	机房电话（附区号）		
任务性质	服务日期	年 月 日~ 年 月 日		
最后一次工程容量	开通日期	终检日期		

经理签名_____ 部门_____ 日期_____

以下由用户填写（请打√）					
任务完成情况	□很好	□好	□较好	□一般	□差
技术水平	□很好	□好	□较好	□一般	□差
工作态度	□很好	□好	□较好	□一般	□差
是否能耐心解答机房人员的提问	□非常耐心	□耐心	□较耐心	□一般	□差
是否积极、主动帮助解决各类问题	□非常积极	□积极	□较积极	□一般	□差
离开现场理由	□服务结束	□公司调令	□用户要求	□无理由	
操作时是否带静电压	□带	□不带			
综合印象	□优	□良	□中	□及格	□差
用户附言：					

用户负责人签名_____ 服务人员签名_____ 年 月 日
职务_____ 部门及职务_____

2.4 其他质量文件和报告

2.4.1 质量报告

（1）经常性报告

为了及时了解和分析质量管理体系运行状况，有些公司规定应定期向公司领导及有关部门提供质量报告。其中有：检验部门的产品质量日报、旬报、月报、季报、年报，分析从检验角度反映的产品质量状况（如一次交检合格率、废品率等）、存在的主要问题并提出对策建议；售后服务部门的顾客反馈日报（或周报）、月报、季报、年报；质量管理部门的质量管理体系运行状况检查月报、季报、年报；采购部门、人力资源部门、销售部门的月报、季报和年报。当然，如果公司采用了计算机管理系统，这些报告可以通过电子文件的形式共享。

（2）专题性报告

当产品或质量管理体系出现严重的问题需要解决时，由责任部门（或专题小组）提出专题分析研究报告，如专项质量攻关报告、质量事故报告、质量改进报告等。

2.4.2 其他质量文件

应当指出，在计划经济年代长期形成的靠"红头文件"搞"运动式"一阵风抓质量的办法，是一种十分有害的方法。在质量管理体系建立以后，质量管理工作已经法治化，一般不再需要"红头文件"了。若遇到质量管理体系没有涉及的新情况和新问题，则"红头文件"仍不失为一种过渡的管理形式。但是，应当及时总结经验，通过修订原有质量管理体系文件，将其纳入质量管理体系文件之中。

从广义上说，无论质量报告还是其他质量文件，都可算作纸质的成文信息。它们同样是质量管理体系有效运行的客观证据。然而，它们并非 ISO 9001 标准要求必须提供的纸质的成文信息。

第 2 篇
大中型组织的质量管理体系文件

第3章 质量手册

3.1 概述

3.1.1 质量管理体系文件的层次

质量管理体系文件起着沟通意图、统一目标、促使行动一致、证实体系存在及保证其运行效果的重要作用。因此，编写和使用体系文件应是一种动态的高增值活动。

质量管理体系文件通常由诸多方面文件构成。质量管理体系文件的范围，因组织的规模、活动类型、过程及其相互作用的复杂程度和人员的能力等差异而不同。所以，质量管理体系文件的结构和表达方式并无硬性规定。2015版9001标准去掉了对体系文件的强制性要求，组织完全可以从自己的实际情况出发，根据需要来安排各层文件。质量管理体系文件一般为塔式结构，由二、三或四层文件组成（图1-1）。例如，对于小的组织，可能只需要一本包括质量管理体系程序和操作过程程序（岗位作业文件）的质量手册；对于特大型组织，则将文件分为四层更便于管理。如图1-1所示的文件结构，是笔者按《ISO 9001：2008 质量管理体系文件》提出来的。现在看来，它仍然满足2015版标准要求。

大中型企业质量管理体系文件层次，参见本书的1.1.4节图1-1中的四层文件。

3.1.2 质量手册的性质和作用

ISO 9000：2015标准3.8.8指出"质量手册是组织的质量管理体系的规范"。质量手册是规定组织质量管理体系的总体的概括性文件，是质量战略的体现，是组织质量管理的纲领性文件。质量手册阐明了组织内为实现质量方针和质量目标所需的一组相互关联和相互作用的过程，具有纲领性和概括性；质量手册全面描述了组织的质量管理体系，概述了质量管理体系文件的结构，能反映出质量管理体系的全貌。

在组织内部，质量手册是组织的质量工作的"基本法"，是组织最重要的质量管理法规性文件，具有强制性。质量手册起着确立各项质量活动及其指导方针和原则的重要作用，一切质量活动都应遵循质量手册。质量手册还是使员工明确各自的职责的良好管理工具和培训教材。质量手册有利于克服员工流动对工作连续性的影响。

对组织外部，质量手册既能证实符合标准要求的质量管理体系的存在，又能向顾客或认证机构等第三方，描述清楚质量管理体系的状况，从而可提供质量保证能力的说明。此外，质量手册在销售上也具有重要作用，既可在广告中增加可信度，又是许多投标项目所要求的必备文件。

3.1.3　质量手册的编制要求

质量手册应说明质量管理体系覆盖哪些过程，覆盖哪些职能，每个过程应开展哪些活动。对每个过程和活动需要控制到什么程度，能提供什么样的质量保证等，都应做出明确的交代。一般来说，质量手册不属于保密文件，因此编写时要注意适度，既要外部能看清楚质量管理体系的全貌，又不宜涉及控制的细节。

要注意质量手册与程序、岗位文件的衔接。通常质量手册提出对各过程的控制要求，由手册所引用的程序及岗位文件做出可操作实施的安排。

对于新建 ISO 9001 质量管理体系的组织来说，在编制质量手册时，应特别关注对那些过去不曾开展过的活动的新要求，如管理评审、内部审核、纠正措施、组织所处环境背景的分析、风险控制和应对风险和机遇的措施、过程策划、数据分析、顾客满意度、特殊过程确认、校准、试验软件、各项验证等，务求准确理解标准要求及把握住其控制要点。这往往是贯彻标准的难点。对于转换符合 ISO 9001：2015 标准的组织来说，可参照前述需新增程序和内容来安排。

3.1.4　质量手册的内容

质量手册通常可包括以下内容。

（1）标题和范围

质量手册的标题和（或）范围应当明确使用手册的组织。质量手册应当引用建立质量管理体系所依据的质量管理体系标准。

（2）目录

质量手册的目录应当列出每个部分的序号、标题及其位置。

（3）介绍页

在质量手册中应当提供组织的有关信息，如名称、地址和联络方法等。手册还可包括如组织的业务流程，对组织的背景、历史、规模和业绩的简要描述等附加信息。

（4）质量方针和质量目标

质量方针可以单独形成文件，一般可在质量手册中阐述。质量方针应当包括满足要求和持续改进质量管理体系有效性的承诺。对于质量目标则可在质量手册中只做趋势性的陈述，而具体指标则可在其他质量管理体系文件中加以规定。这样，对组织来说就较容易根据实际情况调整具体指标。但是，质量目标要来自质量方针，并且是能够实现的。当质量目标被量化为指标时，应当是可测量的。

（5）组织结构、职责和权限

质量手册应当包括对组织结构的描述。职责、权限及其相互关系可以用组织结构图、流程图和岗位说明书等方式表示。这些文件可直接包括在质量手册中或者被质量手册所引用。

（6）术语定义

除引用 ISO 9000 的定义之外，对行业术语和本组织的习惯用语应加以定义。

（7）质量管理体系描述

质量手册应当对质量管理体系及其实施进行描述。质量管理手册应当包括对质量管理体系过程及其相互作用的描述，以及质量管理体系程序文件或者对其引用。质量手册应当说明组织为实现其方针和目标所采用的方法。

还应当明确质量管理体系的范围，在什么条件下，组织能确定某项要求不适用于其质量管理体系范围内的过程。只有不实施某项要求不会对提供合格的产品和服务造成不利影响时，组织才能确定该要求不适用。组织应当按照过程的顺序、所采用标准的结构或者任何适合于组织的顺序，将其质量管理体系形成文件。推荐采用以对照表的方式说明采用的标准与质量手册内容之间的对应关系。

（8）质量管理体系过程的描述

质量手册描述过程的某一章节（即主要过程），作者推荐一般可包括以下方面。

1）方针/方针的引用。宜给出对过程的基本要求，即将质量方针展开到过程中的要求，提出过程控制需遵循的工作方针、指导思想和基本原则。例如，对于纠正措施，可提出"信息畅通、及时立项、深入调查、判明原因、措施对症、跟踪管理、确保有效"。

2）目的和范围。明确为什么要采用这个过程及开展相关的活动，以及活动所预期的目标和管理范围。例如，产品要求的评审目的是确保合同能满足顾客的要求并履约，其控制范围是合同、标书、订单和口头订单。

3）职责。在质量手册中宜明确：过程和活动的归口管理部门、主要责任部门和相关部门的责任者。

4）措施和方法。为达到过程和活动要求所采取的措施和方法，应说明工作流程，保持合理的顺序，任何需要注意的例外（异常）或特殊情况及其处置规则，可考虑采用流程图（本书的质量手册、程序文件和岗位文件的案例多数用了流程图）。

（9）成文的信息引用（文件和引用文件）

明确该过程和活动所需的文件和表格，以及所形成的文件和必须记录的数据。

（10）成文的信息（证据）

明确该过程和活动所产生的记录，记录的保存地点和保存期。

应该指出，对于制造业比较适合这种内容编排方式，而 ISO 9001：2015 标准并未规定过程描述的方式。组织完全可以根据自己的实际情况，采用其他表达方式，只要能满足标准要求，能满足组织自身的需要即可。

3.2 质量手册的难点释疑

3.2.1 组织的背景环境

新版标准的第 4 章要求理解组织及其背景环境。这里背景环境包括那些与组织的宗旨、战略方向有关，影响质量管理体系实现预期结果能力的外部环境和内部环境，包括积极和消极因素。外部环境，可以考虑法律、技术、竞争、文化、社会、经济和自然环境方面；内部环境，可以是组织的理念、价值观和文化等。

（1）法律约束

法律是由立法机关制定，国家政权保证执行的行为规则。如果行为违背法律和法规的规定，可能招致承担法律上不利的严重后果。

《中华人民共和国产品质量法》"第二条 在中华人民共和国境内从事产品生产、销售活动，必须遵守本法。""第十二条 产品质量应当检验合格。"就要求出厂的产品必须经检验合格才能交付给顾客。然而，作者看到很多组织的质量目标却为"出厂合格率100%"，这表明目前还达不到出厂合格率100%，明显地表明该组织还未遵守《中华人民共和国产品质量法》的基本要求。这表明，起码的法律概念仍未建立起来。详见本书3.2.4节关于质量目标的点评。法律的范畴，应包括法律、行政法规和地方法规。此外，按国情还应该遵守行政规章，详见参考文献〔4〕。

（2）技术环境

技术是制造一种产品的系统知识。不论这种知识是否反映在发明、外观设计、实用新型结构或者植物新品种上，所采用的方法或提供的服务，都属于技术的范畴。目前，组织面对的技术领域范围宽泛，而且具有复杂性和多样性，因此，组织的文件化信息要充分体现技术信息内容。例如，制造业的抽样方案宜按照其合格质量水平来确定。目前，很多组织的抽样检验方案仍然是百分比抽样，这显然不够科学。同时，所有的产品和服务几乎都需要形成技术标准，包括推荐性标准。因此，所建立的体系离不开相关产品和服务标准。制造业的抽样方案宜考虑实施

GB/T 2828.1。

此外，应考虑技术的发展趋势。除传统上关注新材料、新工艺、新设备外，还应关注新的管理技术和互联网的应用，云计算和大数据技术的普及。

还应考虑在法律与技术的结合方面的知识产权保护的有关问题。

(3) 竞争力

竞争力是参与者双方或多方的一种角逐或比较而体现出来的综合能力。它是一种相对指标，必须通过竞争才能表现出来。笼统地说竞争力有大有小、有强有弱，是比较模糊不清的。竞争力是对象在竞争中显示的能力，是一种随着竞争变化着的通过竞争而体现的能力。组织的质量管理体系的建立和完善要识别竞争对手。对于每个组织来说，竞争对手是不同的，要识别竞争对手是谁，才能知己知彼，有战必胜。所以，在设立方针目标和建立程序时充分考虑到可能的结果。通常，可以通过标杆对比来确定追赶竞争的对象和目标。

(4) 市场环境

可在市场学和市场营销学中学到市场环境相应的知识和研究方法。市场环境分析是组织在创造、沟通、传播和交换产品中，为顾客、合作伙伴及整个社会带来价值的活动、过程和体系。这里主要是指营销人员针对市场开展经营活动、销售行为的过程。组织建立质量管理体系，要在识别市场和顾客的前提下，以顾客为关注焦点，与顾客充分沟通，识别顾客的需求和期望。组织与顾客的关系是通过产品和服务联系起来的。因此，与顾客的联系，也是围绕产品和服务而言，其宗旨是增强顾客满意。

(5) 组织文化

ISO 9001：2015 标准要求组织应对内部因素的相关信息进行监视和评审。内部信息包括组织文化。组织文化是由组织的价值观、精神追求、道德规范、行为准则、历史传统、制度、文化环境等决定的。组织文化是组织为解决生存和发展的问题而逐步形成的。它被组织成员认为有效而共享，并成为共同遵循的基本信念和认知。组织文化集中体现了一个组织管理的核心主张，以及由此产生的组织行为。组织所建立的质量管理体系，要融入高层管理的核心主张和共同遵循的基本信念和认知，并体现在组织的成文信息中。

(6) 经济环境

ISO 9001：2015 标准要求组织应对外部因素的相关信息进行监视和评审。外部信息包括经济环境。经济环境是指构成组织生存和发展的社会经济状况和国家的经济政策，是影响消费者购买能力和支出模式的各种因素。组织所建立的质量管理体系不能脱离现存经济环境。为此，要将经济活动中结成的相互关系，融入组织的成文信息中。在 ISO 9001：2015 标准正文中，虽然没有经济性方面的要求，但是在外部因素的相关注释中，却说明"考虑来自于国际、国内、地区和当地的经济环境因素"。因此，组织所建立的质量管理体系应考虑与经济环境相关的信息。例如，面临的社会经济条件及其运行状况、发展趋势、产业结构、交通运输、资源等影响生存和发展的重要因素。

3.2.2 领导作用与承诺

（1）标准第 5 章的总要求是领导作用

标准 5.1 领导作用与承诺，要求最高管理者应证实其对质量管理体系的领导作用和承诺。"确保制定质量管理体系的质量方针和质量目标，并与组织环境和战略方向相一致""促进使用过程方法和基于风险的思维""沟通有效的质量管理和符合质量管理体系要求的重要性""确保获得质量管理体系所需的资源"。这往往是组织的薄弱环节，特别是许多组织对上述这些要求提供不出完整的证据。其实这并不难，只要对完整的证据链进行策划，并在相应文件中体现出来即可。例如，对内外部环境要求，包括法律、法规的要求，最高管理者不仅要熟知，而且还要通过一定的渠道（如会议、培训、文件、批示等），将其重要性传达到员工，并能提供相应的证据（如文件、记录、信息、数据等）。

标准 5.1 关于领导作用与承诺的要求，可以分别通过以顾客为关注焦点、质量方针、质量目标、管理评审和资源提供等活动的实施，提供有效性承诺的证据。

（2）质量承诺

为了提高竞争力，组织常常还另外做出一些关于质量的承诺。质量承诺是向全体员工和潜在顾客表示组织对质量的决心。同时，它也反映最高领导层对本组织的质量管理体系的信心，可以促进销售并提高员工的质量意识。

1）对质量承诺的要求。

a）质量承诺应与质量方针、质量目标相一致，与同行业企业相比，应具有一定的竞争力。

b）具体、可操作、可检查。

c）承诺必须兑现，做到"一诺千金"，这样才能树立组织的信誉。

2）质量承诺的内容。视市场竞争的需要，质量承诺可包括如下内容。

a）对质量方针和质量目标的承诺。

b）对满足顾客要求的持续改进的承诺。

c）对产品质量的承诺。

d）对服务的承诺。

e）对贯彻标准的承诺。

f）对质量管理体系的承诺。

g）对开发人力资源的承诺。

3）质量承诺示例。

a）某数控机床公司做出关于保证维修及时的承诺，如发生故障本市当天解决，本省两天解决，全国三天解决，超期赔偿损失。

b）某公司的质量承诺为：一丝不苟地实施质量手册，确保违反质量方针目标的行为受到坚决抵制和惩处；不合格产品决不出公司；对顾客提供超过三包期5年的免费维修服务。

3.2.3 质量方针

（1）质量方针的重要性

关于质量方针，2015 版 ISO 9001 标准的要求延续了 2008 版 ISO 9001 标准的要求。质量方针是由最高管理者正式发布的该组织的总的质量宗旨和方向。质量方针是组织总方针的一个重要组成部分，是质量管理体系的龙头，是组织质量工作的大旗，是实施和改进组织质量管理体系的动力，是评价质量管理体系有效性的基础。最高管理者应依据明确的战略方向，充分考虑影响组织运营的内部环境因素和外部环境因素，考虑顾客要求、法律法规要求，以及各利益相关方的需求和期望，针对组织的过程、产品和服务的性质和特点，在识别风险和机会的基础上建立质量方针。因此，从一定意义上可以说，质量方针的水平决定了质量管理体系的水平。不能设想在一个低水平的质量方针引导下，能搞出一个高水平的质量管理体系来。质量方针是全局性、战略性的，是全体员工的座右铭，是处理质量问题所依据的最高准则。

（2）对质量方针的要求

1）标准的基本要求。最高管理者应制定、实施和保持质量方针，质量方针应：

a）适应组织的宗旨和环境并支持其战略方向。组织的宗旨除质量外，还会涉及发展战略、经营、技术、环保、安全等诸多方面的环境背景。因此，质量方针只是组织总经营方针的一部分，它应与组织的总的经营方针相适应。不同组织的产品类型、产品实现方式、规模、传统各不相同，使其具体的质量方针也有所不同。当然，质量方针要在组织的战略框架下制定。

b）为制定质量目标提供框架。质量方针与质量目标之间的框架关系表现在：组织的质量目标应在内容上与质量方针相吻合，而质量方针的实现则是通过质量目标的实现来体现的。因此，制定质量方针时必须"言之有物"，应考虑到能否提出恰当的质量目标来体现它。质量方针的制定是与确定质量目标有着密切联系的活动，因而不能孤立地进行。质量方针提出了组织的质量方向，而质量目标则是在这一方向上落实质量方针的具体要求。

c）包括满足适用要求的承诺。这里的"要求"应包括顾客明示的、隐含的需求和法律法规要求。最高管理者应对组织有能力完全满足这些要求做出承诺。组织通常会将上述要求转化为组织的产品、过程、体系的特性。因此，这种承诺可包括对满足产品、过程、体系的特性的承诺。

d）包括持续改进质量管理体系的承诺。持续改进是增强满足要求的能力的循环活动。制定改进目标和寻求改进机会的过程是一个持续过程，该过程使用审核发现和审核结论、数据分析、管理评审或其他方法，其结果通常导致纠正措施、降低风险或规避风险。组织应在质量方针中体现持续改进质量管理体系有效性的内容。组织可以通过监测和管理评审，对质量管理体系进行有效的评价。体系的有效性可以集中地体现在质量方针和质量目标能否实现上。因此，对持续改进的承诺不应是空洞的，而应侧重组织欲着力改进的方向。

2）方针的实施。可以将质量方针制定的基本要求概括为"一个框架，两个承诺"。以下三点则属于对质量方针的实施要求。

a）作为成文的信息可获得并保持。质量方针应作为成文信息，以正式的形式表达、发布、管理和维护。可根据组织的通常做法，考虑以任何介质和方式发布，包括：纸质载体、电子载体或网络共享平台。根据这些发布方式，考虑或安排各种发布方式时，应关注组织成员及相关方如何获取质量方针的方式和途径。同时，还要在适当时机和以某种方式评审质量方针的适宜性。例如，以纸质载体或其他物理载体发布时，考虑文件分发的对象，包括接收的场所；以电子载体发布时，考虑利用共享平台接收的路径。

b）在组织内得到沟通、理解和应用。通过有效的渠道和方式与组织内各级员工进行沟通，使其理解组织的质量方针的内涵，并贯彻到过程运行的岗位。需要时，把质量方针的内涵释义形成文件的信息，便于各级员工掌握。

c）适宜时，可向有关相关方提供。质量方针发布以后，适宜时，可向相关方提供。组织在需要时，对相关方施加影响，并使其获得质量方针。

3）补充要求。为了质量方针能发挥应有作用，作者建议还宜补充以下要求。

a）由组织的最高管理者策划、组织、制定并颁布实施。

b）遵循质量管理的 7 项基本原则。

c）适应市场竞争的需要，引导组织向更高的目标前进。

d）具有可操作性，即经过努力可以达到。

e）简明，即力求言简意赅。

（3）质量方针的管理

应该指出，对我国的大多数已经通过认证的组织来说，质量方针还停留在口号上，疏于管理，以致质量方针起不到应有的巨大作用。因此，必须加强和规范对质量方针的策划，从制定、实施、监督、检查、考核到适时评审等一系列管理活动。

（4）质量方针示例

【例1】江华工程机械有限公司的质量方针是：品质过硬，创新争先，力求用户更满意。

其内涵为：

1）品质过硬：指产品特性均能达到标准（或合同）要求，可靠性居国内领先水平。

2）创新争先：指努力开发新产品和专利产品，以满足用户新的要求，在市场中力争上游。

3）力求用户更满意：指用户满意程度逐年有所提高。

点评：

1）作为工程机械公司只有使其产品满足要求，并让用户满意，不断提高市场竞争力和经济效益，才能维持生存并求得发展。因此，上述方针与组织的宗旨是一致的。

2）"品质过硬，创新争先"体现了对满足要求的承诺。

3）"创新争先，力求用户更满意"体现了对持续改进的承诺。

4）上述质量方针给出了明确的方向，可以为制定质量目标提供框架。

因此，上述质量方针完全满足了"一个框架，两个承诺"的基本要求。

【例2】新友物业服务有限公司的质量方针是：以业主为出发点和归宿，以法规为准绳；以人为本，提升业主的生活质量，创造安全、宜人的居住环境，不断提高业主的满意度。

点评：

1）"以人为本，提升业主的生活质量，创造安全、宜人的居住环境"，体现了物业服务公司的总宗旨。作为物业服务公司，应保证所服务的物业小区住户的安全、维修便捷和环境宜人，其宗旨就是要为业主提供优质的物业服务。

2）"以业主为出发点和归宿，以法规为准绳"，体现了满足要求的承诺。由于物业小区居民繁杂，素质不一，要求不同，因此，只能依据物业服务的有关法规，来最大限度地满足业主的合理要求，将法规要求和业主要求统一起来。

3）"提升业主的生活质量，不断提高业主的满意度"，体现了持续改进质量管理体系有效性的承诺。由于内外环境变化（如私家车不断增加，造成停车难），业主要求不断变化，只有通过持续改进工作，不断提高服务质量，才能不断提高业主满意度。

4）上述质量方针明确了物业服务工作的方向，便于制定相应的质量目标加以落实。

因此，上述质量方针满足了"一个框架，两个承诺"的基本要求，但不够简练。

【例3】启明书店的质量方针是：努力传播精神文明和科学文化，依法经营；为读者营造舒适的购书环境，提供丰富的图书品种，奉献优质的服务；不断满足读者日益增长的科学文化需求和期望。

点评：

1）上述质量方针符合书店的总宗旨，作为书店就应为读者提供健康的、有用的图书、音像资料，只有品种丰富，购书环境舒适，服务周到，才能吸引更多的读者，从而为书店带来更多的收益。

2）"依法经营""提供丰富的图书品种""满足读者需求"都体现了满足要求的承诺。

3）"不断满足读者日益增长的科学文化需求和期望"体现了持续改进的承诺。

4）上述质量方针明确了书店管理的方向，可以制定相应的目标予以落实。

因此，上述质量方针完全符合"一个框架，两个承诺"的基本要求，但不够简练。

【例4】成达电器有限公司的质量方针是：用户至上，质量第一，恪守信誉，竭诚服务。

点评：

1）上述方针虽简练，但其内涵不甚清晰，质量方向不够明确，难以为制定和评审质量目标提供框架。

2）上述方针中，"用户至上"可视为对满足要求做出了承诺。

3）上述方针未体现对"持续改进体系有效性"的承诺。

若按94版标准来进行文件评审，很难说其不符合标准要求，但是按2015版标准来衡量，则其未能达到标准的基本要求，可以判为不符合。

【例5】万升线缆有限公司的质量方针是：以科技创新保持万升产品领先、优质、可靠；持续提高过程的有效性和效率；实现合作共赢和谐发展；全心全意为顾客提供优良服务；为员工提供优良的工作、生活环境和发展机遇，以打造万升百年老店。

质量方针的内涵为：

1）"以科技创新保持万升产品领先、优质、可靠"，表明万升公司必须坚持在科技创新的基础上，确保产品在行业的领先地位，并做到质量优异，品质可靠。

2）"持续提高过程的有效性和效率"，意味着管理要以提高过程的有效性和效率为出发点,从而提高公司的竞争力。

3)"实现合作共赢和谐发展"是指与所有相关方融洽相处,实现多赢,并力求公司在发展中实现与社会、供方、员工、投资人、环境之间的全面和谐。

4)"全心全意为顾客提供优良服务",要求全体员工认真贯彻"以顾客为关注焦点"原则,以优良的服务赢得顾客满意。

5)"为员工提供优良的工作、生活环境和发展机遇",意味着"以人为本",全面关心员工,使他们心情舒畅、奋发工作、能力不断发展。

6)"打造万升百年老店"是公司长期持续发展的目标。

点评:

1)该公司的质量方针从企业的实际出发,已超出 ISO 9001 标准的要求。以内涵说明的形式来进一步逐条阐述方针所包含的内容,便于有针对性地制定质量目标,这是一种有效的办法。

2)"以科技创新保持万升产品领先、优质、可靠"和"全心全意为顾客提供优良服务"体现了满足更高要求的承诺。

3)"持续提高过程的有效性和效率"体现了持续改进体系有效性的承诺。

因此,万升线缆有限公司的质量方针,完全符合标准的要求。

3.2.4 质量目标

标准要求"组织应在相关职能、层次和质量管理体系所需的过程建立质量目标",质量目标是将质量方针具体化的奋斗目标。既然是目标,就不应该是现在已达到的水平,而应是经过一段时间(推荐为 3 年,与体系认证周期相同)的努力可望达到的目标。宜将能使组织在市场竞争中更加强有力的重要事项列为组织的质量目标。

应该指出,有的组织把法律、法规明确规定的起码要求,如实行"三包"列为质量目标,很显然这种低水平的目标必然会导致组织的竞争力不足。

(1)对质量目标的要求

1)与质量方针保持一致。质量目标应建立在质量方针的基础上,质量目标要在质量方针规定的框架内展开。质量目标与质量方针不能"南其辕,北其辙"。

2)包括满足产品要求所需的内容,考虑适用要求,提供合格产品、服务,以及增强顾客满意。

质量目标应包括预期的产品和服务目标,紧紧围绕预期的产品和服务,即对产品和服务的具体追求,如产品和服务策划中应涉及的产品特性和服务过程的目标。若一个组织提出的质量目标不涉及满足预期产品要求的内容,则"满足顾客要求"便无从谈起。

例如，空调器公司承诺为顾客提供节能、超静音的空调，则应给出将要达到的能耗指标和噪声指标（dB 值）等特性值。再如，宾馆应给出前厅服务（入住登记时间和离店结账时间）和客房服务（离店顾客查房时间和保洁时间）等各项工作要达到的时间指标。金融业信息系统运维服务，要针对高可靠性和高效率建立目标。针对"高可靠"，除考虑保障无故障工作时间外，还应考虑金融信息安全监控效能，信息安全事件响应能力。针对高效率，可考虑如何尽快恢复正常运行。此外，质量目标还要适时更新，体现持续改进，才能满足顾客不断变化的要求，从而增强顾客满意。

3）可测量。质量目标应是可测量的。一般可将目标定为定量或定性的。通常目标的完成周期可以长一些（如 3 年）和笼统一些。而具体的数值则用指标另行发布，以便于根据实际情况来修改。但是，无论目标或指标都应是可以通过测量方法确定其实现的程度，以便评价质量管理体系的有效性。例如，在服务及时性方面，餐饮业可要求点菜后 10 分钟（min）后开始上菜（有的饭店用沙漏计时，沙子漏完前菜应上齐）；物业服务中可要求维修应在 10 分钟（min）内到位，也可要求服务及时率达到 98%；宾馆服务可要求服务人员面带微笑（有可见性，因而可测量）。当然，有条件时质量目标宜尽可能定量，特别是在作业层次的目标，尤宜定量，以便考核。

（2）质量目标的实施要求

组织应对质量目标进行管理，以确保其实现。在实施中应力求做到以下几方面。

1）在组织的相关职能、层次和过程上建立质量目标。组织应将质量目标在相关职能、层次和过程上展开，并分解到每一层次和过程。应当指出，在 ISO 9001：2015 标准中，只讲职能而未提及职能部门，并且增加在过程上建立目标。这是由于在国外，随着市场竞争，组织结构不断进行调整，更多地采用扁平化组织结构，传统的职能部门在弱化，跨职能的团队在增多。而在我国，多数组织仍然保持着传统的职能部门。在这里，相关职能是泛指，不一定是职能部门，而取决于组织的实际的管理职能分配状况；层次是指管理层、执行层（作业层）、验证层等。这里的过程也是泛指，不同层次的过程，也要求建立目标。

质量目标展开和分解的关键在于，根据组织的实际情况，将组织的质量目标转化为各有关职能、层次和过程的员工的工作任务和目标，从而使每一个人都明确为完成组织的质量目标，自己应做些什么，达到什么程度。应该指出，有的部门可能与公司的质量目标并不直接相关，难以分解到该部门。但是，每个职能、层次和过程，都应建立自己的质量目标。这时，可提出有关工作质量方面的目标。

2）对质量目标实施动态管理。质量目标是组织一个时期（例如 3 年）的目标。制定目标所依据的内外环境（如顾客需求、市场竞争形势及组织内部结构）会发生变化，质量目标也要与新的情况相适应。因此，质量目标并非一成不变，要根据实施情况（如提前完成某项目标）及时进行修订，以利充分发挥质量目标的作用，给组织带来更多收益。

宜编制质量目标的实施计划，可提出相应的年度或季度的指标，并对有关职能、层次和过程完成目标和指标情况，进行测量和考核。同时，还应对质量目标实施情况反馈中的问题及时加以协调，务必排除执行中的障碍。

（3）质量目标示例

下面所列质量目标与前述质量方针相对应。

【例1】江华工程机械有限公司3年的质量目标为：

1）产品出厂合格率100%。

2）可靠性指标：整机 MTBF（平均无故障工作时间）不少于500小时（h）；首次大修期不低于10000小时（h）。

3）新产品的销售比重大于80%。

4）顾客满意度指数高于80，且呈逐年上升趋势。

点评：

1）前两项目标体现了质量方针中"品质过硬"的要求，并包括了对产品特性的要求。但出厂合格率100%是产品质量法的要求，是最起码的要求，太低了，说明现在还有不合格品出厂，使得一般客户不敢买你的产品。把出厂前的一次交检合格率确定为目标，比较合适，即使一次交检合格率不是100%，经过调整处理后，确保出厂合格率100%。

2）第3）项目标体现了质量方针中"创新争先"的要求。

3）第4）项目标体现了质量方针中"力求用户更满意"的要求，表明了持续改进的愿望。

由上述可见，对质量方针的每句话，在质量目标中都予以落实。该公司的质量目标与质量方针完全一致，且所提产品的目标均可测量，因此，符合标准要求。

【例2】新友物业服务有限公司3年的质量目标为：

1）物业服务具体规定完全符合省人大常委会制定的"住宅小区物业服务条例"。

2）服务及时率大于90%。

3）环境卫生、绿化达到市文明小区标准。

4）消灭小区火灾和匪盗，确保居民安全。

5）丰富居民文体生活，举办6期健身、书法等培训班。

6）业主满意率达到85%，且呈逐年上升趋势。

点评：

1）第1）项目标体现了质量方针中"以法规为准绳"的要求。

2）第2）～5）项目标体现了质量方针中"以业主为出发点和归宿，以人为本，提升业主的生活质量，创造安全、宜人的居住环境"的要求。

3）第6）项目标体现了质量方针中"不断提高业主的满意度"的要求。

由上述可见，对质量方针的每句话，在质量目标中都予以落实。该公司的质量目标与质量方针完全一致，并反映了物业服务特性，且可测量。因此，该公司的质量目标符合标准要求。

【例3】启明书店3年的质量目标为：

1）黄色、盗版等非法出版物为零。

2）向读者推荐多于30种优秀的科学文化书籍。

3）购书环境及服务水平达省级"文明书店"标准。

4）图书品种、门类齐全，总品种数大于6000，其中新书占70%。

点评：

1）第1）和2）项目标体现了质量方针中"努力传播精神文明和科学文化，依法经营"的要求。

2）第3）项目标体现了质量方针中"为读者营造舒适的购书环境，奉献优质的服务"的要求。

3）第4）项目标体现了质量方针中"提供丰富的图书品种，不断满足读者日益增长的科学文化需求和期望"的要求。

由上述可见，对质量方针的每句话，在质量目标中都予以落实。该公司的质量目标与质量方针完全一致，并反映了书店的服务特性，且可测量。因此，该公司的质量目标符合标准要求。

【例4】成达电器有限公司的质量目标为：

1）产品质量符合国家标准、专业标准或企业标准。

2）产品一次交检合格率90%以上。

3）在提高顾客满意度的基础上，使产品销售量逐年增长。

4）重大事故发生率为零。

点评：

1）质量目标与该公司的质量方针未能保持一致。例如，该公司方针中提出的"恪守信誉，竭诚服务"在目标中未能体现；而目标4）的内容，方针中却未涉及。

2）目标1）和目标2）涉及产品质量，虽然还停留在符合性质量的水平上，要求不高，但从公司的实际出发并非不可接受。

3）目标3）体现了"用户至上"的方针和对持续改进的承诺。

4）上述目标都是可测量的。

5）没有规定目标完成的期限，将影响目标的分解和考核。

将该公司的质量方针和质量目标联系起来看，虽然部分满足了标准要求，但从总体上说，这样的质量方针和质量目标是不可接受的。应在文件评审中指出，要求公司进行修订。

【例5】万升线缆有限公司3年的质量目标为：

1）每年开发行业领先的新产品、专利产品和技术不少于20项，当年销售额占50%以上。

2）综合投入产出率不小于96%，且逐年提高。

3）顾客满意度指数高于80，且逐年提高0.5。

4）员工满意率高于75%，且逐年提高0.5%。

5）其他相关方满意率高于80%，且逐年提高0.5%。

点评：

1）目标的第1）项体现了质量方针中"以科技创新保持万升产品领先、优质、可靠"的要求。

2）目标的第2）项体现了质量方针中"持续提高过程的有效性和效率"的要求。

3）目标的第3）项体现了质量方针中"全心全意为顾客提供优良服务"的要求。

4）目标的第4）项体现了质量方针中"为员工提供优良的工作、生活环境和发展机遇"的要求。

5）目标的第5）项体现了质量方针中"实现合作共赢和谐发展"的要求。

6）目标中所有项目都体现了为实现质量方针中"打造万升百年老店"而持续改进的精神。

综上所述，这些质量目标全面落实了质量方针的要求，而且均可测量，因此，符合标准的要求。

3.2.5 组织结构

标准要求最高管理者应确保整个组织内各岗位的职责、权限得到分派、沟通和理解。最高管理者应分派职责和权限，以确保质量管理体系符合标准的要求；确保各过程获得其预期输出；报告质量管理体系的绩效及其改进机会，特别向最高管理者报告；确保在整个组织，推动以顾客为关注焦点原则得到贯彻；确保在策划和实施质量管理体系变更时，保持其完整性。这里，要求组织对职能、岗位及其相互关系的规定，要明确、清楚、简明。

在组织结构方面，应特别注意下列问题。

（1）区别行政的组织机构和质量管理体系的组织结构

1）行政的组织机构

每个组织（单位）都有其行政体系，通常用行政的组织结构图来描述（见3.3节质量手册【案例3-1】图3-1）。在图中，并列的方框表示同一行政级别，上下连接方框的实线表示隶属关系，即上下级关系。

2）质量管理体系的组织结构

质量管理体系中的组织结构不同于行政的组织机构。这是作者从事 ISO 9001质量体系认证、培训、咨询和研究多年来的重要心得。通常它可用质量管理体系的组织结构图来描述（见3.3节【案例3-1】图3-2）。在图中，方框所处位置只表示在质量管理体系中的地位，而不表示行政级别的高低。上下连接的虚线表示指导关系（起指导、监督、协调作用）。

应当指出，受以往推行 TQC（当时译为全面质量管理）的影响，一些组织至今仍然按质量管理的三级网络绘制质量管理体系的组织结构图。据作者的经验，大凡搞这种模式的，其质量管理体系组织结构是模糊的、松散的，因而发挥的作用很有限，甚至是形同虚设。因为只靠专职和兼职的质量管理人员抓质量是远远不够的，必须强调各层次的主要领导（一把手）的质量职责和作用。质量管理体系的组织结构，是质量管理体系有效运行的有力的组织保证。因此，按 ISO 9001标准建立和完善质量管理体系的一个重要前提是，建立一个明确而强有力的质量管理体系的组织结构。

（2）质量职能和职责

在质量管理领域，会经常遇到将职能和职责混为一谈的情况。质量职能是对质量管理的任务而言，而职责则是对管理者的责任而言。因此，职能可以落实到行业、组织、部门和团队，而职责必须落实到人。通常说制造业的质量管理的 8 大职能为：市场研究、设计开发、工艺准备、采购供应、生产制造、检验、销售和用户服务。而职责则应落实到具体管事的人。通常采用职能分配表（见 3.3 节【案例3-1】表3-2），将质量职能进行分配。

（3）各条线（各个业务系统）的主管领导的质量职责

应在质量管理体系中，赋予分管各项业务的高层（公司级或单位的领导层）以充分的质量职责，要明确他们不只单纯管业务，而且是各个分系统的质量管理体系运行的负责人。在作者见到的众多企业的质量管理体系的组织结构图中，没有公司级领导分管业务的领导的方框。这样做削弱了这些领导的质量职责，是很不利的。新版标准不再要求必须设立"管理者代表"，这只是职责和权限分配方式表述的调整。而管理者代表是由英美的企业实践经验总结得出来的模式，它可能不适用于所有国家。因此，必须理顺质量体系各条运行线的主管领导与其他分管业务的高层领导之间的关系。由此可见，必须设立质量体系运行线的主管领导，负责体系的运行和过程的建立的主管领导与分管业务的高层领导关系要明确。应该明确质量体系运行线的主管领导是经公司最高管理者特别授权，代表公司一把手来具体确保质量管理体系过程的建立、实施和保持的。他在质量管理体系中必须有足够的权威，这就是管理者代表。为此，质量管理体系其他各层次的负责人都应接受其指导。因此，在上例质量管理体系组织结构图中，特别把管理者代表放在高于分管业务的高层领导之上。新标准不再要求有管理者代表的称谓，但是对已经设了并习惯了这样的职务的组织，可以沿用下去。对于不设管理者代表的组织，只能由高层领导直接兼任此职责。

(4) 职责、权限和相互关系

在质量管理体系的组织结构安排中，必须做到职责和职权对等，有责有权。这种授权必须足以保证其履行质量职责的需要。当前的主要倾向是授权模糊而不充分。在众多组织的质量手册中的职责规定一般较清楚，而对权限则一笔带过，甚至未涉及，因而极大地影响了质量管理体系的运行效率。在质量手册中，只需对与质量有关的中层以上的正职管理者规定其职责、权限和相互关系即可。对于其他所有岗位的员工，则宜引用岗位责任制的有关文件。尤其对于质量管理部门来说，从某种意义上说，质量管理部门是质量管理者领导的工作班子。质量管理部门应成为质量管理体系的参谋部和信息中心，犹如中枢神经。它必须对质量管理体系的运行状况了如指掌，并及时反馈给有关领导，以利评价和改进。因此，在质量管理体系中，它与其他业务部门不是平起平坐的关系，而应高出"半格"，这样才能发挥其指导、监督和协调作用。还应注意到职能之间的制衡作用，如把质量管理和检验职能合并在一起，就常常容易造成管理无法监督检验的情况。

3.2.6 资源

新版标准7.1要求，组织应确定并提供为建立、实施、保持和持续改进质量管理体系所需的资源。组织应考虑现有内部资源的能力和约束，以及需要从外部供方获得的资源。资源是质量管理体系有效运行所必需的。

(1) 人力资源是第一位的

新标准要求组织应确定并提供所需要的人员，以有效实施质量管理体系并运行和控制其过程。人才更是在质量管理体系有效运行中占第一位的。尤其21世纪是知识经济信息化时代，人才的竞争在市场经济中更为突出。人才匮乏、知识陈旧对许多组织来说，都是一个亟待解决的问题。在贯彻 ISO 9001：2015 标准时，应该将对人力资源的认识提高到一个新的高度。

1）要高度重视人力资源配置问题。应明确人力资源需求，即确定从事影响产品质量工作的人员的相应能力，从而找出缺少具有什么技能的人。还应注意法律法规的有关规定，了解从事特殊工作的人员需要什么资质。然后，采用多渠道（岗位轮换，竞争上岗，人员招聘，接收大、中专毕业生，研究生，送出去进修或委托定向培养，外聘专家等）去积极解决。同时，还应评价所采取措施的有效性。作者常听到一些企业领导喊人才缺乏，但一喊几年并未认真采取有效措施去逐步解决，致使企业缺乏生气，竞争力不足。

2）要舍得在人力资源方面进行大的投入。为了持续满足顾客要求，增强顾客满意，就需要改进原有的产品提供过程，吸收新的技术，开发新的项目。这些都需要相应的人才。因此，人力资源投入是一种长远的战略投资。不要那么短视，只见眼前的市场。要想在竞争中占据优势或至少跟上行情不掉队，这个大账是要算清楚的。在知识经济时代，为了保持和发展企业的竞争力，在人力资源方面，做必要的投入是重要的。然而，我国的企业与国外先进企业相比，在这方面的投入是少得可怜的。

3）强化全员培训。要保证每个岗位人员的素质符合要求，最现实的方法莫过于通过严格的培训、考核，逐步加以筛选。然而，令人遗憾的是，目前在多数企业中培训计划和培训记录都有一大堆，实际上却是"两张皮"。这表明培训的内容、深度及针对性明显不足，按人员素质来优选员工的用工机制尚未建立或完善。

（2）建立识别资源需求的信息渠道

目前，不少组织都有一个根据各部门的需要，按组织的实际情况编制的年度资源需求计划。但是，对于质量管理体系运行中，外审、内审及不合格的纠正和风控措施所反映出的资源短缺问题（其中大部分是不需要花多少钱的小项目），却不能及时有效地解决。因此，需要建立由质量管理部门负责反馈的质量管理体系运行资源短缺信息，通过人力资源等部门，及时报告给负有执行职责的管理者和最高管理者的渠道。

（3）编制滚动的资源配置计划并加以落实

宜根据组织的总体需要和质量管理体系运行的具体需要，编制滚动的资源配置计划，以便适时解决资源问题。对暂时未能配置到位的资源，应搞清是什么原因阻碍计划的完成，并实施后续的监督管理，以确保对资源配置做到闭环管理。

3.2.7 顾客满意

新标准5.1.2要求最高管理者应证实其以顾客为关注焦点的领导作用和承诺。通过确定、理解并持续满足顾客要求，确定与应对能够影响产品和服务符合性以及增强顾客满意能力的风险和机遇，始终致力于增强顾客满意。市场竞争的本质，说到底就是"争夺顾客"。顾客满意是新世纪的质量观。现在已发展到仅做到顾客满意，并不见得就能占领市场，因为能做到这一点的同行组织越来越多，顾客满意仅是起码的条件。只有进一步提供超值服务或创新，使顾客得到惊喜，从而做到顾客忠诚，才能持久掌握竞争中的顾客资源。

ISO 9001：2015 标准多处涉及顾客满意的要求，具体内容一并汇集在表3-1 中。

表3-1　ISO 9001：2015 标准有关顾客满意的要求

项　目		内　容
章	章、节、条	
5　领导作用	5.1.2　以顾客为关注焦点	最高管理者应通过①确定、理解并持续满足顾客要求；②确定和应对能够影响产品、服务符合性以及增强顾客满意能力的风险和机遇；③始终致力于增强顾客满意证实其以顾客为关注焦点的领导作用和承诺
	5.2　制定质量方针	最高管理者应制定、实施和保持质量方针，质量方针应：包括对满足要求和持续改进质量管理体系有效性的承诺
	5.3　组织的岗位、职责和权限	最高管理者应分派职责和权限，以确保在整个组织推动以顾客为关注焦点
6　策划	6.1　应对风险和机遇的措施	应对风险和机遇的措施应该与其对于产品和服务符合性的潜在影响相适应，机遇可能导致采用新实践，赢得新客户，采用新技术以及能够解决组织或其顾客需求的其他有利可能性
	6.2　质量目标及其实现的策划	组织应对质量管理体系所需的相关职能、层次和过程设定质量目标，目标应考虑到适用的要求，与提供合格产品和服务以及增强顾客满意相关
7　支持	7.4　沟通	组织应确定与质量管理体系相关的内部和外部沟通
8　运行	8.2.1　顾客沟通	与顾客沟通的内容应包括：获取有关产品和服务的顾客反馈，包括顾客抱怨、处置或控制顾客财产
	8.2.3　产品和服务要求的评审	组织应确保有能力满足向顾客提供产品和服务的要求。在承诺向顾客提供产品和服务之前，组织应对如下各项要求进行评审：顾客规定的要求，包括对交付及交付后活动的要求，顾客虽然没有明示，但规定的用途或已知的预期用途所必需的要求；若顾客没有提供形成文件的要求，组织在接受顾客要求前应对顾客要求进行确认
	8.3.2　设计和开发策划	在确定设计和开发的各个阶段及其控制时，组织应考虑：顾客和使用者参与设计和开发过程的需求，顾客和其他相关方期望的设计和开发过程的控制水平
	8.3.5　设计和开发输出	组织应确保设计和开发输出：规定对于实现预期目的、保证安全和正确提供（使用）所必需的产品和服务特性

（续）

项 目		内 容
章	章、节、条	
8 运行	8.4.1 总则	组织应确保外部提供的过程、产品和服务符合要求，包括外部供方的过程、产品和服务构成组织自身的产品和服务的一部分；外部供方替组织直接将产品和服务提供给顾客
	8.4.2 控制类型和程度	组织应确保外部提供的过程、产品和服务不会对组织稳定地向顾客交付合格产品和服务的能力产生不利影响，组织应考虑：外部提供的过程、产品和服务对组织稳定地提供满足顾客要求的能力的潜在影响
	8.4.3 外部供方的信息	应与外部供方沟通，组织或其顾客拟在外部供方现场实施的验证或确认活动
	8.5.3 顾客或外部供方的财产	组织在控制或使用顾客或外部供方的财产期间，应对其进行妥善管理。对组织使用的或构成产品和服务一部分的顾客和外部供方财产，组织应予以识别、验证、保护和维护，若顾客或外部供方的财产发生丢失、损坏或发现不适用情况，组织应向顾客或外部供方报告，并保留相关形成文件的信息
	8.5.5 交付后的活动	组织应满足与产品和服务相关的交付后活动的要求，应考虑：与产品和服务相关的潜在不期望的后果，其产品和服务的性质、用途和预期寿命，顾客要求和顾客反馈
	8.6 产品和服务的放行	组织应在适当阶段实施策划的安排，以验证产品和服务的要求已被满足，除非得到有关授权人员的批准，适用时得到顾客的批准，否则在策划的安排已圆满完成之前，不应向顾客放行产品和交付服务
	8.7 不合格输出的控制	组织应确保对不符合要求的输出进行识别和控制，以防止非预期的使用或交付。组织应通过告知顾客和获得让步接收的授权途径处置不合格输出
9 绩效评价	9.1.2 顾客满意	组织应监视顾客对其需求和期望获得满足的程度的感受。组织应确定这些信息的获取、监视和评审方法。监视顾客感受的例子可包括顾客调查、顾客对交付产品或服务的反馈、顾客会晤、市场占有率分析、赞扬、担保索赔和经销商报告
	9.1.3 分析与评价	组织通过监视和测量顾客满意程度获得的适宜数据和信息，应进行结果分析和评价
	9.3.2 管理评审输入	策划和实施管理评审时应考虑顾客满意和相关方的反馈内容

（续）

项　　目		内　　容
章	章、节、条	
10　持续改进	10.1　总则	组织应确定并选择改进机会，采取必要措施满足顾客要求和增强顾客满意，这应包括改进产品和服务以满足要求并关注未来的需求和期望

贯彻 ISO 9001：2015 标准，首先要解决正确认识"以顾客为中心，实现顾客满意，是质量工作的出发点和归宿"的问题。

顾客满意的深入讨论参见参考文献［4］。

3.3　质量手册案例

3.3.1　按 ISO 9001：2015 编写的质量手册

【案例 3-1】某工程机械公司的质量手册

本手册是针对特大和大型企业的质量管理体系编写的，对中小企业来说，切勿照抄照搬。从企业的实际情况出发，中小企业在文件层次和内容方面，都可大大简化。

版次：03 修改码：01	××××公司 质量手册	编号：QMS01 批准：XXX 2015 年 11 月

0　概述

0.1　目录（略）

0.2　前言（略）

0.3　手册说明

0.3.1　手册的编写

　　质量手册的编写，由公司管理者代表主持，经总经理批准后颁布和实施。

　　手册编写的目的是：对外介绍本公司的质量管理体系，证明其符合所选质量管理标准的要求；对内作为控制各项质量活动的依据，以取得顾客的信任，并向顾客提供达到预期质量水平的产品和服务，使顾客满意。

0.3.2　手册的管理

　　1）质量手册的解释权属于管理者代表或受其授权的质量管理部。

　　2）本手册采用电子版。

3）质量管理部负责手册的更改和办理相应的审批手续。质量手册的更改可根据工作量的大小，采用换版、换页或发更改通知书等方式进行，由专职人员录入。

4）质量手册的只读范围，由质量管理部提出，经管理者代表批准后执行。

5）经管理者代表批准，手册可以打印发给有关单位参阅。

6）对质量手册的正式评审，由管理者代表主持，每年至少进行一次。

7）手册的管理按 QP 07-05—2015 "成文信息控制程序" 执行。

0.4　批准更改（略）

0.5　引用标准

ISO 9000：2015《质量管理——基础和术语》

ISO 9001：2015《质量管理体系——要求》

ISO 10013：2001《质量管理体系文件指南》

0.6　术语和定义

本手册采用 ISO 9000：2015 标准的术语和定义，并根据需要在相应章节所描述的过程中，增补所涉及的术语和定义。本手册使用的供应链为：供方→公司→顾客。

1　范围和适用领域

本手册适用于本公司的各职能部门和生产场所。本手册满足了 ISO 9001：2015 版标准提出的全部要求，同时还满足了 ISO 9001：1994 版标准对制造业质量保证体系的全部 20 个要素的要求。

本手册适用于在合同环境下，向顾客和认证机构提供本公司质量管理能力和达到顾客满意的证实。

本手册覆盖的产品为：轮式装载机、平地机、压路机、摊铺机等系列产品。

2　质量方针、目标和承诺

2.1　质量方针

本公司的质量方针是：顾客满意是公司的出发点和归宿，持续改进是全体员工永恒的追求。

（1）顾客满意是公司的出发点和归宿的内涵

1）生产和经营活动的输入必须充分理解和符合顾客的需求和期望。

2）生产和经营活动的输出必须满足顾客的需求和期望，务使顾客满意。

3）对顾客的任何不满意必须采取有效措施加以改进，直至顾客满意。

（2）持续改进是全体员工永恒的追求的内涵

1）确保持续地满足顾客的需求和期望。

2）实现持续的顾客满意。

3）持续地改进产品，实现产品创新。

4）持续地改进质量管理体系，实现过程优化。

5）全员参与技术创新与管理方法更新。

2.2　质量目标

在 3 年内实现以下目标。

1）整机的 MTBF 不少于 500 小时，首次大修期不低于 10000 小时。

2）顾客满意度指数达到 80，并逐年有所提高。

3）健全和完善质量管理体系，使其符合 ISO 9004 标准的要求。

4）质量损失率降低 10%。

2.3　质量承诺

我们向顾客做出以下庄严承诺。

1）保持质量管理体系，对任何偏离质量方针的行为坚决抵制，严肃处理。

2）对顾客提出的服务事项，本市 24 小时内，省内 48 小时内，省外 72 小时内予以解决，国外（除节假日外）24 小时内予以答复。

3）对产品负责到底，实行终身服务。

3　组织结构、职责、权限

3.1　组织结构

3.1.1　公司为适应市场竞争的需要，设立各级行政机构，如图 3-1 所示。

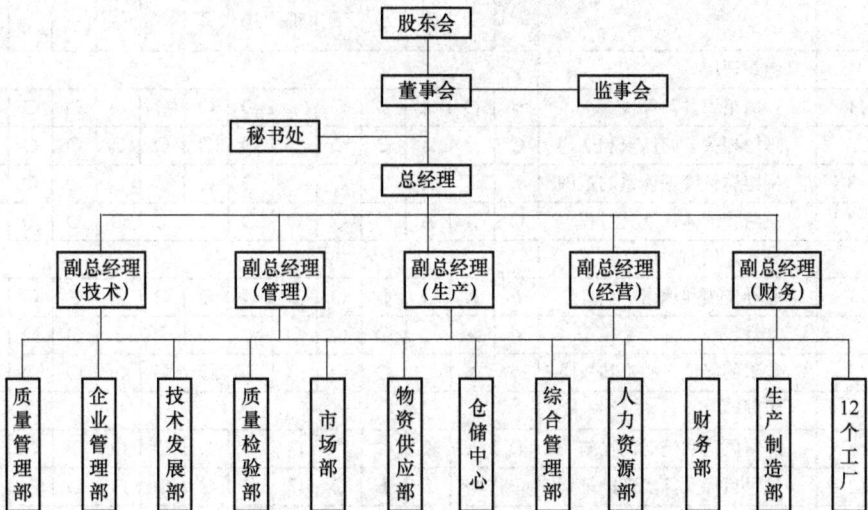

图 3-1　×××公司行政组织机构图

3.1.2　公司质量管理体系的组织结构如图 3-2 所示。

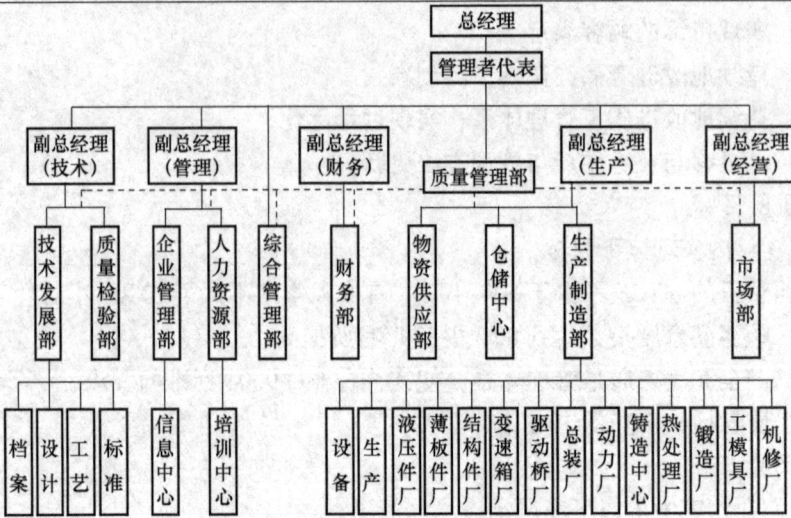

图 3-2 公司质量管理体系的组织结构

——领导关系　-----指导关系

3.1.3　各职能部门的质量职能列于质量职能分配表（表3-2）。

表3-2　质量职能分配表

ISO 9001：2015 章节号	过程	总经理	管理者代表	质量管理部	技术发展部	质量检验部	生产制造部	人力资源部	综合管理部	市场部	物资供应部	财务部	生产工厂	仓储中心
4	组织环境													
4.1	理解组织及其环境	☆	○	▲	○	○	○	○	○	○	○	○	○	○
4.2	理解相关方的需求和期望	○	☆	▲	○	○	○	○	○	○	○	○	○	○
4.3	确定质量管理体系的范围	☆	○	▲	○	○	○	○	○	○	○	○	○	○
4.4	质量管理体系及其过程	○	☆	▲	○	○	○	○	○	○	○	○	○	○
5	领导作用													
5.1	领导作用和承诺	☆	▲	○	○	○	○	○	○	○	○	○	○	○
5.2	方针	☆	▲	○	○	○	○	○	○	○	○	○	○	○
5.3	组织的岗位、职责和权限	☆	▲	○	○	○	○	○	○	○	○	○	○	○
6	策划													
6.1	应对风险和机遇的措施	○	☆	▲	○	○	○	○	○	○	○	○	○	○
6.2	质量目标及其实现的策划	○	☆	▲	▲	○	○	○	○	○	○	○	○	○
6.3	变更的策划	○	☆	▲	○	○	○	○	○	○	○	○	○	○
7	支持													
7.1	资源	☆	○	○	○	○	○	▲	▲	○	○	○	○	○

（续）

ISO 9001：2015 章节号	过程	总经理	管理者代表	质量管理部	技术发展部	质量检验部	生产制造部	人力资源部	综合管理部	市场部	物资供应部	财务部	生产工厂	仓储中心
7.2	能力	○	☆	○	○	○	○	▲	○	○	○	○	○	○
7.3	意识	○	☆	○	○	○	○	▲	○	○	○	○	○	○
7.4	沟通	○	☆	○	○	○	○	▲	○	○	○	○	○	○
7.5	形成文件的信息	○	○	▲	▲	○	○	○	☆	○	○	○	○	○
8	运行													
8.1	运行策划和控制	○	☆	○	○	○	▲	○	○	○	○	○	▲	○
8.2	产品和服务的要求	○	☆	○	○	○	▲	○	○	▲	○	○	○	○
8.3	产品和服务的设计和开发	○	☆	○	▲	○	○	○	○	○	○	○	○	○
8.4	外部提供过程、产品和服务的控制	○	☆	▲	○	○	○	○	○	○	▲	○	○	○
8.5	生产和服务提供	○	☆	○	○	○	☆	○	○	○	○	○	○	○
8.6	产品和服务的放行	○	☆	▲	○	○	○	○	○	○	○	○	○	○
8.7	不合格输出的控制	○	☆	○	○	▲	○	○	○	○	○	○	○	○
9	绩效评价													
9.1	监视、测量、分析和评价	○	☆	▲	○	○	○	○	○	○	○	○	○	○
9.2	内部审核	○	☆	▲	○	○	○	○	○	○	○	○	○	○
9.3	管理评审	▲	○	○	○	○	○	○	○	○	○	○	○	○
10	持续改进													
10.1	总则	○	☆	▲	○	▲	○	○	○	○	○	○	○	○
10.2	不合格和纠正措施	○	☆	▲	○	▲	○	○	○	○	○	○	○	○
10.3	持续改进	☆	○	▲	○	○	○	○	○	○	○	○	○	○

注：☆—归口；▲—负责；○—配合。

3.2 职责和权限

对从事与质量有关的管理、执行和验证工作的人员，特别是需要独立行使权力开展质量工作的人员，应明确规定其职责、权限和相互关系。

本公司强调对内部审核员、检验人员及控制不合格品进一步加工、交付、安装、纠正和风控措施的有关人员，要明确其职责，并给予充分的授权，以保证他们在所从事任务中的独立性。

3.2.1 各级管理者的共同职责、权限

1）负责在所管辖的范围内质量方针、目标的实施、展开和落实。

2）保证达到合同规定的产品质量，使之满足顾客要求是公司所有管理者的责任。

3）履行表 3-2 所列的质量职能分配，对所管辖范围内各部门负责承担的过程的有效控制负责。

4）应根据本手册的要求，委派有资格的人员制定有关的质量文件，并予以批准、颁布和实施。

5）有责任对从事对质量有影响的管理、操作和验证工作的人员，按本手册的要求规定其责任、权限和相互关系，以明确所在岗位的职责。

6）有责任指导、监督和检查所管辖人员按规定的职责和程序，实施质量管理体系职责的情况。

7）调配所管辖范围的资源。

3.2.2 公司及部门级主要管理者的职责和权限

（1）总经理

1）营造并保持满足顾客要求的重要性的意识，并确保理解和满足顾客要求。

2）结合公司的环境背景、战略方向和企业文化，策划并批准实施质量方针和目标，并确保：

a）使方针、目标与组织及其顾客的需求相适应。

b）提供制定和评审质量方针、目标的思路。

c）确保在整个组织内理解、贯彻实施质量方针、目标并进行管理。

d）主持管理评审，确保质量管理体系适宜性、有效性和充分性。

e）确保质量管理体系所需的资源是够用的。

（2）副总经理（技术）

1）负责组织协调公司的重大技术质量问题，组织制定技术发展方向；认真贯彻产品质量技术标准，对降低质量标准而造成的产品质量低劣和重大质量事故负责。

2）组织质量策划活动，主持制订产品升级创名牌计划和各种质量计划。

3）组织产品设计和开发、工艺策划等阶段的各项评审。

4）组织产品重大质量问题的攻关改进和风控措施的实施。

5）裁定技术质量问题。

（3）副总经理（生产）

1）对生产制造过程和物资供应过程的质量保证能力负责。

2）主持对生产过程实施控制，如加强生产调度，严格工艺纪律，确保零部件的加工质量，对因生产组织管理不当而造成的重大质量事故负责。

3）主持生产制造系统纠正和风控措施的实施。

4）负责生产现场管理。

（4）管理者代表（企业管理/体系运行副总经理）

1）负责公司的管理标准和工作标准的制定、审批和发布，确保这些标准与质量管理体系文件的相容性。

2）组织编制公司的年度工作计划，将质量方针、目标按年度分解列入计划，并督促实施、进行检查、考核与奖惩。

3）督促下属部门参与顾客要求的评审、产品实现过程控制和有关质量程序、岗位文件、质量文件、质量记录控制规定的各项活动，并协调各条线在质量管理方面问题的解决。

4）负责建立、实施和保持公司的质量管理体系过程，确保过程运行受控，主持内审，协助管理评审。

（5）副总经理（销售）

1）负责组织市场调研、市场预测、市场开发、顾客要求的评审和策划营销策略。

2）组织销售、服务系统的质量改进和纠正、风控措施的实施。

3）主持销售、服务系统的建立，保证公司对顾客承诺的兑现，对销售、服务过程的质量管理能力负责。

4）有权拒绝销售不能满足顾客需求的产品。

（6）副总经理（财务）

1）负责组织下属部门参与顾客要求的评审、设计评审，对公司的成本和效益负责。

2）有效地组织资金筹措，为质量管理体系运行提供资金保证。

3）有权决定拒付非合格供方的货款。

（7）质量管理部经理

1）协助管理者代表/体系运行副总经理贯彻 ISO 9001 标准，健全公司质量管理体系。组织开展内部质量审核（含体系、产品和过程），促进质量管理体系有效运行。

2）在管理者代表的领导下，具体负责组织质量管理体系文件的编写、报批、更改控制和其他管理。

3）负责质量策划、特性管理、数据分析和质量改进等过程的管理。参与供方的评价和设计评审等有关质量活动。组织开展 QC（质量控制）小组等质量活动。

4）根据内外部质量信息反馈和总经理的要求，制订质量改进计划，并组织实施、检查和评审。同时，负责较严重的不合格品质量事故的调查处理。

5）组织编制产品质量计划、开展质量升级产品创名牌活动，不断提高公司信誉，树立公司的良好形象。

6）负责编制质量教育计划并组织实施，参与用户访问。

7）对各职能部门的质量管理工作进行协调、监督和检查。.

8）有权对违反有关质量管理规定的员工提出奖惩建议。

9）有权拒绝质量保证能力不足的供方。

（8）质量检验部经理

1）负责进货、过程、最终检验工作的管理，对具有合格标识的零部件及最终产品的质量符合性负责。

2）负责组织计量器具、工艺装备、检验及试验设备的校准和检定的管理，对它们的准确度负责。

3）负责组织不合格品评审，参与顾客要求的评审、设计评审、供方评价、文件和资料的控制、数据分析、质量改进等质量活动。

4）负责产品可追溯性标识的验证和记录，负责检验和试验状态的标识工作。

5）负责各种检验、试验、检定、校准的质量记录的控制，对其正确性负责。

6）有权制止不合格产品的流转。

（9）技术发展部经理

1）组织设计和开发活动的质量策划，编制设计开发计划和制造质量计划，并付诸实施。

2）协调设计控制、工序控制及内部各部门之间技术上和组织上的接口，负责产品风险控制和应急对策。

3）对设计工作质量和工艺工作质量负责；对产品颁发的各种质量文件、工艺文件、检验文件和技术标准的正确性、完整性和统一性负责；负责工艺纪律检查。

4）组织参与顾客要求的评审、供方评价、检验和试验，以及检验、测量和试验设备的控制及不合格品的评审。此外，还应组织本部门纠正和风控措施的实施、统计技术的应用和评价等工作。

5）负责组织制定零件可追溯性标识，对影响整机清洁度的零部件制定可靠的包装和防护措施；负责组织技术标准的编制和控制。

6）有权制止违反工艺的操作。

（10）物资供应部经理

1）负责组织按规定程序实施采购过程，对供方进行评价并控制，以确保所采购的物资符合规定的要求，对采购物资的质量负责。

2）负责组织编制采购计划。签订采购合同时，应对采购文件规定的要求是否适当进行审批。

3）参与顾客要求的评审、设计控制、服务、统计技术等质量活动，履行其中的质量职责。负责办理采购物资报验和紧急放行手续，对采购物资中的不合格品进行处置并采取必要的纠正和风控措施。

（11）生产制造部经理

1）负责对生产过程实施控制，对生产的运作进行归口管理。进行生产调度，协调生产过程中，各部门的组织和技术接口。对生产安排不当和严重不均衡而造成的产品质量低劣负责。

2）参与顾客要求的评审、设计控制、顾客财产的控制、制造过程控制、服务等质量活动，组织工装验证，负责生产设备的状态标识和检定及生产设备和试验设备的管理。

3）负责工艺性外协件供方的评价和选择，以及对其过程质量的监督，对工艺性外协件的质量负责。

4）有权监督检查生产现场，并提出处理意见。

（12）市场部经理

1）负责组织执行顾客要求的评审，确保公司的每一份合同或订单在签订前都经过评审。

2）负责组织执行涉及顾客的销售、服务及与顾客沟通工作，对销售和服务的质量负责，实现公司的质量承诺，负责顾客财产的控制。

3）组织建立用户的信息反馈网络，及时反馈给有关部门，为设计输入和质量改进提供依据。

4）负责组织顾客满意度指数的调查和统计。

（13）综合管理部经理

1）主持制定公司的管理标准和工作标准，确保这些标准与质量管理体系文件的兼容性。归口管理公司的各类文件。

2）负责处理公司有关的法律事务，明确公司业务涉及的法律范围。

3）负责产品设计和开发的立项，对每项设计下达新产品设计任务书，组织设计总体方案评审及设计确认，制订技术文件发放方案，对技术资料发放实行控制。

4）根据董事会和公司领导的决定，制订公司技术改造规划，并组织实施和验收。

5）主管公司合理化建议立项、考核、验收和评比工作，同时负责将成熟的合理化建议纳入相应的技术和管理文件。

6）参与顾客要求评审等质量活动。

7）组织制订公司的年度工作综合计划，将质量方针、目标按年度分解列入计划并进行监督、检查、考核和奖惩。

（14）人力资源部经理

1）为质量管理体系的有效运行提供合格的人力资源。

2）负责实施人力资源管理，对所有从事与质量有关工作的人员进行对口培训，提高人员质量意识和能力。

3）负责对从事特殊工序的人员资格进行考核和确认，并负责对所有担负工序控制的人员进行鉴定。

4）有权清退或调配经培训仍达不到要求的人员。

（15）仓储中心主任

1）按产品标识和具有可追溯性的检验状态标识及搬运、储存、包装、防护和交付的要求，对入库的各种毛坯件、产成品及采购物资进行标识、储存、包装、保管和发放管理。

2）对顾客提供的财产的收发、储存和维护负责。

3）负责外购钢材的取样送检工作。

4）有权拒绝发放储存的不合格品。

（16）财务部经理

1）参加顾客要求的评审，评审有关财务方面的条款，参与设计控制中的成本控制。

2）负责资金筹措，为质量管理体系运行提供资金保证。

3）有权对非合格供方且未经例外采购批准程序的采购，拒绝付款。

（17）总设计师

1）参与设计开发活动的策划，组织编制设计开发计划和领导设计开发活动。

2）对设计开发的工作质量负责，对设计文件的正确性、完整性、统一性负责。

3）参与顾客要求的评审、供方评价、检验和试验，以及检验、测量和试验设备的控制、不合格品评审、数据分析等质量活动。

4）组织制定零件可追溯性标识，对影响整机清洁度的零部件，制定可靠的包装和防护措施。

（18）总工艺师

1）领导工艺系统推行质量管理工作，提高工艺系统质量保证能力，对工艺系统的工作质量负责。

2）主持产品的工艺策划，组织制订产品制造质量计划、工艺方案、工艺设计、工装设计、工时定额等。进行工艺性评审，对产品制造的工艺质量负责。

3）主持产品的关键工序、特殊工序的质量控制和验证，对关键工序、特殊工序的工艺质量负责。

4）组织工艺系统内产品重大质量问题的工艺攻关，开发新工艺、新技术。

（19）生产工厂厂长

1）全面负责本工厂涉及的质量管理体系过程的运行和管理，并对其有效性负责。

2）负责组织本工厂的生产工作，保证满足产品质量特性的要求。

3）负责组织实施本工厂的过程控制，按产品图样和工艺规定进行生产。

4）负责本工厂的设备、工装的维护与保养，确保其满足生产要求。

5）其余各岗位人员的职责见 QP 05-04.01—2015 "岗位规范"。

4 公司环境的分析

4.1 理解组织及其环境

为了确保产品和服务满足顾客要求，本公司确定了与其目标和战略方向相关，并影响其实现质量管理体系预期结果的各种外部和内部因素。公司考虑国际、国内、地区和当地的各种法律法规、技术、竞争、市场、文化、社会和经济等外部因素，同时，考虑组织的价值观、文化、知识和绩效等相关因素，并对这些内部和外部因素的相关信息进行监视和评审。

4.2 理解相关方的需求和期望

相关方是包括顾客在内的供方、合作伙伴、顾客、投资者、雇员或整个社会等的集合。相关方对组织持续提供符合顾客要求和适用法律法规要求的产品和服务的能力，会产生影响或潜在影响。因此，公司应识别和确定与质量管理体系有关的相关方，以及这些相关方的要求。公司将对这些相关方及其要求的相关信息，进行监视和评审。

4.3 确定质量管理体系的范围

为了确保产品和服务满足顾客要求，本公司在考虑了各种内部和外部因素、相关方的要求和公司的产品和服务后，规定了明确的质量管理体系的边界和适用性，以确定质量管理体系的范围。公司已经建立了一个满足 ISO 9001 标准的质量管理体系，同时，还采取必要的措施，将质量管理体系范围作为成文的信息，确保实施、保持和改进所建立的质量管理体系。本公司质量管理体系的主要过程流程图如图 3-3 所示。

無須更改 → 常規產品

新產品/更改產品 → 產品實現的策劃：產品策劃、過程策劃、質量策劃等 → 產品開發設計 / 過程開發設計 / 質量計劃

銷售：合同評審和顧客溝通

開始 / 結果

資源配置：人力、物力、資金等

測量、分析與改進：內審、不合格品控制、糾正措施、預防措施、數據分析、持續改進

銷售：交付、儲存、防護、市場抱怨和索賠、用戶滿意

採購：採購過程、採購信息、採購產品的驗證及索賠

生產控制：過程控制、檢驗和試驗、檢測設備控制

物流控制：採購產品入庫防護、現場在製品防護、成品交付或入庫防護、產品標識和可追溯性

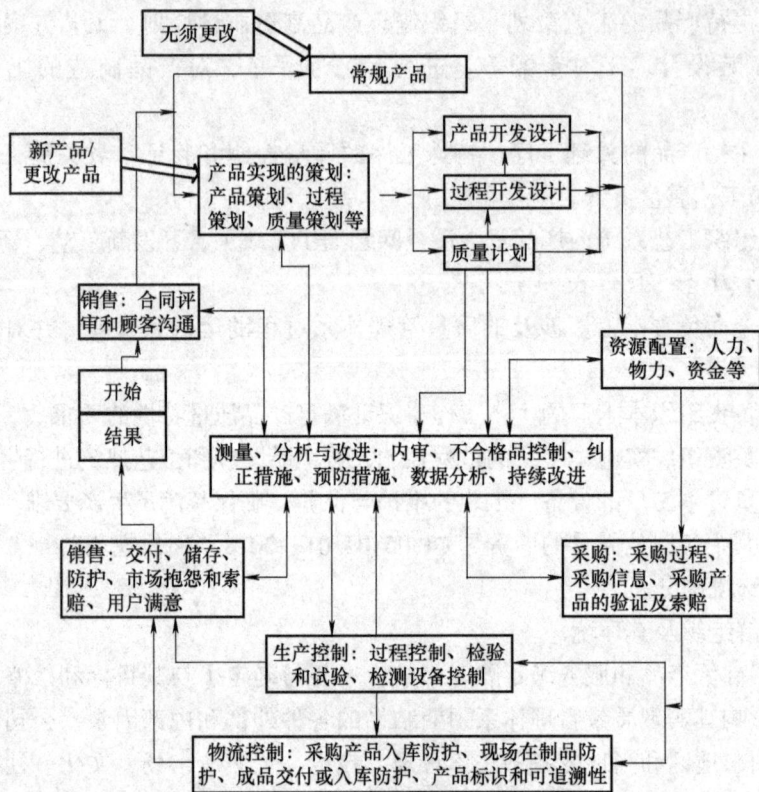

图 3-3　质量管理体系的主要过程流程图

4.4　质量管理体系及其过程

4.4.1　公司按照本标准的要求，建立、实施、保持和持续改进质量管理体系，包括所需过程及其相互作用，并应：

1）确定这些过程所需的输入和期望的输出，以及确定这些过程的顺序和相互作用。

2）确定和应用所需的准则和方法（包括监视、测量和相关绩效指标），以确保这些过程有效的运行和控制。

3）确定这些过程所需的资源并确保其可用性。

4）分派这些过程的职责和权限。

5）识别这些过程存在的风险和确定改进的机遇。

6）评价这些过程，实施所需的变更，以确保实现这些过程的预期结果。

7）改进过程和质量管理体系。

4.4.2　在必要的程度上，公司确定保持成文信息的范围，以支持过程运行；同时保留确信其过程按策划进行的成文的证据信息。

5 领导作用

5.1 领导作用和承诺

5.1.1 总经理应证实其对质量管理体系的领导作用和承诺，通过：

1）对质量管理体系的有效性承担责任；确保质量管理体系按要求融入组织的经营活动。

2）确保制定质量管理体系的质量方针和质量目标，并与组织环境和战略方向相一致。

3）促进使用过程方法和基于风险的思维。

4）确保质量管理体系所需的资源是适用的。

5）沟通有效的质量管理和符合质量管理体系要求的重要性，确保质量管理体系实现其预期结果。

6）促进、指导和支持人员为质量管理体系的有效性做出贡献，推动改进。

7）支持其他相关管理者在其职责范围内发挥领导作用。

5.1.2 总经理通过确保以下方面，证实其以顾客为关注焦点的领导作用和承诺：

1）确定、理解并持续地满足顾客要求及适用的法律法规要求。

2）确定和应对能够影响产品和服务的符合性及增强顾客满意能力的风险和机遇。

3）始终致力于增强顾客满意。

5.2 质量方针

1）总经理制定、实施和保持质量方针，质量方针应：

a）适应组织的宗旨和环境并支持其战略方向；

b）为建立质量目标提供框架；

c）包括满足适用要求的承诺；

d）包括持续改进质量管理体系的承诺。

2）贯彻质量方针

a）质量方针作为成文的信息，可获得并保持；

b）在组织内得到沟通、理解和应用；

c）适宜时，质量方针可为有关相关方所获取。

公司的质量方针和质量承诺见本书的 3.2 节，详见 QP 05-01—2015 "质量方针、目标管理程序"。

5.3 组织的岗位、职责和权限

总经理应确保组织内相关岗位的职责、权限得到分派、沟通和理解。

总经理应分派职责和权限，以：

1）确保公司的质量管理体系符合标准要求。

2）确保各过程获得其预期输出。

3）各级管理者分别报告质量管理体系的绩效及其改进机会，特别是向最高管理者报告。

4）确保在整个组织推动以顾客为关注焦点。

5）确保在策划和实施质量管理体系变更时保持其完整性。

6 策划

6.1 应对风险和机遇的措施

6.1.1 在策划质量管理体系时，公司质量管理部应负责考虑公司的环境背景和相关方的要求，并确定需要应对的风险和机遇，以：

1）确保质量管理体系能够实现其预期结果。

2）增强有利影响，避免或减少不利影响。

3）实现改进。

6.1.2 公司质量管理部负责策划：

1）应对这些风险和机遇的措施，此措施应与其对于产品和服务符合性的潜在影响相适应。

2）如何在质量管理体系过程中整合并实施这些措施，并评价这些措施的有效性。

质量策划过程详见 QP 06-01—2015 "质量策划管理程序"。

6.2 质量目标及其实现的策划

6.2.1 公司在相关职能、层次和质量管理体系所需的过程建立质量目标。

质量目标应：

1）与质量方针保持一致，并量化或定性描述，从而便于测量。

2）与产品和服务合格及增强顾客满意相关。

3）适时更新。

公司保持有关质量目标的成文信息。

公司的质量目标见本书的 3.3 节。控制管理详见 QP 05-01—2015 "质量方针、目标管理程序"。

6.2.2 策划如何实现质量目标时，公司要确定：

1）做什么。

2）需要什么资源。

3）由谁负责。

4）何时完成。

5）如何评价结果。

6.3　变更的策划

当公司确定需要对质量管理体系进行变更时，变更应按所策划的方式实施，应考虑：

1）变更目的及其潜在后果。

2）质量管理体系的完整性。

3）资源的可获得性。

4）职责和权限的分配或再分配。

7　支持

7.1　资源

7.1.1　概述

公司确定并提供为建立、实施、保持和持续改进质量管理体系所需的资源，充分发挥现有内部资源的能力，同时识别其局限性，需要从外部供方获得的资源。

7.1.2　人员

公司确定并配备所需的人员，以有效实施质量管理体系并运行和控制其过程。

7.1.3　基础设施

公司将确定、提供并维护为实现产品符合性所需的基础设施，以运行过程并获得合格产品和服务。包括：

1）建筑物、工作场所和相关的设施（如电源、水源、气源和搬运、起重设备等）。

2）过程设备（各种硬件和软件，如生产设备、测试设备、工装、工位器具和统计分析软件等）。

3）支持性服务（如运输、通信等）。

4）维护保养（如厂房修缮，各种设备和辅助设施的定期检查、维护、保养和修理）和保障设施（如防火设施、安全防护设施等）。

7.1.4　过程运行环境

公司将确定、提供并维护所需的环境，以运行过程并获得合格产品和服务。过程运行环境包括社会因素（如无歧视、和谐稳定、无对抗），心理因素（如缓解紧张情绪、预防职业倦怠、保证情绪稳定）和物理因素（如温度、热量、湿度、照明、空气流通、卫生、噪声等）。

关于工作环境的控制，详见 QP 07-01—2015"工作环境控制程序"。

7.1.5　监视和测量资源

7.1.5.1　概述

公司是通过监视或测量来验证产品和服务是否符合要求的，因此，将确定并提供确保结果有效和可靠所需的资源。公司将确保所提供的资源适用于所进行的监视和测量活动的类型，并且得到应有的维护，以确保持续适合其用途。

公司将保留适当的成文信息，作为监视和测量资源适合其用途的证据。

7.1.5.2　测量溯源

应按周期或者在使用之前，对照可溯源至国际或国家标准的设备进行校准和调整。当不存在上述基准时，应保持用于校准依据的成文信息。

应确认所需的测量和所要求的测量和监视装置。对测量和监视装置的使用和控制，应确保其测量能力与测量要求相一致。

对测量设备应：

1）防止会使其失效的调整。

2）在搬运、维修和储存期间，防止损坏和变化。

3）记录校准结果。

4）当设备偏离校准状态时，应评价先前结果的有效性，并对测量和监视规定要求的软件采取措施，在使用前应予以确认。

关于监视和测量资源的控制，详见 QP 07-02—2015 "监视和测量资源控制程序"。

7.1.6　组织的知识

公司将确定所需的知识，以运行过程并获得合格产品和服务。这些知识是公司的无形资产，通常从其经验中获得，是为实现组织目标所使用和共享的信息，应予以保持，并在必要范围内可得到。

为应对不断变化的需求和发展趋势，公司将审视现有的知识，确定如何获取更多必要的知识和知识更新。

7.2　能力

公司根据必要的教育、培训、技能和经验来安排人员，并确保人员能力满足岗位要求，胜任工作。

公司建立并保持了 QP 07-03—2015 "人力资源管理程序"，以便：

1）识别从事影响质量的人员的工作能力的需求，这些人员从事的工作影响质量管理体系绩效和有效性。

2）提供培训或采取其他措施，以满足所确定的需求。

3）评价所采取措施的有效性。

4）确保员工认识到所从事活动的相关性和重要性，以及如何为实现质量目标做出贡献。

5）保持适当的教育、培训技能和经验的证据性信息。

7.3 意识

公司将确保受其控制的工作人员掌握和了解：

1）质量方针。

2）相关的质量目标。

3）他们对质量管理体系有效性的贡献，包括改进绩效的益处。

4）不符合质量管理体系要求的后果。

7.4 沟通

公司将确定与质量管理体系相关的内部和外部沟通，包括：谁负责沟通、与谁沟通、何时沟通、沟通什么和如何沟通，以及需要保留沟通的成文信息。

7.5 成文信息

7.5.1 概述

公司的质量管理体系，包括本标准要求的成文信息，以及组织确定的为确保质量管理体系有效性所需的成文信息。

7.5.2 创建和更新

在创建和更新成文信息时，公司将确保明确的标识、说明、格式和载体，通过评审和批准，以确保适宜性和充分性。

7.5.3 成文信息的控制

公司编制了 QP 07-05—2015 "成文信息控制程序"，用以控制质量管理体系运行所需要的文件，其内容可确保：

1）文件发布前得到批准，以确保适宜性和充分性。

2）对文件的适用性进行评审，必要时进行修改和批准。

3）能识别文件的现行修订状态，分类编制有效版本目录，存入数据库。

4）对质量管理体系有效运行起重要作用的场所，都能得到相关文件的有效版本。

5）文件清晰、易于标识和检索。

6）公司引用的外来文件（如标准、外来图样等）的有效性。

7）文件的使用场所均采用的是现行有效版本，及时撤出作废文件，或者以其他方式进行控制，以防误用。对出于任何目的需要保留的作废文件，都进行适当的标识。

8）予以妥善保护（如防止失密、不当使用或不完整）。

对所保留的作为符合性证据的成文信息应予以保护，防止非预期的更改。

8 运行

8.1 运行的策划和控制

为满足产品和服务提供的要求，并实施第 6 章所确定的措施，将通过以下措施对所需的过程进行策划、实施和控制：

1）确定产品和服务的要求。

2）建立过程准则、产品和服务的接收准则。

3）确定符合产品和服务要求所需的资源。

4）按照准则实施过程控制。

5）公司将确定并保持、保留过程已经按策划进行，证实产品和服务符合要求的成文的证据信息。

6）确保外包过程受控。

策划的结果通常以质量计划的形式输出。

公司将控制策划的变更，评审非预期变更的后果，必要时，采取措施减轻不利影响。

8.2 产品和服务的要求

8.2.1 顾客沟通

与顾客沟通的内容将包括：

1）提供有关产品和服务的信息。

2）处理问询、合同或订单，包括变更。

3）获取有关产品和服务的顾客反馈，包括顾客投诉。

4）处置或控制顾客财产。

5）关系重大时，制定有关应急措施的特定要求。

8.2.2 产品和服务要求的确定

公司在确定向顾客提供的产品和服务的要求时，将确保：

1）产品和服务的要求得到规定，包括适用的法律法规要求和公司认为的必要要求。

2）对公司所提供的产品和服务，能够满足承诺的要求。

8.2.3 产品和服务要求的评审

8.2.3.1 公司将确保有能力满足向顾客提供的产品和服务的要求。在承诺向顾客提供产品和服务之前，将对如下各项要求进行评审：

1）顾客明确的要求，包括对交付及交付后活动的要求。

2）顾客虽然没有明示，但规定的用途或已知的预期用途所必需的要求。

3）公司规定的要求。

4）适用于产品和服务的法律法规要求。

5）与先前表述存在差异的合同或订单要求。

若与先前合同或订单的要求存在差异，将确保有关事项已得到解决。

若顾客提出的要求没有形成文件，在接受顾客要求前，应对顾客要求进行确认。

网上销售作为替代方法，可评审有关的产品信息，如产品目录和主要性能参数。

8.2.3.2 公司将保留与评审结果以及产品和服务的新要求有关的成文信息。

8.2.4 产品和服务要求的更改

若产品和服务要求发生更改，公司将确保相关的成文信息得到修改，并确保相关人员知道已更改的要求。

关于与顾客有关过程的控制，详见 QP 08-01—2015 "与顾客有关过程的控制程序"。

8.3 产品和服务的设计和开发

8.3.1 概述

公司建立、实施和保持适当的设计和开发过程，以确保后续的产品和服务的提供。

8.3.2 设计和开发策划

公司将对产品的设计和开发进行策划和控制，制订设计和开发计划，包括：

1）设计和开发活动的性质、持续时间和复杂程度。

2）设计和开发过程的各个阶段。

3）适于每个设计和开发阶段的评审、验证和确认活动。

4）设计和开发活动的职责和权限。

5）产品和服务的设计和开发所需的内部和外部资源。

6）顾客和使用者参与设计和开发过程的需求。

7）对后续产品和服务提供的要求。

8）顾客和其他相关方期望的设计和开发过程的控制水平。

9）证实已经满足设计和开发要求所需的成文信息。

公司应对参与设计和开发活动的不同的工作部门、工作小组之间的接口进行管理，以确保沟通有效和职责明确。

适宜时，策划的输出应根据设计和开发的进展而更改。

8.3.3 设计和开发输入

公司将针对所设计和开发的具体产品和服务，确定基本的要求，包括：

1) 功能和性能要求。

2) 应遵守的法律和法规。

3) 产品适用的环境。

4) 从类似设计得出的要求。

5) 组织承诺实施的标准或行业规范。

6) 由产品和服务性质所决定的、失效的潜在后果。

7) 必需的其他重要的要求。

公司应对输入的充分性进行评审。任何不完整的、含糊不清的或互相矛盾的要求，均应得到解决。

公司将保留有关设计和开发输入的成文信息。

8.3.4 设计和开发控制

公司将对设计和开发过程进行控制，以确保：

1) 规定拟获得的结果。

2) 实施评审活动，以评价设计和开发的结果满足要求的能力。

3) 实施验证活动，以确保设计和开发输出满足输入的要求。

4) 实施确认活动，以确保形成的产品和服务能够满足规定的使用要求或预期用途要求。

5) 针对评审、验证和确认过程中确定的问题采取必要措施。

6) 保留这些活动的成文信息。

设计和开发的评审、验证和确认具有不同目的。根据具体产品和服务的情况，可以单独或以任意组合进行。

8.3.5 设计和开发输出

设计和开发输出，应以能对照设计输入要求进行验证的方式形成文件的信息。

设计和开发输出应：

1) 满足设计和开发输入要求。

2) 对于后续的产品和服务的提供过程是充分的。

3) 包含或引用监视和测量要求，包括产品的验收规则。

4) 规定对于预期目的，产品在安全和正常使用时所必需的特性。

公司将保留设计和开发的输出文件信息。

8.3.6 设计和开发更改

公司将对产品和服务设计和开发期间，以及后续所做的更改，进行适当的识别、评审和控制，以确保这些更改对满足要求不会产生不利影响。

公司将保留设计和开发更改，及其评审的结果，更改的授权和为防止不利影响而采取的措施的形成文件的信息。

关于设计和开发的控制，详见 QP08-02—2015 "设计和开发控制程序"。

8.4 外部提供的过程、产品和服务的控制

8.4.1 外部供方的评价

公司对采购的全过程进行有效控制，将确保外部提供的过程、产品和服务符合要求。在下列情况下，公司将确定对外部提供的过程、产品和服务实施的控制。

1）外部供方的过程、产品和服务将构成公司自身的产品和服务的一部分。

2）外部供方代表公司直接将产品和服务提供给顾客。

3）公司决定由外部供方提供的过程或过程的一部分。

应根据所提供的产品符合本公司要求的能力来确定评价和选择供方，进行绩效监视，确定再评价的准则，并加以实施。对于这些活动和由评价引发的任何必要的措施，组织应保留成文信息。

8.4.2 控制类型和程度

公司将确保外部提供的过程、产品和服务，不会对组织持续地向顾客交付合格产品和服务的能力产生不利影响。采购控制的方式和程度，应取决于对随后产品实现过程及其输出的影响。本公司将采购产品按其质量特性分为 A、B、C 三类，要分别控制，包括：

1）确保外部提供的过程，保持在其质量管理体系的控制之中。

2）规定对外部供方的控制，及其输出结果的控制。

3）考虑外部提供的过程、产品和服务，对组织持续地满足顾客要求和适用的法律法规要求的能力的潜在影响，以及由外部供方实施控制的有效性。

4）确定必要的验证或其他活动，以确保外部提供的过程、产品和服务满足要求。

8.4.3 提供给外部供方的信息

提供给外部供方的信息（含技术要求、质量管理体系、过程要求、验收要求的有关文件，以及采购明细表和合同），应包含能充分说明所采购产品的信息。公司将确保在与外部供方沟通之前所确定的要求是充分的。

公司将组织与外部供方沟通以下要求，一般应包括：

1）拟提供的过程、产品和服务。

2）对下述方面的批准或资格要求：

——过程；

——程序；

——人员；

——设备；

——产品放行。

3）外部供方与公司的互动。

4）被公司所用的外部供方绩效的控制和监视。

5）公司或其顾客拟在外部供方现场实施的验证或确认活动。

在采购文件发放前，由有关部门负责人审查，确保其规定的要求充分、适当，然后，由分管副总经理批准。

采购控制详见 QP08-03—2015 "外部提供的过程、产品和服务控制程序"。

8.5 生产和服务提供

8.5.1 生产和服务提供的控制

公司将在下述方面策划与实施生产和服务过程的运作安排，并在受控条件下进行生产和服务提供。受控条件包括：

1）可获得规定所生产的产品、提供的服务或进行的活动的特性，以及拟获得结果的成文信息。

2）可获得和使用适宜的监视和测量资源。

3）在适当阶段实施监视和测量活动，以验证是否符合过程或输出的控制准则，以及产品和服务的接收准则。

4）为过程的运行提供适宜的基础设施和环境。

5）配备具备能力的人员，包括所要求的资格。

6）若输出结果不能由后续的监视或测量加以验证，或者仅在产品使用后缺陷暴露出来的过程，组织将确认这些过程，对生产和服务提供过程实现策划结果的能力进行确认。本公司需要过程确认的有：铸造、焊接、热处理、锻造、表面处理（电镀、磷化、喷漆、液压油路清洗等）。确认应证实达到策划结果的过程能力。

技术发展部应对过程确认做出安排，将包括：

1）过程的鉴定。

2）设备的鉴定，人员的评价。

3）规定的方法和程序的使用。

4）成文信息的要求。

5）再确认。

6）采取防错措施。

7）实施放行、交付和交付后活动。

生产和服务的控制，详见 QP08-04—2015 "生产和服务运作的控制程序"。

8.5.2　标识和可追溯性

适宜时，应在全部的生产和服务的运作中，以适当的方式标识产品。

应根据测量与监控要求标识产品的状态（合格、不合格或待检）。

当有可追溯性要求时，应控制并记录产品的唯一性标识，且应保留所需的成文信息，以实现可追溯。

8.5.3　顾客或外部供方的财产

公司在控制或使用顾客或外部供方的财产期间，应妥善管理受公司控制或使用的顾客财产（包括原辅材料、零部件、标准件和模具，以及软件和知识产权等），公司应予以识别、验证、防护和保护，做到专管专用。

如果发现顾客的财产丢失、损坏或其他不适用的情况，应予以记录并及时报告顾客，并保留相关的成文信息。

8.5.4　防护

应在内部制造和最终交付直至目的地期间，在标识、搬运、储存、处置、污染控制、包装、传输和防护等方面，保持产品符合顾客的要求。这也适用于产品的组成部分。

8.5.5　交付后的活动

公司满足与产品和服务相关的交付后活动的要求，交付后活动包括保证条款所规定的相关活动。

在确定所要求的交付后活动的覆盖范围和程度时，公司将考虑：

1）法律法规要求。

2）与产品和服务相关的潜在不期望的后果。

3）产品和服务的性质、用途和预期寿命。

4）顾客要求和顾客反馈。

8.5.6　更改控制

公司对生产和服务提供的更改，进行必要的评审和控制，以确保持续地符合要求。

公司将保留成文信息，包括有关更改评审结果、授权进行更改的人员，以及根据评审所采取的必要措施。

8.6 产品和服务的放行

公司在适当阶段实施策划的安排，以验证产品和服务的要求已得到满足。

通过测量和监视产品特性，以证实满足了对产品的要求。在产品形成的各个阶段实施相应的检测控制，如进货检验和试验、过程检验和试验、最终检验和试验。

除非顾客另有要求，只有所有规定的活动已圆满完成，才能放行产品和交付服务。

关于进货检验和试验、过程检验和试验及最终检验和试验的控制要求，详见 QP 08-05—2015 "检验和试验控制程序"。

对各类检验和试验，均应制定保证评价结果确定性的检验文件，同时应对符合验收准则的证据形成正式报告。公司保留有关产品和服务放行的成文信息。成文信息应包括符合接收准则的证据和授权放行人员的可追溯信息。

8.7 不合格输出的控制

8.7.1 组织应确保对不符合要求的输出进行识别和控制，以防止非预期的使用或交付。

公司将根据不合格的性质，及其对产品和服务符合性的影响，采取适当措施：纠正、隔离、限制、降等级和退货，以及暂停对产品和服务的提供和告知顾客、获得让步接收的授权。这也适用于在产品交付之后，以及在服务提供期间或之后发现的不合格产品和服务。

应标识和控制不符合要求的产品，以防止非预期的使用和交付。应纠正不合格的产品，并在纠正后重新验证，以证实其符合性。

对在交付和开始使用后发现的不合格，应对其引起的后果采取适当的措施。提出修正不合格的措施时，通常要求应向顾客、最终用户、法定组织或其他组织提出让步报告，并征得有关方面的同意。

8.7.2 公司将保留下面的成文信息，以：

1）描述不合格。

2）描述所采取的措施。

3）描述获得的让步。

4）识别处置不合格的授权。

关于不合格品的控制，详见 QP 08-06—2015 "不合格品控制程序"。

9 绩效评价

9.1 监视、测量、分析和评价

9.1.1 公司将确定：

1）需要监视和测量什么。

2）需要用什么方法进行监视、测量、分析和评价，以确保结果有效。

3）何时实施监视和测量。

4）何时对监视和测量的结果进行分析和评价。

组织应评价质量管理体系的绩效和有效性。

公司应保留适当的成文信息，以作为结果的证据。

9.1.2 顾客满意

公司应监视顾客对其需求和期望已得到满足的程度的感受。公司应确定获取、监视和评审这些信息的方法。监视顾客感受可包括顾客调查，顾客对交付产品或服务的反馈，顾客座谈，市场占有率分析，顾客赞扬，三包索赔和经销商报告等多方面。

关于顾客满意度评定，详见 QP 09-01—2015 "顾客满意度评定程序"。

9.1.3 分析与评价

公司将分析和评价通过监视和测量获得的适当的数据和信息。

应利用分析结果评价：

1）产品和服务的符合性。

2）顾客满意程度。

3）质量管理体系的绩效和有效性。

4）策划是否得到有效实施。

5）针对风险和机遇所采取措施的有效性。

6）外部供方的绩效。

7）质量管理体系改进的需求。

数据分析方法可包括统计技术，特别要重视大数据在公司的运用，详见 QP 09-02—2015 "质量信息管理和数据分析程序"。

9.2 内部审核

9.2.1 公司应按照策划的时间间隔进行内部审核，以确定质量管理体系是否：

1）符合公司自身的质量管理体系要求和标准的要求。

2）得到有效的实施和保持。

9.2.2 质量管理部应对审核大纲进行策划，策划时应考虑：

1）依据审核活动及区域的现状与重要性，对公司产生影响的变化和以往的审核结果，策划、制订、实施和保持审核方案，审核方案包括频次、方法、职责、策划要求和报告。

2）规定每次审核的审核准则和范围。

3）选择审核员并实施审核，以确保审核过程客观公正。

4）确保将审核结果报告给相关管理者。

5）及时采取适当的纠正和纠正措施，并验证纠正措施的实施有效性。

6）保留成文信息，作为实施审核方案及审核结果的证据。

关于内部审核控制，详见 QP 09-03—2015 "内部质量审核程序"。

9.3 管理评审

9.3.1 概述

公司建立并保持了 QP 09-04—2015 "管理评审程序"。至少在一年的时间间隔内，总经理主持对公司质量管理体系的评审，以确保其持续的适宜性、充分性和有效性。管理评审应对公司的质量管理体系、质量方针和质量目标是否需要更改做出评价。

9.3.2 管理评审输入

策划和实施管理评审时应考虑下列内容。

1）以往管理评审所采取措施的情况。

2）与质量管理体系相关的内、外部因素的变化。

3）下列有关质量管理体系绩效和有效性的信息，包括其趋势：

a）顾客满意和相关方的反馈；

b）质量目标的实现程度；

c）过程绩效及产品和服务的符合性；

d）不合格及纠正措施；

e）监视和测量结果；

f）审核结果；

g）外部供方的绩效；

4）资源的充分性。

5）应对风险和机遇所采取措施的有效性。

6）改进的机会。

9.3.3 管理评审输出

管理评审的输出应包括与下列事项相关的决定和措施：

1）改进的机会。

2）质量管理体系所需的变更。

3）资源需求。

公司保留成文信息，作为管理评审结果的证据。

10 改进

10.1 总则

公司将确定和选择改进机会，并采取必要措施，以满足顾客要求和增强顾客满意。

这应包括：

1）改进产品和服务以满足要求并关注未来的需求和期望。

2）纠正、预防或减少不利影响。

3）改进质量管理体系的绩效和有效性。

改进包括纠正、纠正措施、持续改进、突破性变革、创新和重组。

10.2 不合格和纠正措施

10.2.1 若出现不合格，包括来自于投诉的不合格，公司应采取如下措施。

1）对不合格做出应对，并在适用时：

a）采取措施以控制和纠正不合格；

b）处置所产生的后果。

2）通过下列活动，评价是否需要采取措施，以消除产生不合格的原因，避免其再次发生或者在其他场合发生：

a）评审和分析不合格。

b）确定不合格的原因。

c）确定是否存在或可能发生类似的不合格。

3）实施所需的措施。

4）评审所采取的纠正措施的有效性。

5）需要时，更新策划期间确定的风险和机遇。

6）需要时，变更质量管理体系。

纠正措施应与所产生的不合格的影响相适应。

10.2.2 公司应保留成文信息，作为下列事项的证据：

1）不合格的性质及随后所采取的措施。

2）纠正措施的结果。

10.3 持续改进

公司应持续改进质量管理体系的适宜性、充分性和有效性。

公司应考虑分析、评价结果及管理评审的输出，确定是否存在应关注的持续改进的需求和机遇。

关于持续改进的控制，详见 QP 10-01—2015 "持续改进的管理程序"。

附录：质量管理体系程序文件

QP 05-01—2015 质量方针、目标管理程序

QP 06-01—2015 质量策划管理程序

QP 06-02—2015 应对风险和机遇的措施程序

QP 07-01—2015　工作环境控制程序

QP 07-02—2015　监视和测量资源控制程序

QP 07-03—2015　人力资源管理程序

QP 07-04—2015　形成文件的信息控制程序

QP 08-01—2015　与顾客有关过程的控制程序

QP 08-02—2015　设计和开发控制程序

QP 08-03—2015　外部提供的过程、产品和服务控制程序

QP 08-04—2015　生产和服务运作的控制程序

QP 08-05—2015　检验和试验控制程序

QP 08-06—2015　不合格品控制程序

QP 09-01—2015　顾客满意度评定程序

QP 09-02—2015　质量信息管理和数据分析程序

QP 09-03—2015　内部质量审核程序

QP 09-04—2015　管理评审程序

QP 09-05—2015　职能绩效管理程序

QP 10-01—2015　持续改进的管理程序

3.3.2　质量手册案例点评

对【案例3-1】某工程机械公司的质量手册的点评如下。

1) 本手册在"范围和适用领域"节中明确适用于本公司的各职能部门和生产场所，声称本手册满足了 ISO 9001：2015 版标准提出的全部要求，还满足了 ISO 9001：1994 版标准对制造业质量保证体系的全部 20 个要素的要求。众所周知，ISO 9001：2015 标准的关键变化点之一是"更适用于服务业和非制造业的各类组织"，ISO 9001：1994 版标准对制造业质量保证体系针对性更强。通常说工程机械公司为典型的制造业，在应用 ISO 9001：2015 标准的同时，也应满足 ISO 9001：1994 版标准对制造业质量保证体系的要求。作者认为，这样做更务实，不能用一个模式套用于所有的组织。大家知道 ISO 9001：2015 标准给使用者空间越来越大，而对某些专业的适应性就越差。有些专业为此制定了补充要求，如汽车专业的 IATF 16949。还有一点需要说明的是，作者提倡制造业应用 ISO 9001：1994 版标准的管理思想方法和对制造业的具体要求，并非赞同 ISO 9001：1994 版标准的全部要求，特别是对体系文件的要求。

2) 某工程机械公司编制质量手册时，本着便于运行和审核的指导思想，将质量手册内容的顺序，对应 ISO 9001：2015 标准的条款顺序。同时，基本覆盖 ISO

9001：2015 标准。这并不意味着组织都要按标准的章节来编写体系文件。编制手册时，应当注意"写"与"做"两层皮的"常见病"的发生。认证标准/准则每一次换版，公司就随着写一套质量管理体系文件，表面上是跟踪质量管理体系标准的换版动态，但常会造成"为换版而换版"的被动状态。

3）质量手册的4.1"理解组织及其环境"这一节的描述"为了确保产品和服务满足顾客要求，本公司确定了与其目标和战略方向相关，并影响其实现质量管理体系预期结果的各种外部和内部因素，考虑国际、国内、地区和当地的各种法律法规、技术、竞争、市场、文化、社会和经济因素，同时考虑组织的价值观、文化、知识和绩效等相关因素，并对这些内部和外部因素的相关信息进行监视和评审"。这些基本上都是比较抽象的话。尽管标准没有要求就此成文信息，但是手册中描述不全面，也未见引用程序，就很难知道影响其质量管理体系内外部的因素都是什么，具体如何考虑？一般应站在战略高度，通过 SWOT 分析，详细说明组织面临的机遇和挑战。

4）质量手册4.2描述"相关方是可影响决策或活动、或者自认为被决策或活动影响的个人或组织。识别相关方是理解组织环境的过程的组成部分。相关方的概念扩展了仅关注顾客的观点，而考虑所有相关方，是至关重要的。相关方是指若其需求和期望未能满足，将对公司的持续发展产生重大风险的各方。为降低风险，组织需确定向相关方提供何种必要的结果和措施，才能保证组织的成功。这有赖于获取、赢得和保持相关方的支持"。这里言及的"相关方"和"相关方对公司的持续发展产生重大风险"都不明确，尽管标准没有要求成文信息，但是手册中同样未见引用程序或者有关说明，以致看不出来识别了哪些相关方，有什么样的影响，公司怎样监视和评审？

5）ISO 9001：2015 标准中，强调通过风险控制的思维，在整个标准中虽然贯彻了风控措施的概念，但是质量手册中仅在"6 策划""6.1 应对风险和机遇的措施"中进行了一般的表述。应对风险的前提是识别公司质量管理体系过程所面临的风险。风险与机会是并存的。不同风险要通过不同的应对措施来控制处理。仅仅说增强有利影响，避免或减少不利影响是不够的。

6）质量手册中4.4.2在"必要的"程度上，公司确定保持成文信息的范围；7.2保持"适当的"教育、培训技能和经验的证据性信息；9.1.1公司将确定应保留"适当的"形成文件的信息。标准中"必要的"和"适用的"是广义的要求，使用标准的对象确定了，那么就应该确定具体的内容。因此，质量手册中就不宜再出现"必要的"和"适用的"字样。

7）质量手册中的章节号"×.×.×"与 ISO 9001：2015 标准中"×.×.×"的过程条款相同，但不能完全结合公司制造业特点全面提出如何做，而是描述的较笼统。例如，ISO 9001：2015 标准中的 8.5.2 要求 "当有可追溯性要求时，应控制并记录产品的唯一性标识，且应保留所需的成文信息以实现可追溯"，ISO 9001：2015 标准中的 8.5.3 要求 "若顾客和外部供方财产发生丢失、损坏或其他不适用的情况时，应予以记录并及时报告顾客，并保留相关的成文信息"。与此相对应的质量手册中的 8.5.2 和 8.5.3 未能清楚地明确成文信息都是什么，也没有引用任何程序。

8）质量手册中的质量职能分配表、公司的质量管理体系组织结构图和管理职责要求中，同时标示出管理者代表，管理者代表是特定岗位。ISO 9001：2015 标准中虽没有管理者代表的称谓，但是 ISO 9001：2015 标准 5.3 要求最高管理者应分派职责和权限，以：a）确保质量管理体系符合本标准的要求；b）确保各过程获得其预期输出；c）报告质量管理体系的绩效及其改进机会，特别是向最高管理者报告；d）确保在整个组织推动以顾客为关注焦点。这些要求相对 2008 版来说，除了没提出管理者代表的名称以外，没有太多的变化。退一步说，被分派职责者在公司中沿用管理者代表的称谓也并非不可。

3.4 编制质量管理手册时应注意的 "常见病"

在 1.2 节中提出的质量管理体系文件编写应遵循的 21 项原则，以及在 1.4.6 节中提出的质量管理体系文件编写的 8 项注意事项，在编写质量手册时都应遵守。此外，根据作者多年来所审核、评审的大量的手册中发现的 "常见病"，还应注意的要点如下。

（1）应参考 ISO 10013：2001《质量管理体系文件指南》

（2）标准的适用性要求

ISO 9001：2015 标准，在其要求对组织质量管理体系的适用性方面，没有使用 "删减" 一词。然而，对某些实际上不存在的、不适用的过程或活动，应做具体分析并有充分的、符合实际的理由，则可不予考虑。组织可根据其规模和复杂程度、所采用的管理模式、活动领域，以及所面临风险和机遇的性质，对相关要求的适用性进行评审。在 4.3 中有关适用性方面的要求，规定了在什么条件下，组织能确定某项要求不适用于其质量管理体系范围内的过程。只有不实施某项要求不会对提供合格的产品和服务造成不利影响，组织才能决定该要求不适用。因为这不影响组织提供满足顾客和适用法律法规要求的产品的能力或责任。

（3）应体现质量方针，能保证质量目标的实现

在一些组织，常见其质量方针、目标、承诺提得很高，而具体过程的控制力度却很低，使方针、目标成为空洞的口号。必须清楚地了解，质量方针和目标是

要通过过程和活动来实现的。因此，编写手册时，时时不能忘记质量方针和目标，所有活动的控制力度都应与其相适应。

（4）紧扣标准规定的每个过程和活动

对于标准提出的每一个要求，在本组织有什么控制要求、控制范围及控制措施，都要阐述清楚。为此，要逐字逐句地理解 ISO 9001：2015 标准的要求及其内涵，不能看懂的就写上、看不懂的就绕过。

例如，按标准 8.5.1 的规定，就应对生产和服务的控制开展策划活动，使其在 8 项受控条件下进行生产和服务活动。而受控条件则与设计、工艺、设备、检测、交付等活动及其管理过程密切相关。而许多企业却未曾进行全面策划，以致有些应开展的活动未受控。

又如，标准 7.1.5.2 规定了"当发现设备不符合预期用途时，组织应确定以往测量结果的有效性是否受到不利影响，必要时应采取适当措施"。这一要求明显高于我国的计量管理水平，甚至那些通过计量确认的单位也都达不到。一些组织的质量手册对这些有相当难度的要求，采取绕过去的办法是不可取的，而应搞清这些要求的实质，逐步创造条件，予以实施。

（5）注重各过程和活动的界面和接口

例如，标准 8.4.3 所规定的采购过程，涉及的提供给外部供方的信息，而这些信息又来自设计、工艺、检测、质量管理等方面。采购产品的验证与检验、供方评定等过程又有直接关系。又如，检验过程发现不合格品，就要依次转入不合格控制和纠正措施过程。在接口控制中，划清接口两端的职责，才能确保接口的良好衔接。因此，有效地控制好各过程、活动的接口、界面是非常重要的。

（6）不宜照抄标准

标准是针对所有的组织制定的，因而有些不确定的描述。例如，4.4.2 在"必要的范围和程度上"，组织应保持成文的信息以支持过程运行；7.2 能力中涉及保留"适当的"成文信息作为人员能力的证据；7.1 产品实现的策划中涉及"适当"的内容；7.5.1 组织应保留适当的成文信息，作为监视和测量资源适合其用途的证据；8.6 产品和服务的放行控制中，涉及"适用时"经顾客批准等。

上述"适当""适用""必要"等在标准中采用的这类不确定语，而对于具体的组织来说，就不能再不确定了。因此，组织应明确怎样才适当，怎样才适用，什么情况下才必要。

（7）控制对象要明确

经常可见的是，一些组织对于所需控制的对象往往有所遗漏。例如，标准 8.1 要求"组织应确保外包过程受控"，组织应确保对其实施控制。但若对本组织有哪些这样的外包过程都识别不清，那怎么能全面进行控制（一般外包过程可能涉及设计、工艺外协、物资供应、检测、计量、环境和运输、维修、生活服务等）；8.5.1 f) 要求若输出结果不能由后续的监视或测量加以验证，应对生产和服务提供过程（一般称为特殊过程）实现策划结果的能力进行确认，并定期再确认。而特殊过程也包括外包过程，却是常被忽略的；8.5.3 顾客或外部供方的财产在本组织指什么，是指顾客提供的原材料、配套件、产品图样、工艺文件、模具、样品、样板、专利，还是另有所指（如顾客的个人信息等）。

（8）宜引用质量管理体系程序

在质量手册中描述过程控制时，不必详细罗列"怎么做"（这是岗位文件层次应解决的问题），但应抓住控制要点，表明控制力度，其他则宜引用程序（列出程序名称、文件号即可）。

（9）质量职责明确而协调一致

应注意必须使质量手册中的"管理职责""职能分配表"与具体质量活动中描述的职责相一致。同时，还要注意在职能分配表中，常见同一个职能由多个部门负责，而由谁归口负责却不清。

（10）解决难点问题的思路要清晰

对贯彻标准中普遍感到困难的问题，如理解组织及其环境、质量策划、过程确认、应对风险和机遇的措施等，应视组织实际情况先易后难地逐步开展。对现阶段应该且可能采取哪些措施，应简要说明或引用程序。

（11）异常信息的控制

在成文信息的范畴内，对"异常流"问题应有充分的控制措施，以预防失控。在本书的 1.4.6 节文件编制的注意事项中，指出要注意"异常流"的控制。若将质量管理体系的过程活动，受到有效控制的多数情况视为"主流"的话，那么不正常的少数、特殊情况则称为"异常流"。若不是认真识别的话，"异常流"往往易被误认为是正常的。在"异常流"中的产品，常易出现失控或造成质量问题。因此，要给予特别关注。例如，例外采购；紧急放行、例外转序的产品；不合格品；标识丢失或不清的产品；在校准周期内漏校或不合格的检测设备、计量器具、生产设备、工装等。上述这些异常信息，在手册或者在相关的成文信息中需要认真阐述。

第4章 程序文件

4.1 质量管理体系程序概论

4.1.1 概述

ISO 9000：2015《质量管理体系——基础和术语》3.4.5 明确了程序是"为进行某项活动或过程所规定的途径"。程序可以形成文件，也可以不形成文件。程序用于质量管理则称其为质量管理体系程序。质量管理体系程序是描述实施质量管理体系过程中所需要的质量活动的文件。它是质量管理体系成文信息的重要组成部分，是质量手册的具体展开和有力支撑。质量管理体系程序的范围和详略程度取决于组织的规模、产品类型，以及过程的复杂程度、方法和相互作用，还有人员素质等因素。程序文件可引用规定开展活动的方法的更为详细的岗位文件。编制质量管理体系程序时，应根据标准要求，紧密结合组织的实际情况，创造性地研究如何优化活动过程，提高其增值效益。

程序文件不同于一般的业务工作规范或工作标准所列的具体工作程序，而是对质量管理体系过程所需开展的质量活动的描述。

质量管理体系程序可以是质量手册的一部分，也可以是质量手册的具体展开。对于较小的组织有一本包括质量管理体系程序的质量手册足矣。而对于大中型组织，则宜按照图 1-1 所示的结构来安排质量管理体系程序。这时，应注意各层次文件之间的相互衔接关系，下一层文件应有力地支撑上一层文件。

4.1.2 程序文件编制要求

程序文件是质量管理体系的重要组成部分。在编制时，应遵循本书 1.2 节所阐述的质量管理体系文件的 21 项原则，以及 1.4.6 节提出的文件编写 8 个方面的注意事项。

为统一程序文件的内容、体例、格式、编写原则、编号方法，以及编写注意事项等，宜由组织根据实际需要自行编写一个《质量管理体系文件编制导则》（下称"导则"），纳入组织标准体系。有这样一个"导则"，可使程序文件的编制工作有章可循。程序文件宜由熟悉业务的主管责任部门主要负责人编写。例如，质量方针、目标管理程序，宜由质量管理部门负责人编写；与顾客有关的过程控制程序，宜由销售部门负责人编写；设计、开发程序，宜由设计部门负责人编写。这样做的好处，是在编写过程中较易了解标准要求与组织的实际有多少差异，因而可从实际出发提出相应的管理措施。其弊端是易各自为政，"一人一把号，各吹各的调"。由此可见，"导则"可发挥重要作用。本书 1.4.5 节的【案例 1-1】质量管理体系文件编制导则，可供参考。

4.1.3　质量管理体系程序的内容

质量管理体系程序是描述涉及体系全局的过程的文件。它对有关职能部门需要解决的在质量管理体系方面的问题，做出统一的规定，用以指导所有部门的质量管理体系工作。这里，涉及的问题都是确保体系有效运行的重要问题，而不是某个具体活动过程的控制问题。

按照 ISO 9001：2015 标准的规定，质量管理体系应至少包括下列 5 个成文信息。

1）质量管理体系范围的成文信息。

2）必要的质量管理体系及其过程的成文信息。

3）质量方针作为成文的信息。

4）有关质量目标的作为成文的信息。

5）作为校准或检定（验证）依据的成文信息。

由此可见，修订后的 2015 版标准要求的成文信息与 2008 版标准要求的程序文件一样，都较 94 版要求的大为减少。这是为了避免因质量管理体系的文件过于复杂，把过多的精力投到刻意追求文件的完善中，而疏于对质量活动的管理。因此，应提倡重视质量活动的预期结果，以及质量管理体系的有效性，淡化对文件形式上的要求。

然而在我国，由于质量管理基础较差，对新版标准的正确理解尚需要一个过程。作者认为，组织在贯标初期多建立一些成文信息，多立一些规矩，便于在开展各项活动时有章可循，是有好处的。文件也适于动态管理，随着标准的深入贯彻，标准所要求的活动已扎根，则可大大简化文件。

此外，标准要求的成文信息适用于各行各业。每个行业有其各自的管理规律和特点，每个组织有其具体情况，要纳入规范化的管理，根据需要也应制定相应的成文信息。

这里讲的质量管理体系程序属于成文信息的一部分，涉及体系全局的过程和质量活动的描述，而不是具体的技术、业务活动的控制程序。对每个质量管理体系程序来说，应当考虑如下方面。

1）明确组织及其顾客的要求。

2）以与所要求的活动相关的文字描述和（或）以流程图的方式描述过程。

3）明确做什么、由谁或哪个职能部门来做，为什么、何时、何地，以及如何做。

4）描述过程控制，以及对已识别的活动的控制。

5）明确完成活动所需要的资源（人、培训、设备和材料）。

6）明确与要求的活动有关的文件。

7）明确过程的输入和输出，以及过程的责任者。

8）明确要进行的测量。

概括地说，质量管理体系程序都应根据需要明确何时、何地、由谁、做什么、怎么做和为什么做（即5W1H），以及应保留成文信息。需要时，可以将上述内容在岗位文件中加以详细描述。

4.2　管理体系程序编制要点和难点

4.2.1　质量方针、目标和管理

作者认为在我国各类组织中，包括已通过 ISO 9001 认证注册的组织，质量方针、目标的管理仍是薄弱环节。为此，建议增加相应的质量管理体系程序——"质量方针、目标管理程序"。有关质量方针和质量目标的管理除参阅3.2.3节和3.2.4节中对质量方针、目标的论述外，应把握以下要点。

（1）最高管理者对质量方针、目标的管理责任

ISO 9001：2015 强化了最高管理者对质量方针、目标的具体管理责任，明确规定：

1）制定质量方针和质量目标，适应组织的宗旨和环境，并支持其战略方向。

2）营造并保持满足顾客要求重要性的意识。

3）在整个组织范围内，予以沟通、理解并贯彻实施。

4）适应组织及其顾客的需求。

5）包括对满足要求和持续改进的承诺。

6）提供制定和评审质量目标的框架。

7）对持续的适宜性进行评审。

由此可见，对质量方针、目标的管理的首要任务是，最高管理者认真履行其职责。在我国现有组织中，有相当数量的最高管理者，不明了质量方针、目标的重要作用，也不去琢磨和反复推敲，也不提炼能引导企业积极进取而又可行的质量方针、目标。许多最高管理者，只是在质量管理部门拟定的质量方针、目标文稿上签字批准。最高管理者整天围着市场、资金等具体事务忙得团团转，而没有

把质量方针、目标当作头等大事来抓。不仅在我国如此，在国外有的组织领导人亦如此。针对这种情况，ISO 9001：2015 进一步规范了对最高管理者在质量方针、目标管理方面的要求。在"质量方针、目标管理程序"中，应将这些要求具体化，以确保质量方针、目标发挥应有的作用。

（2）质量方针、目标的策划和制定

1）策划。在策划时，应充分考虑下列制定的依据：

a）长远规划的战略目标。

b）内部因素。

c）市场背景。

d）同行业水平对比。

e）竞争对手和标杆。

f）协作条件等。

既要考虑市场竞争的需要，又要考虑组织实现的可能性。

策划工作应由最高管理者主持。对质量方针、目标进行管理，就像其他质量活动一样，应遵照 PDCA 循环的规律来开展。为此，在策划阶段，更应给予足够的重视，并要根据实际情况，做出适当的调整。

2）制定。应规范质量方针、目标的制定过程。质量方针、目标应是由领导集中广大员工的智慧的科学决策的产物，而不能仅是少数"秀才""笔下生花"的结果；应体现七项质量管理原则之一"领导作用"思想，最高管理者应起决策领导作用。

（3）质量方针、目标的沟通

质量方针、目标的沟通和贯彻应落到实处，即全体员工对质量方针、目标有充分的理解，并且是一致的，适宜时可为相关方所获取，这与制定时的初衷相同。在这方面，不能停留在背诵质量方针、目标的水平上，而应准确地理解其中每句话的内涵。将质量方针的内涵形成文件或者编入质量手册中，并以简明形式（如卡片）印发质量方针、目标内涵的宣传材料，会收到良好的效果。

（4）质量方针目标的展开

质量方针可展开到质量管理体系每个过程、活动、部门，转化为相应的工作方针（或政策）。这样做可以使员工在每个部门中、每个过程和每个活动中，明辨怎样做才是符合质量方针的，哪些行为是违背质量方针的。在有条件的组织，宜进行质量方针的展开活动。

ISO 9001：2015 标准要求，在组织内每个相关的职能、层次和质量管理体系过程上，应建立质量目标。这就是说，应将组织的总质量目标展开、细化，并分解到相关的职能部门和层次上。通常是进行斜向展开（即除纵向、横向之外还有斜向），如图 4-1 所示，按年度进行。

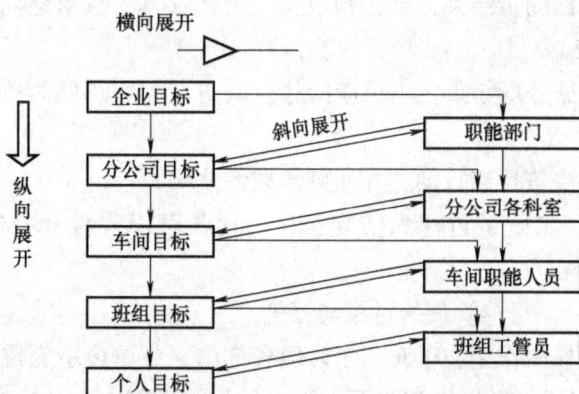

图 4-1　目标展开示意图

　　目标的展开，就是要将目标项目和目标值细化。对于上一级（层次）目标的实现，下一层次应有具体的措施。这里说的具体措施是下一级（层次）制定目标的基础。下一级（层次）目标的制定是上一级（层次）目标的需要。只有下一级（层次）有了明确的具体目标，才能保证上一级（层次）目标的实现。各级有了明确的目标后，还应展开到具体措施。通过这样的展开，就可使质量目标落实。

　　（5）质量方针、目标的实施

　　对质量方针、目标实施的管理，主要有以下几个环节：实施计划、信息反馈、协调和动态管理、考核评价和诊断。

　　1）实施计划。应根据经细化分解、展开落实后的年度目标和措施，编制月度实施计划，明确每项措施的责任者和完成时间。

　　2）信息反馈。由于各方面情况不断变化，必须及时掌握质量方针、目标的实施情况。为此，保持信息渠道畅通很重要。大型组织宜建立信息管理中心，负责及时收集、整理、分析、处理和输出各种有价值的信息。在这方面，采用实时信息集成系统会特别有效。

　　3）协调。在实施过程中，时常会遇到各种困难，尤其各部门之间不顺畅。因此，除做好本部门、本单位、本岗位的工作外，应强调协调、协作，防止扯皮、推诿。这样，才能对质量方针、目标形成系统化的管理，使整个组织成为一个有机的整体，以确保质量方针、目标的实施。

　　4）动态管理。动态管理的主要环节有：测量、分析、决策和实施（四者不断循环）。

　　a）测量。包括对各种主客观条件的测量，特别是对内部各部门、各层次目标实现程度的跟踪和监控。

b）分析。根据测量结果，要去粗取精，去伪存真，探求趋向，查明原因。宜建立定期分析制度。

c）决策。根据分析结果提出反应措施，以防止和纠正偏离质量方针、目标的现象。

d）实施。将决策付诸行动，并达到预期的效果。

动态管理要跟踪质量目标的实现程度，通常可用表板和控制图表等工具来显示。

（6）质量方针、目标管理的考核与评价

1）考核。考核的作用在于对一个阶段各部门、各单位所完成的成果和员工的贡献进行评定，以激励员工为完成下一阶段的目标而努力奋斗。考核应表扬先进、激励后进，宜辅以必要的奖惩。其要点如下：

a）考核对象：职能部门、基层单位、班组和岗位人员。

b）考核内容：应对目标和措施按计划进度和内容的实现程度，及其工作态度和协作精神进行考核。同时，对为实现目标所建立的配套文件（如规范、标准和规章）的执行情况，亦应纳入考核内容。

c）考核方法：宜按月或季来进行，可采取评分制。对职能部门和基层单位的考核，宜以质量管理部门为主；对班组和个人的考核，宜以分厂、车间为主。考核方法可参照【案例 4-17】职能绩效管理程序。

2）评价。评价属于总结阶段的重要内容，也是 PDCA 的 C 环节，其要点如下。

a）评价对象：企业领导、职能部门、基层单位负责人、班组和员工实现质量方针、目标所做的工作。

b）评价内容：评价主要包括质量方针、目标、措施的执行和完成情况；实施中出现的问题；各部门、人员协调工作的情况；质量方针、目标主管部门的工作情况；质量方针、目标管理工作等。

c）评价方法：一般在年终进行年度评价，通常可采用打分法或进行 A、B、C 分等法。综合评价时，应考虑目标的实现程度、目标的复杂困难程度及实现过程的努力程度。可采取自我评价和领导评价相结合的方式，以利总结经验教训并受到激励。

（7）质量方针、目标管理诊断

诊断的重点在于，调查、分析和研究质量方针、目标管理中存在的问题，提出改进建议，并帮助加以解决。它不同于检查、考核、评价。这种诊断一般宜请外部咨询机构或专家来进行。所选择的咨询人员，应有这方面的丰富经验，一是其嗅觉灵敏，可以弥补本组织的员工由于"如入鲍鱼之肆，久而不闻其臭"造成的对存在的问题视而不见、听而不闻甚至"麻木"的缺陷；二是"远来的和尚好念经"，通常专家的意见受到各级管理者重视的程度要远远高于本组织员工的意见。

上述表明，质量方针、目标的科学管理，应考虑多方面的问题，但对一个企业来说，只能由浅入深、先易后难地逐步提高。从对质量方针、目标没有管理，到对其实施管理，就是一个很大的进步，本章的【案例4-1】可供多数组织借鉴。

4.2.2 成文信息控制

（1）概述

1）成文件的信息控制的范围。ISO 9000：2015 标准 3.8.6 指出：成文信息是组织需要控制和保持的信息及其载体。形成文件的信息可以任何格式和载体存在，并可来自任何来源。成文信息可包括：管理体系，包括相关过程；为组织运行产生的信息（一组文件）；结果实现的证据（记录）。同时，ISO 9000：2015 的 3.8.5 说明：文件是信息及其承载媒体。文件示例：记录、规范、程序文件、图样、报告、标准。由此可见，这是个比较宽的范围。本书只讨论质量管理的成文信息，并且以大家习惯的称谓——"文件"和"程序"来表述。与质量管理有关的文件控制涉及体系文件、技术文件和外来文件。

a）质量管理体系文件。包括质量手册、体系管理程序、过程控制程序、质量计划、岗位文件、质量记录表格式样，以及其他与质量有关的文件（如专题质量报告）等。

b）技术文件。包括产品图样、采购规范、工艺文件、检验规程、可靠性规范、产品说明书等。

c）外来文件。包括法规性文件、标准、顾客提供的产品图样和工程规范等。

2）文件的批准。2015 版 ISO 9001 标准 7.5.2 要求：在创建和更新成文信息时，组织应确保适当的评审和批准，以确保适宜性和充分性。文件发布前，其适用性应得到批准。这个活动由一个经授权的责任人完成即可。这更适合于小型组织和服务类产品行业。94 版标准则要求：文件发布前应有授权人员审批其适用性。这里，审批是指审查和批准活动。审查是为了保证文件的正确性和适用性，属于技术性或业务性活动。批准是按程序要求在审查中取得多数一致意见情况下，批准颁布执行，属于行政性管理行为。例如，我国的国家标准是由相应的标准化技术委员会负责审查，而由国家质量技术监督局局长批准颁布实施的。

由此可见，相对上述而言，当文件较复杂、涉及部门较多，以及企业规模较大时，宜将审查和批准的职责分离开来，由不同的责任者完成。这样做有利于保证文件的正确性和适用性。

3）对文件的一般要求。

a）清晰、易于标识和检索。有效文件的标识应具有唯一性，即文件编号、版本号、修改码应齐全。同时，根据需要还可加"作废""临时""外来"等印记。不提倡在文件上面加盖"有效版本"印章。这样的"有效版本"印章，表面上看"有效"，实际不能控制文件的更改，也不能表明其是否真正有效。

b）适当的外来文件应予以标识和记录。为了便于检索应进行文件分类并编制索引。

c）文件形式可以是书面的，也可以是任何媒体形式。

对多数组织来说，已普遍应用计算机，有的已建立了计算机网络系统。如早在 1994 年，广东科龙公司已将文件全部存在 MRPⅡ系统中，实现了无纸办公。这样做不仅提高了效率，使有效版本的控制极其简易，且大大节约了纸张，符合环保的国策。

（2）文件有效版本的控制

文件有效版本的控制，有以下 4 个主要环节。

1）文件目录。应建立一个文件控制清单，用于标识文件现行版本的状态，并可随时得到它。文件清单就是指各类文件目录。这个目录应标明现行有效版本的版次、修改码。用某个文件与目录加以对照，就可鉴别出是否有效版本。如果没有文件清单，则应建立一个相应的文件控制程序。

2）文件发放。在对质量管理体系有效运行起重要作用的各个场所，均应得到相关文件的有效版本。这就要求制定一个各类文件的发放规定，以明确哪些部门应该得到此类文件。然后，应按规定发放，并留下发放记录。在这方面，许多组织只注重了内部的文件管理，但对相关方（如供方）所持有的文件，却未能实施管理。应当注意文件不宜滥发，只发给"需要使用者"，而不是发给"想要得到者"。这样做不仅可节约纸张，而且能使有效版本的跟踪管理工作量最小化。在电子文件管理时，则可大为简化，只规定谁有权更改，谁有权阅读即可。存在于电脑中能看到的文件，一定是文件的有效版本。

3）文件收回。应从所有发放和使用文件的场所及时撤出作废文件。最稳妥的办法是将全部作废文件收回。然而，这样有时有些困难，工作量很大。因此，允许采用其他方式进行控制，只要能确保不发生误用即可。例如，有的组织接受 OEM 市场的订货，这时，图样由需方提供，每一次都按生产令下达任务并附有加工图样，一旦该生产令完成，有关文件即宣告作废，因而图样的管理都是一次性的。有的公司的工作场所和供方分布在国内、外各个地区，实难做到将全部文件收回，但是要确保文件修改通知单或换版的新文件能送达，在异地接到换版文件或通知单后，能及时加以修订即可。

4）作废文件标识。为了适应法律要求和积累知识所保留的任何已作废的文件均应加以标识。无论文件是保留在档案室、职能部门，还是在使用者个人手中，都应标识，加上诸如"作废"或"参考"等标志。

4.2.3　管理评审的管理

（1）管理评审的目的

管理评审是对质量管理体系持续的适宜性、充分性、有效性，并与组织的战略方向一致性进行定期的、系统的评价。评审还包括对需要采取的措施进行评价。

1）适宜性。质量方针、目标、质量管理体系的各层次文件和活动的安排是否适合于市场竞争环境，是否适合企业的实际情况（企业状况、产品特点、人员责任等），是否具有可操作性。

2）充分性。质量管理体系是否覆盖了标准的全部要求。如果有不适用要求，说明的理由是否有足够的根据，是否能确保具有持续满足顾客要求的能力。各项活动的影响因素是否都受到了有效控制。

3）有效性。质量管理体系是否按文件规定有效地运行，是否留有必要的证据，能否保证质量方针和质量目标的实现，能否持续地满足顾客的要求。

4）与组织的战略方向一致性。"战略一致性"源于西方成熟的市场经济体系，是组织研究、战略营销和战略管理领域的核心概念之一。广义的"战略一致性"是指：战略与其所处外部环境，如结构、行政体制及其政策等组织特征之间的一致性；组织的质量管理体系持续发展，能否与其环境匹配。这也是需要管理评审的信息之一，需使用相应的统计分析资料，对此加以证实，评审其偏差，识别改进机会。

5）效率。质量管理体系是否有助于组织工作效率的提高；是否有相应的统计分析资料对此加以证实；随着效率的提高，成本是否降低。

管理评审应在对上述方面做出评价的同时，决定质量管理体系、质量方针和质量目标是否需要更改。

（2）管理评审的输入

管理评审前应进行充分准备，宜由有关职能部门和人员提交专题报告。这些管理评审的输入可包括：

1）管理者代表对质量管理体系运行、质量方针、目标的实施等情况提出综合报告，对质量管理体系的运行做出初步评价，识别存在的主要问题并提出相应的措施建议。

2）以往管理评审所采取措施的情况。针对在这之前的管理评审输出的信息，识别改进的机会、改进措施和改进效果。应强调闭环管理，把以往管理评审所采取措施的有效性输入给本次管理评审。

3）与质量管理体系相关的内外部因素的变化。这包括了影响组织的宗旨、目标和可持续性的各种因素。它既需要考虑外部因素，如法律的、技术的、竞争的、市场的、文化的、社会的和经济的因素的变化；还需要考虑内部因素，如组织的价值观、文化、知识和绩效等因素的变化。要分别把每一因素的变化对组织的宗旨、目标和可持续性的影响阐述清楚。

4）质量管理部门负责人，就顾客与相关方反馈、顾客满意度的评价、各职能和过程的质量目标的达成状况、内外部审核结果、不合格及纠正措施实施情况、外部供方的绩效，以及监视和测量的结果，提出报告和相应的改进建议。

5）资源的需求和充分性。

6）应对风险和机遇所采取措施的有效性。质量检验（控制）部门负责人，提出产品质量状况分析报告，包括产品质量符合性与前一个周期的对比分析，当前仍然存在的不合格的主要问题、原因和对策建议。

7）质量管理体系改进机会。

8）其他有关报告。针对质量管理体系运行的突出问题和可能引起质量管理体系发生变化的问题，根据最高管理者的要求，可由有关职能部门提出相应的报告，如质量管理部门关于完善质量管理体系的报告，供应部门关于供方状况的报告，财务部门关于质量成本的报告，营销部门关于市场情况的报告等。

（3）管理评审的实施

管理评审实施的要点如下。

1）管理评审应由最高管理者策划并主持。目前，许多组织的管理评审流于形式，特别是有的规模较大的组织，其一把手关注的事务太多，没有精力和时间全面过问质量管理。由于最高管理者可以是一组人，与其什么事都等一把手，莫若让其副手对各自分工范围内的管理体系的运行承担全责，集体来担负最高管理者的管理评审职责。

2）管理评审应规定一定的时间间隔。例如，"间隔不超过一年""在每年12月份进行"等。只规定"每年进行一次"，则不符合要求，因为若2014年1月和2015年12月各进行一次，事实上时间间隔已近两年。

3）管理评审是决策性评审，宜在最高管理层进行。可邀请有关职能部门和有关管理层的人员参加管理评审，但把管理评审开成全体中层干部会议是不适当的。因为规模过大，不便于研究分析问题。

4）管理评审会应事先发通知（一般宜在一周前），并将管理评审输入材料发给与会者，以便做好准备。

5）管理评审的结果应予以记录。

（4）管理评审的输出

管理评审的输出应包括改进措施，如：

1）质量管理体系及其过程的改进。包括质量方针、质量目标、质量管理体系文件（包括过程控制方法）的改进意见。

2）过程。产品和/或服务审核：为了进一步查清影响产品质量和某些关键、重要过程的情况，分析影响因素需要进行过程审核。为了评价产品的实际状况，开展与同行业企业的对比分析，需要进行产品和/或服务审核，以改进产品，更好地满足顾客要求。

3）资源需求。应提出影响产品质量的重要资源配置的项目计划。

4.2.4　人力资源管理

（1）人员配置

组织应根据适当的教育、培训、技能和经验安排人员，确保质量管理体系中各岗位人员的素质都能胜任其工作。在这方面，新版标准除保留原有要求外，特别以一节的篇幅，并以"能力"为这节的标题来强调能力的要求。这对更全面、准确地评估人员素质对岗位要求是否适应，是非常必要的。

1）教育。一般说来，一个人受教育的程度，决定了其理论基础、知识面、可能具有的专业技能和吸收新知识的自学能力。这对一个人的发展潜力的评估是至关重要的。

2）技能。作为操作工人其操作技能当然很重要，而作为某些管理人员的专业技能也十分重要，如外语水平、运用计算机的能力、专业技术、攻关能力等。

3）经验。一个人的工作经历是知识和经验的积累，如在制造厂工作过就比较了解产品类企业管理，在贸易公司工作过就比较懂得生意经和服务类企业管理等。下过乡、当过兵，虽然不一定有什么专业经历，但对人的克服困难的毅力和精神的锻炼，则是应该考虑的重要依据。

只有全面掌握教育、培训、技能和经验，才能对人员配置是否合理，综合素质能否胜任岗位要求，做出更为确切的评价。

（2）能力、培训和资格

1）确定能力和培训需求。组织宜制定一个"岗位规范"（或称"岗位描述"），以明确规定每个岗位的职责和权利，以及为了履行这些职责对岗位人员任职资格的要求，并规定岗位人员的能力（技能）要求和必须完成的培训要求。这些要求最好量化，从而易于测评和考核。

2）通过培训或采取其他措施，以满足培训需求。在这里，应根据培训需求的文件和每个员工的培训记录（档案或培训卡片）之间的差距，拟定培训计划，为员工提供所需的培训。这里的"采取其他措施"，可包括对在职人员进行培训、辅导或者师傅带徒弟，或者重新分配工作，或者招聘、分包给胜任的人员等。

3）确保已获得了所需能力。通过对培训有效性的评价，可以间接保证参加培训人员能力的提高程度。宜定期对培训的有效性进行评价。定期是指要在规定的时间间隔内进行，如每间隔一年评价一次。培训的有效性是指通过培训学员是否达到了培训大纲的要求，是否掌握了应具备的知识和技能。例如，统计技术培训，要求学员掌握数理统计的基本概念和具有运用常用统计工具（包括计算机软件）的能力。可以通过实际统计技术应用的作业，来测评培训的有效性。学了统计技术而不会画控制图，以及对控制图出现的异常图形不能识别，就说明教学内容（教材）、教学方法或教师水平存在问题，有待改进。

通过对培训有效性的不断评价，促进教学双方不断改进，从而做到"学以致用"。但是，培训有效性的评价不能代替实际岗位能力的考核。

令人遗憾的是，当前我国多数组织在预防成本方面投入甚少，有的在培训方面的投入少得可怜，培训的师资队伍极度缺乏，又无必要的经费去聘请专家。因而，除对工人的操作技能培训外，对各级管理人员和技术人员的培训十分薄弱。这是阻碍企业人员素质提高，不适应知识经济时代要求的突出问题。对此，应予以重视。

4）保存有关教育、经验、培训、资格适宜的记录。组织应建立关于员工的教育、经验、培训、资格的档案。宜每个员工建立一个档案，档案可制成卡片，或者存在计算机的硬（软）盘或云中。这样，便于长期保存和随时调用。

（3）员工的质量意识

ISO 9001：2015 的 7.3 要求"组织应确保受其控制的工作人员知晓：①质量方针；②相关的质量目标；③他们对质量管理体系有效性的贡献，包括改进绩效的益处；④不符合质量管理体系要求的后果。标准明确要求每一个相关职能部门和层次上的员工都能意识到：

1）符合质量方针和质量管理体系要求的重要性。不仅要理解组织的质量方针、质量目标及质量管理体系文件中与自己工作有关的要求，还应意识到本职工作与满足顾客要求、达到顾客满意有什么关联。

2）岗位工作对质量活动实际的或潜在的重大影响。要结合具体活动过程可能出现的差错，了解可能带来的潜在的过程失效模式和影响（PFMEA）。

3）员工业绩改进可能带来的效益。由于员工改进了工作方法，提高了工作效率，节约了原材料，减少了废次品，会给企业带来多少效益，员工从中可以获得多少收益。

4）自己在实现质量方针、符合质量管理体系要求，以及过程控制程序中的职责和所起的作用。要让员工懂得：质量方针、质量目标和岗位工作有什么关系；每个质量管理体系要求和过程控制程序的意图是什么，为什么要这样规定；不这样做会怎样；自己的岗位与这些规定有什么关系。

5）偏离所规定的过程控制程序所带来的潜在后果。必须让员工懂得为什么要制定相应的过程控制程序和岗位文件。例如，淬火热处理工艺规定了加热温度、保温时间、淬火温度、淬火介质（含介质温度）、装炉量等工艺参数，那就应该让操作工明白，任何参数偏离工艺要求，可能造成什么产品缺陷。这样，才可能使操作者更自觉地遵守工艺规定。

4.2.5 质量信息管理

ISO 9001：2015 的 9.1 要求组织应分析和评价通过监视和测量获得的适当的数据和信息。同时要求应确定需要用什么方法进行监视、测量、分析和评价，以确保结果有效。ISO 9001：2015 和 ISO 9001：2008 标准都同样重视数据分析活动。数据分析是以信息管理为前提的。因此，为使数据分析有效，必须规范质量信息管理。

（1）什么是质量信息

ISO 9000：2015 的 3.8.2 指出"信息"是有意义的数据，3.8.4 指出"信息系统"是组织内部使用的通信渠道网络。质量信息是有意义的质量数据，是指反映过程、产品和/或服务质量的状态、变化及相关因素间关系的数据、报告和资料。质量信息是进行质量管理、实施质量控制的重要依据。可将质量信息系统视为管理体系的神经系统，因此要重视质量信息的管理。质量信息包括在产品生命周期阶段的全部质量活动中，所产生的与产品和/或服务质量有关的信息。其中，主要是反映产品和/或服务所达到的质量水平、顾客反馈，以及能验证质量管理体系有效运行的各种信息。

（2）质量信息管理原则

1）实用有效。准确了解各个管理层次对质量信息的实际要求，是实施信息管理的基础工作。要有重点地管理那些关键信息，首先满足最重要的需求。只有做到对信息需求了如指掌，才能保证信息管理收到实效，又不致造成人力、物力的浪费。

2）系统性。质量信息管理系统是企业管理系统的一个重要组成部分。因此，质量信息的管理必须与其他企业信息的管理工作相协调。有条件（如推行卓越绩效模式或实施 ERP）时，宜将质量信息管理纳入组织信息管理系统。

对于大中型组织来说，质量信息管理系统往往由各职能部门或基层单位的分信息系统组成。因此，在各层次的信息系统之间存在分工合作、共同管好质量信息的问题。

3）经济可行。质量信息系统的建立涉及人力、财力。因此，既要考虑对质量信息的需求，又要考虑技术上和经济上的可行性。当经济能力有限时，应尽量减少质量信息管理的层次，从而避免重复收集、处理和传递信息，以降低信息管理的成本。

4）循序渐进。随着组织的发展，对信息的质量、数量、传递速度要求越来越高。因此，质量信息管理绝不能停滞不前（如长期依靠人工），必须适应企业的发展。21世纪是高度信息化时代，信息高速公路十分畅通，计算机日益普及，云计算和大数据也已广泛应用，其价格已可为绝大多数组织所接受，因此外联 Internet 网是很容易实现的一件事。组织内部的信息网络化则需要相当的投入。我国的大中型企业和高科技企业大多具备这种实力。问题在于许多组织的最高决策者尚缺乏这方面的远见卓识。

（3）质量信息管理系统的模式

1）职能型。这种模式适用于大多数中小型企业，即质量管理部门起着质量信息中心的作用，由各职能部门和基层单位向质量管理部门提供信息，经汇总分析后，质量管理部门对影响全局的重要问题，再向有关职能部门和基层单位发出信息指令。这种模式的优点是：结构简单、投资少、信息流与物流紧密结合。缺点是：信息传递分散、杂乱，信息流通效率低和不便于信息共享。

2）集中管理型。对大中型组织来说，宜采用这种模式，建立一个统一管理质量信息的信息中心，并在组织内部实现计算机联网管理。职能部门和基层单位是信息源，应配置专职或兼职的信息管理员，负责将有关信息录入计算机系统。信息的分析、处理皆由信息中心通过计算机来完成。这种模式可使信息传递的流程大为简化，减少信息流的交错和重复，能实现信息共享，并大大加快信息的流通，易于保持信息的完整性。

这时，应注意没有必要把各职能部门和基层单位的全部质量信息（如在本部门、本单位范围内就可解决的纠正措施）都传递到信息中心，否则信息中心会因信息处理量过大难以胜任，而且信息可利用的价值也会降低。宜对质量信息实行集中管理下的分层负责。

（4）质量信息管理系统的职能

为了实现质量信息的科学管理，质量信息管理系统应有以下基本职能。

1）提出并确定对质量信息的需求。在决定信息需求方面，应做好以下四方面的工作。

a）信息分类。应分析哪些是必需的信息，哪些是有参考价值的信息。根据信息的重要度提出信息分类的原则，如有的组织视信息的重要程度分为关键的（A类）、重要的（B类）和一般的（C类）。

b）信息内容。应规范所需求的信息内容，以避免将"信息垃圾"收集并储存。

c）信息来源和渠道。应规定信息的来源、渠道并确定责任者。

d）信息清理。定期清理过时的"信息"，使储存的信息都有可利用的价值。

2）信息的闭环管理。闭环管理是指信息管理要连续不断地完成从信息的收集、加工处理、储存、反馈与交换，直到对信息利用效果的跟踪，这样一个循环的过程必须完整。只有通过信息不断地在闭环中流动，为质量管理工作提供依据，才能充分发挥信息在控制和决策中的作用。

3）确定信息流程的有关程序和要求。为了实现质量信息管理的科学化和规范化，提高管理工作效率，应合理地确定信息流程。对信息流程的各个工作环节——信息采集、加工处理、储存、反馈和交换及利用效果跟踪，应明确规定其工作程序、方式和要求。

4）建立质量数据库。数据库是按一定的结构方式，存储在计算机硬盘和软盘或云中有关数据的集合。应用数据库技术，可使大量的数据独立于应用程序而存在，并具有最少的重复性和高可靠性，这是质量信息管理的方向。

5）制定管理规章制度。制定必要的规章制度是质量信息管理系统有效运用的必要条件。规章制度一般包括以下内容：

a）质量信息系统的构成及模式。

b）质量信息系统的任务。

c）质量信息类别、内容及规范化的信息表格。

d）各职能部门、基层单位质量信息管理人员的职责。

e）质量信息流程图及其实施程序的要求。

f）质量信息工作的考核办法和奖惩规定。

6）培训质量信息工作人员。从事质量信息管理的人员，应有一定的理论水平和实践经验，并能较熟练地运用计算机网络。应有计划地对质量信息工作人员进行业务培养，使其提高对信息工作重要性的认识和业务水平，以满足质量信息工作不断发展的需要。

7）评估质量信息系统的有效性。应定期评估质量信息系统在质量管理工作中发挥的作用，肯定成绩，找出问题，以利进一步改进工作。

（5）质量信息的内容

在产品的生命周期中质量信息包括过程的、产品/服务的、体系的，主要内容如下。

1）使用的技术性能指标。包括顾客要求的（明确的和隐含的）产品性能、安全性、适应性、可信性和经济性等。

2）失效模式和影响分析（FMEA）报告。

3）关键件和重要件清单。

4）产品定型时的质量分析报告。

5）型式（例行）试验报告。

6）严重异常、一般异常质量问题分析、处理及效果。

7）设计评审、工艺评审结果及鉴定情况。

8）可靠性工作。

9）包装、储存、搬运及维修对产品质量的影响。

10）关键件、重要件和关键工序的质量控制情况。

11）进货、过程、最终检验记录。

12）工装检验和检测仪表的校准报告。

13）不合格品分析、纠正措施及结果。

14）质量成本分析报告。

15）顾客反馈的使用状况和顾客满意度。

16）维修情况。

17）产品储存情况。

18）产品使用寿命和可靠性。

19）产品质量综合分析报告。

20）质量审核报告。

21）有关标准、法律、法规和行政规章。

22）同行业，国内、外产品的质量状况。

23）市场分析和预测。

24）其他有关信息（在 ISO 9001 标准规定应保留的成文信息等）。

应该指出，一个组织对质量信息的管理方式，必须结合企业的实际情况逐步加以完善。本章【案例4-14】质量信息管理和数据分析程序，可供读者参考，该案例适应当前多数企业质量管理的水平。

4.2.6　数据分析管理

数据是一种量化的质量信息。数据分析结果所表明的事物变化趋势和规律是更有价值的质量信息。数据分析是建立在信息采集的基础上的。

为了评价计划、目标、业绩及识别改进的区域，从而给质量改进提供有价值的信息，必须对所采集到的数据进行科学的分析。

（1）数据的收集

这里是指过程中的测量和监视活动及其他相关来源所产生的数据，但不限于产品的数据，也包括过程、体系、顾客、供方和项目的数据。对这些数据应通过质量信息管理渠道（可从质量数据库中调用）有计划地、系统地加以收集。对数据的收集有以下要求。

1）及时性。数据的价值往往随时间的推移而大为降低，只有及时收集并加以分析，才能适时、有效地确定改进措施。特别是可能造成严重后果的异常数据，一经发现就应立即提供，以免造成重大损失。

2）准确性。准确性是数据有价值的前提。数据必须如实地反映客观事实的特征及其变化情况。一组失真的数据，可能导致错误的结论。为了达到准确性这一要求，排除过大的测量误差的影响是很重要的。

3）完整性。完整性是数据能全面、真实地反映客观事实全貌的必要条件。完整性是指数据项目应齐全、数据数量要达到要求。数据数量不足就难以找出规律，数量充足也可弥补个别数据不准确造成的麻烦。

（2）数据分析的手段

数据分析应依靠统计分析技术。统计分析技术是分析处理数据最基本的方法。组织应规定数据分析的各项内容，及其质量特性（产品的、过程的）参数和相应的统计分析方法。常用的统计分析方法有：排列图、直方图、控制图、因果图和过程能力分析。在 Windows 中常用的 Excel 软件有分析统计数据的功能，可录入数据，直接给出直方图及其他统计分析用图形和数据。在统计质量控制（SQC）软件中，录入数据就可直接给出均值—极差（$\bar{X} - R$）图和不合格品率的 p 图及其他统计分析用图形。

利用计算机软件直接进行数据分析是最为快捷且不易发生差错的有效方法。针对数据分析的需要，组织还可进行（或委托进行）软件的二次开发，使之能绘制所需的各类控制图。此外，现在已经有许多从库存、物流、制造到销售全过程的各种分析软件可供选用。将数据分析处理成有效的图形或统计量以后，还要根据前人的经验，从中判断是否异常、异常的原因和寻找可选择的对策。

（3）数据分析处理的流程

1）数据审查和筛选。对采集到的数据，应再次进行审查和筛选，确保其完整性和准确性。对缺少的或不符合要求的数据可要求重新提供或予以剔除（不能有随意性）。

2）分类和排序。将收集到的原始数据按一定的分类法进行分类，再根据重要程度排序，以确定数据分析处理的对象和顺序。

3）确定分析内容，进行统计分析和计算。这时，要运用适当的、快捷的数据分析手段，以便及时做出反应。

4）分析判断。在统计、分析结果的基础上，以决策目标值或标准为依据，利用专业知识和统计分析经验，对统计分析计算或绘图所得结果做进一步分析，以获得能指导改进过程控制的定量或明确定性的信息，找出存在的主要问题和薄弱环节，并提出相应的改进措施建议。

5）编写报告。将经分析判断得出的规律、趋势和结论适时或定期编写成报告，作为信息输出或储存。报告中应附有直观的分析图表和重要数据。

（4）数据管理现代化

产品数据管理（Product Data Management，PDM）是明显的趋势。

传统的数据管理虽较成熟，但已不适应产品数据多、结构复杂和动态变化等特点，在处理非结构化数据（如图形、图像、工程文档）时极为困难。在各种计算机管理软件和 CAD/CAM 技术已逐步普及采用的情况下，如何将组织信息集成起来，实施统一的、协调的管理，是一个新问题。PDM 技术提供了解决这一问题的途径。有关 PDM 技术，读者可参阅参考文献［12］。当今大数据技术日趋广泛应用，它不仅应用于组织内部，而且与顾客的相关数据对了解和满足顾客要求的重要作用突显。在这种情况下，采集和分析数据的需要更为迫切。

4.2.7　持续改进管理

改进可包括纠正措施、持续改进、突破性变革、创新和重组等。本节仅阐述"持续改进"。

（1）ISO 9000：2015 标准中第五个质量管理原则是"成功的组织持续关注改进"

明显可见，改进对于组织保持当前的绩效水平，对其内、外部条件的变化做出反应，并创造新的机会，都是非常必要的。只有坚持改进，才能不断改进过程绩效、组织能力和达到顾客满意；只有坚持改进，才能增强对调查和确定根本原因及后续的风险控制和纠正措施的关注；只有坚持改进，才能提高对内外部的风险和机遇的预测和反应的能力；只有坚持改进，才能增加对渐进性和突破性改进的考虑；只有坚持改进，才能通过加强学习实现改进；只有坚持改进，才能增强创新的动力。

（2）持续改进管理的范围

质量管理体系持续改进管理的范围涉及质量方针、质量目标、数据分析、管理评审、内部审核、纠正措施，以及其他质量改进活动，既涵盖过程和产品，又涵盖体系。应在整个组织的所有层级建立改进目标，并使各层级员工懂得，如何应用基本工具和方法实现改进目标，在整个组织内实施各种改进项目。应通过改进过程来实现质量改进。持续改进要求不断地寻求改进的机会，即要立足于主动预防问题的发生，而不是被动等待问题发生后，再采取措施进行事后改进。

持续改进不仅是在过程、产品和/或服务的质量方面，也包括价格，这种改进应使组织的效率和效益得到提高，并让所有顾客都受益。持续改进是一个量变过程，它不能代替可引起质的变化的创新。

（3）持续改进的环境

在整个组织内，营造持续改进的氛围是极为重要的，关键在于：

1）最高管理者应始终努力创造有利于持续改进的环境，包括在质量方针、目标中体现持续改进，为改进提供资源，以及在具体工作中支持和奖励改进成果等。

2）各级管理者要尊重员工，使每个员工都有权改进自己的工作过程，发挥创造性并受到激励。

3）发扬团队精神，培育广泛交流和相互合作的环境。

自 20 世纪 70 年代起团队精神在西方风起云涌，到 20 世纪 90 年代则更加流行。团队不同于团体。团队精神是：团队成员为了团队的目标和利益而相互协作、尽心尽力的意愿和作风，即通常所说的齐心合力。团队不一定是正式的组织，如临时性策划组、攻关小组。而有些正式的组织，由于其内部矛盾重重，有时也可能形不成团队。因此，团队精神是需要提倡、培育和发扬的。许多企业开展 TQM 的经验表明，团队建设是组织成功的基础。

（4）质量改进的管理

关于质量改进的组织形式、策划、准备、调查原因、确定因果关系、采取纠正和风控措施、测量和评审等，作者已在参考文献 [1] 的 11.5.2 节中做了详细介绍，不再赘述。

（5）纠正措施

纠正措施要消除或减少不合格的原因，以防止不合格再次发生。纠正措施来自各种信息源，由数据分析报告也可决定是否需要采取纠正措施。纠正措施管理主要有以下四个环节。

1）识别并有效处理不合格。应识别不合格（特别是顾客抱怨），并对已识别的不合格进行纠正。若需要采取纠正措施，则应正式立项，以便纳入纠正措施的系统管理。对于新发现的问题和重复出现的问题，尤其应当注意立项。

2）调查分析。就产生不合格的原因进行调查、分析，以确定不合格的根本原因。通常根据经验可以直接判断的只做分析即可。然而，对那些初次发现的不合格，要切忌"拍脑袋"分析，而应深入调查，掌握第一手材料。可运用因果图（鱼刺图）或故障树进行分析，有时甚至需要进一步试验分析（如材料分析、断口分析、微观分析、金相分析等）和故障诊断，从而分清主要、次要影响因素，找出最根本的影响因素。

3）采取纠正措施。本着"对症下药"的原则，针对已分析清楚的不合格原因，确定应采取的纠正措施。对纠正措施应进行评价，评价其是否能确保消除不合格原因，以及是否按要求认真实施了，确保不合格不再发生。同时，应记录采取措施的结果。

4）纠正措施有效性的评审（验证）。纠正措施是否能消除不合格原因，或者将其减少到可接受的程度，是否达到预期的效果，应予以评审（或验证）并做记录。评审时，应提出充分的事实和证据来支持评审结论。应该指出，由于习惯性，常常出现纠正措施回潮的情况。因此，不能认为纠正措施验证一次有效就完事大吉，而应注意复查，验证其持续有效性。

（6）应对风险和机遇的措施

ISO 9001：2015 标准中未规定"预防措施"，而是明确"应对风险和机遇的措施"应消除给组织带来影响的各种风险，以防止不合格发生。这实际上已将预防措施纳入应对风险和机遇的措施范畴。应该指出，实施 2008 版标准的预防措施时，在质量体系运行中，预防措施是一个普遍薄弱的环节。许多组织不善于识别潜在的不合格。对于预防来说，首先要抓住策划这个环节。一个好的策划，可以在充分识别各种风险的前提下，主动改进存在的问题。因此，策划常常是重要的风控措施。特别应注意在设计和开发过程中进行潜在失效模式和影响分析（FMEA），以从根本上加强预防。其次，要从统计分析结果中看数据规律和趋势。统计分析往往能察觉可能出现不合格的苗头，给予警示。第三，应当借鉴他人的经验教训，"他山之石，可以攻玉"，从而不重复别人犯过的错误。由此可见，开展风控措施活动，只要克服畏难情绪，逐步积累经验，是可以有所作为的。应对风险和机遇的措施管理也应像纠正措施一样，抓住以下四个环节。

1）立项。识别风险是一件较为困难的事，除了从上述几个方面可以受到启发之外，运用潜在的失效模式及影响分析（FMEA）方法颇有帮助。对那些可能造成比较严重后果的潜在不合格应优先立项。

2）确定和识别潜在风险。潜在不合格原因分析基本与纠正措施相似，应从人、机、料、法、环、测六大影响因素方面展开，利用因果图，逐步深入分析，以识别和确定不合格原因及其影响程度，并记录结果。

3）采取应对的措施。针对已识别的可能造成不合格的风险，确定所需采取的措施，以消除潜在不合格的风险。应将应对措施的责任者和完成时间落实好，以确保风控措施的实施。

4）应对措施有效性的评审（验证）。同纠正措施的评审一样，对实施措施的有效性也应进行评审，并做记录。对应对措施也要实施闭环管理，以确保应对措施达到预期的结果。

4.3　程序文件案例

【案例 4-1】质量方针、目标管理程序

版次：02 修改码：01	×××公司质量管理体系程序 质量方针、目标管理	编号：QP 05-01—2015 批准：××× 　　　　　　　年　月

1　目的和要求

1.1　目的

强化质量方针、目标的系统管理，确保达到预期效果。

1.2　要求

总览全局、有利竞争、切实可行、闭环管理。

2　适用范围

本程序适用于公司和各部门，以及各基层单位的质量方针、目标管理工作。

3　职责

3.1　总经理负责策划、制定并颁布实施公司质量方针、目标。

3.2　管理者代表负责质量方针、目标的日常管理。

3.3　质量管理部负责协助总经理搞好质量方针目标的调研和意见征集，按总经理的意图提出关于质量方针、目标的建议草案，并负责质量方针、目标的日常管理。

3.4　各职能部门负责人必须认真宣传贯彻公司质量方针、目标，并制定本职能部门的工作目标或指标。

4　质量方针、目标的管理流程

质量方针、目标的管理流程如图 4-2 所示。

5　控制要点

5.1　质量方针、目标的制定

5.1.1　策划

总经理对质量方针、目标的制定提出意图、总体思路、要求和过程。

5.1.2　调研

质量方针目标在市场调研基础上产生，在调研中应尽可能了解市场动向、竞争焦点、顾客需求和期望、国内外同行业的水平（产品水平、管理水平）、行业中赶超的目标（行业极具竞争力企业）的质量方针和目标。由质量管理部提出"关于质量方针、目标的调查研究报告"。

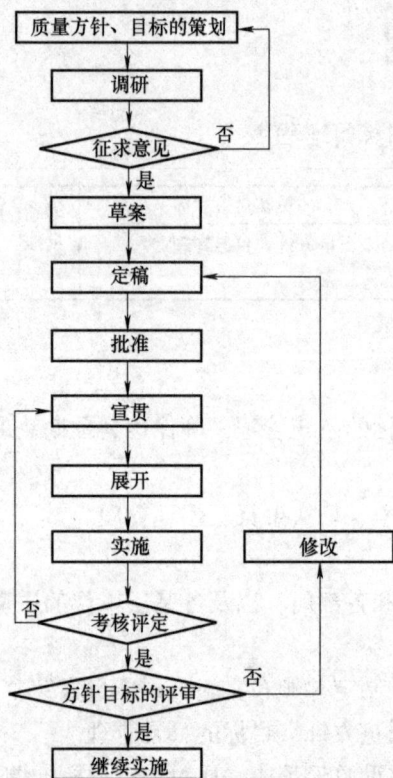

图 4-2　质量方针、目标的管理流程图

5.1.3　征集意见

本着"从群众中来，到群众中去"的精神，制定质量方针、目标应广泛听取各方面的意见和建议。由质量管理部负责征集并汇总群众意见。

5.1.4　草案

由质量管理部根据总经理意图、调研和征集意见结果，提出方针、目标的建议草案。

5.1.5　定稿

由总经理、管理者代表及有关人员对草案进行修改完善，最后定稿。

5.1.6　批准和颁布

由总经理签发公司文件，正式批准并颁布实施质量方针、目标。

5.2　对质量方针、目标的要求

5.2.1　质量方针应符合以下要求

1）与公司总体战略目标相一致，应与公司包含质量、环境、安全及发展战略等在内的经营宗旨相一致。

2）遵循 ISO 9000：2015 标准规定的质量管理七项原则。

3）与顾客的需求和期望相适应。

4）适应市场竞争的需要，能引导公司持续改进，向更高的目标前进，作为行动的座右铭。

5）体现公司对满足产品、过程和体系的特性要求和质量管理体系有效性进行持续改进的承诺。

6）为公司质量目标的制定和评审提供框架。

7）具有可行性，不能仅作为一般号召的口号，通常要将其内涵形成文件。

5.2.2 质量目标

质量目标应做到：

1）体现质量方针和质量管理七项原则。

2）满足顾客对产品和服务的需求。

3）具体化、定量化。质量目标可以笼统些，但每年应对其主要指标做出明确的定量的规定。对于难于量化的指标，也要明确地定性，如对产品外观水平应有确切的测评方法来支撑。

4）具有可操作性和测量性。质量目标必须切合企业的实际，经过一段时间（如 3 年）的努力可以达到。还应便于将其展开分解到各部门、各基层单位，并可测量和评价达到的程度。

5.3 质量方针、目标的沟通

5.3.1 沟通要求

1）务使全公司所有人员都理解质量方针、目标的内容、内涵及其背景并予以实施。

2）各级领导都有在所管辖的范围内宣传、贯彻和实施质量方针、目标的责任。

5.3.2 沟通途径

1）质量管理部会同综合管理部、人力资源部通过质量教育计划，集中地、系统地进行质量方针、目标教育。

2）利用全公司的各种宣传舆论工具，如网络、公司报刊、黑板报、标语、专题、简明宣传材料、公司为员工印制的名片，以及各种会议等，经常性地宣传质量方针、目标，做到人人皆知。

5.4 质量方针、目标的展开

5.4.1 质量方针展开

质量方针应展开到部门和基层单位，转化为相应的工作方针。必须使每个员工懂得怎样做才符合质量方针要求，从而使违背质量方针的行为受到有效地抵制。

5.4.2　质量目标的展开

1）应将公司的目标项目和目标值作为必须完成的任务，由各隶属单位，按部门、车间（或科）和班组（或职能人员）依次细化分解。必须做到下一级目标的总和达到或略微超过上一级目标。

2）对经细化分解后的目标，应制定保证其实现的相应措施。

5.5　质量方针、目标的实施

5.5.1　实施计划

应根据经质量方针和目标的展开细化分解，制订年度计划，编制月度实施计划，明确每项措施的责任者和完成时间。

5.5.2　信息反馈

必须及时掌握质量方针、目标的实施情况，采取有效对策，确保质量方针和目标的实施。

5.5.3　协调

1）管理者代表和质量管理部应及时协调质量方针、目标实施中各部门或各基层单位之间发生的矛盾。

2）各部门、各基层单位应发扬团结协作精神，自觉承担责任，顾全大局，确保公司质量方针和目标的实现。

5.5.4　动态管理

日常的动态管理由质量管理部负责进行。

1）测量。对各部门、单位各层次的目标和指标进行跟踪和监控，测量和评价各项措施和目标的完成情况。

2）分析。根据测量和评价结果，每个月进行一次分析，以查明影响质量方针、目标实施的原因。

3）决策。根据分析结果请示管理者代表，提出对策，以防止和纠正偏离质量方针、目标的现象。

4）实施。将对策落实到有关部门、单位，付诸实施。

5.6　实施质量方针、目标的考核

5.6.1　考核周期和评定方法

以一个季度为考核周期，由质量管理部按 QP05-01.01—2015 "质量方针、目标考核与评定细则"考核。

5.6.2 考核内容

1）按计划对目标和措施的实现程度、工作态度（努力程度）、协作精神及目标的复杂、困难程度进行考核，详见 QP05-01.01—2015。

2）为实现目标建立的配套文件（如规范和规章）的执行情况。

5.6.3 考核的责任

1）质管部负责对部门和基层单位进行考核。

2）部门、基层单位负责对科室、工段（或班组）进行考核。

3）科室、工段（或班组）对岗位人员进行考核。

5.6.4 年度考评

年度考评由管理者代表主持。

1）年度考核与评价根据季度考核情况进行年终总评，按 QP05-01.01—2015，进行 A、B、C 分类，以表扬先进并激励落后。

2）年底考评结束后，对贯彻实施质量方针、目标做出突出贡献的部门、单位和人员进行奖励。同时，对不努力完成目标或违反质量方针的员工进行必要的惩处。

5.7 质量方针、目标的评审

1）在管理评审中，应把对质量方针、目标的适宜性、有效性的评审，作为一项重要内容列入，并研究解决质量方针、目标管理中存在的问题。

2）当质量目标已实现或到了一个新周期（如 3 年为一周期）时，应对质量方针、目标进行专题评审。

5.8 质量方针、目标的修订

5.8.1 质量方针、目标应定期（如 3 年）修订。

5.8.2 遇到特殊情况，质量目标提前实现或者由于不可抗力难以实现时，应及时修订。

5.8.3 修订仍应遵循制定的程序，但可以简化。

6 相关文件

QP05-01.01—2015 质量方针、目标考核与考评细则。

7 运行结果的信息

略。

8 绩效评价指标

序号	过程指标	指 标 计 算	监控部门	监控频次
1	质量目标完成率	（目标完成数量/目标总项数）×100%	质量管理部	每季度

【案例 4-2】 质量策划管理程序

版次：02 修改码：01	××××公司质量管理体系程序 质量策划管理	编号：QP 06-01—2015 批准：××× 年 月

1 目的和要求

1.1 目的

针对特定产品项目或合同，规定为达到质量目标所需开展的质量活动和资源，以确保顾客满意。

1.2 要求

精心策划，周密预防，毫无缺漏。

2 适用范围

适用于本公司质量管理体系覆盖产品中的特定的产品、项目或合同。

3 术语

3.1 质量策划

质量管理的一部分，致力于制定质量目标，并规定必要的运行过程和相关资源，以实现质量目标。

3.2 质量计划

对特定的项目、产品、过程或合同，规定由谁及何时应使用哪些程序和相关资源的文件。

4 职责

4.1 技术发展部经理负责组织进行质量策划，并编写相应的质量计划。

4.2 质量管理部经理负责审查质量计划的适宜性，及其与质量管理体系的其他要求是否协调一致，并参与策划活动的重要过程。

4.3 总工程师或管理者代表负责批准质量计划。

4.4 其他有关部门配合技术发展部进行质量策划，并承担相应的职责。

5 质量策划的管理流程

质量策划的管理流程如图 4-3 所示：

6 控制要点

6.1 质量策划要求（略，详见本书 2.2.2 节）。

6.2 质量策划的原则（除应参照本书 1.2 节一般原则外）

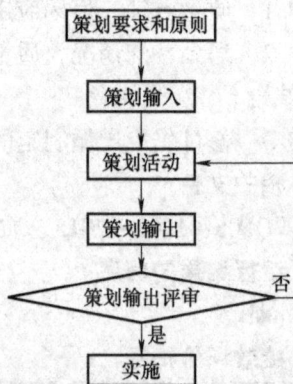

图 4-3 质量策划的管理流程

（1）与质量管理体系相协调

质量策划应以已建立的质量管理体系为基础，符合公司的质量方针和目标，并与已有质量管理体系文件相协调。

（2）确保过程受控

策划活动应确保当公司的组织结构、生产条件变化时，所有过程仍然受控，并保持质量管理体系运行。

6.3 质量策划的主要内容

（1）过程安排

规定为满足质量方针和目标要求所需要的过程和活动，并考虑可能的删减。

（2）资源

规定这些过程所需的资源。

（3）持续改进

规定质量管理体系持续改进的要求和措施。

6.4 质量策划的输入

质量策划的主要输入有以下方面。

（1）顾客和其他受益者的需要和期望

对于工程项目（如发电厂项目）而言，顾客（即业主）可能是投资者或未来的生产者，受益者则还应考虑用户、社会（环境和安全）及供应商。

（2）产品性能

提供的产品应达到的性能指标。

（3）质量管理体系的过程业绩

对于质量体系的原有过程业绩优良者可以援引，否则应考虑更新。

（4）以前的工作经验教训

应借鉴类似工程项目的成功的经验和付出巨大代价换来的教训。这对某个工程来说是很好的风控措施。

（5）改进的业绩

策划时应汲取质量管理体系改进所取得的成果。

（6）风险评估及风险降低

对可能发生的产品或过程的失效，根据已有的风险评估资料，可采取针对性的措施，以便将风险降低到可接受的程度。

6.5 质量策划应开展的活动

质量策划的要求可通过以下活动来达到。

1）确定质量活动过程、识别过程中的质量特性。

2）为过程配备必要的资源（硬件和软件）。

可在以下三个层次配备资源。

a）购置：在市场上能寻觅到的适用产品。

b）研制：在技术能力有把握实现的范围内自行研制。

c）创新：超过现有技术水平但能在合同规定的期限内设计、开发出来。对管理方法也应注意可能实现的更新。

3）保持文件的兼容性。

4）确定适当阶段的验证活动。

5）对所有特性和要求，明确接收标准。

6）准备质量记录表式。

6.6 质量策划的输出

质量策划的输出，应包括：

1）明确各过程的职责、权限。

2）对岗位人员能力的要求，所需的知识和技能。

3）改进的途径、方法和工具。

4）所需的资源。

5）备用计划（如需要时）。

6）实现业绩的指标。

7）文件和记录。

质管部应对质量策划的输出组织进行正式的评审，并根据评审意见进行必要的修订。质量策划最终的输出形式是质量计划。

7 相关文件

质量计划。

8 运行结果的信息

质量策划输出的评审记录。

以上文件和记录存于质量管理部，保存期 3 年。

9 绩效评价指标

序号	过程指标	指标计算	监控部门	监控频次
1	策划完成率	（已完成的策划项目数/实施策划项目数）×100%	质量管理部	内部审核及管理评审时

【案例 4-3】 应对风险和机遇的措施程序

版次：02 修改码：02	×××× 公司质量管理体系程序 应对风险和机遇的措施	编号：QP 06-02—2015 批准：××× 年　　月

1　目的和要求

1.1　目的

为识别公司环境因素，建立风险和机遇的应对措施，包括风险规避和风险降低等应对措施的操作要求，建立全面的风险和机遇管理措施，打造内外部因素掌控的能力，从而增强抗风险能力，并为在质量管理体系中纳入和应用这些措施及评价这些措施的有效性提供操作指导，特制定本程序。

1.2　要求

确定公司环境因素，识别来自各方面的风险，确保以各种措施应对。

2　适用范围

本程序适用于全公司的环境因素，以及来自各方面的风险的识别，包括如何应对。本程序适用于在公司质量管理体系活动中，对应对风险和机遇的方法及要求的控制，提供操作依据。

3　职责

3.1　质量副总经理：主持识别公司环境，负责风险管理所需资源的提供，包括人员资格、必要的培训、信息获取等。负责风险可接受准则方针的确定，并按制定的评审周期，保持对风险和机遇管理的评审。

3.2　质量管理部门负责：公司环境因素的确定和管理；建立并实施风险和机遇应对控制程序；按本程序所要求的周期，组织实施风险和机遇的评审；落实跟进风险和机遇评估中所采取措施的完成情况，并跟进落实措施的有效性，编写"风险和机遇评估分析报告"；本部门的风险评估及应对风险的策划和应对风险措施的执行和监督。

3.3　各部门负责本部门的风险和机遇评估，并制定相应的措施，以规避或降低风险并落实执行。

3.4　销售部门负责：公司市场因素的确定和管理；相关风险的识别，以及应对措施的确定；收集产品售后的风险信息及本部门的风险识别；制定相应的措施，以规避或降低风险并落实执行。

3.5　人力资源部门负责公司价值观、文化和知识等有关因素的确定和管理，相关风险的识别，以及应对措施的确定和实施。

4 术语和定义

4.1 组织环境：对组织建立和实现目标的方法有影响的内部和外部因素的组合。

4.2 风险：在一定环境下和一定限期内，客观存在的、影响企业目标实现的各种不确定性事件。

4.3 机遇：对企业有正面影响的条件和事件，包括某些突发事件等。

4.4 风险评估：在风险事件发生之前或之后（但还没有结束），对该事件给各个方面造成的影响和损失的可能性进行量化评估的工作，即风险评估，就是量化测评某一事件或事物带来的影响或损失的可能程度。

4.5 风险规避：风险规避是风险应对的一种方法，是指通过有计划的变更来消除风险或风险发生的条件，保护目标免受风险的影响。风险规避并不意味着完全消除风险。我们所要规避的是风险可能给我们造成的损失。

5 环境因素和风险识别控制流程

环境因素和风险识别控制流程如图 4-4 所示。

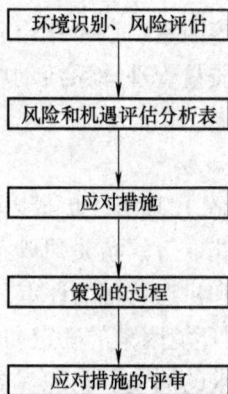

图 4-4　环境因素和风险识别控制流程图

部分过程的风险和机遇评估案例见表 4-1。

表 4-1　部分过程的风险和机遇评估案例

风险与机遇的识别	应 对 措 施	策 划 的 过 程	企业管理制度
内部管理混乱	建章建制	随变化的职责划分	规章制度管理办法
人员流失	招聘	规范化的招聘流程	人事管理制度
人员能力不足	按需培训	培训管理规则	培训管理制度
人员能力不足	定期考核	考核规则	考核管理办法

5.1 环境因素识别、风险和机遇管理策划

为全面识别和应对各部门面对的环境因素，以及管理活动中存在的风险和机遇，各部门应建立识别和应对的方法，确认本部门存在的风险，并将评估的结果记录在风险和机遇评估分析表中。这样做的目的，一是要降低损失发生的概率，主要是采取事先控制措施；二是要降低损失程度，主要包括事先控制、事后补救两个方面。

5.2 建立管理机制

5.2.1 建立识别评估小组

环境因素和风险识别活动的开展应是一次团队的活动。各部门在进行环境因素、风险识别和评估过程中，应通过集思广益和有效的分析判断进行。在此之前应建立一个"环境因素、风险和机遇评估小组"。

5.2.2 评估小组人员的任职要求

为确保参与风险和机遇识别和评估的人员的资质符合要求，能够胜任并且参与本部门的风险和机遇的识别，制定相应的应对措施。风险和机遇评估小组人员应具备以下能力：熟悉其所在部门的所有流程；有一定的组织协调能力；熟悉本标准的要求，并能依据本标准内容策划风险分析和评估。

5.3 管理计划

评估小组组长应组织策划管理计划，并编制管理计划表，指导操作识别和风险评估，以及制定对风险的可接受性准则。在编制管理计划时，应包含但不限于以下内容：

1）计划的范围。

2）职责和权限的分配。

3）管理活动的评审要求。

4）风险的可接受性准则。

5）验证活动。

6）有关后续信息收集和评审的活动。

5.4 风险评估

对已识别的环境因素和风险的严重度和发生频度进行评价，其评价的要求应依据本程序所规定的评价准则进行评价和确认。风险的严重度和发生频度的确认，用以确定对风险应采取的措施。

5.5 应对措施的评审

质量管理部门应每年度至少实施一次评审，以验证其有效性。当公司环境因素发生较大变化时，应当适当增加风险和机遇的评审频次。风险和机遇的评

审应包含以下方面的内容：

1）风险和机遇的识别是否有效且完善。

2）风险应对措施的完成情况和进度。

3）产品和服务的符合性和顾客满意度的潜在影响。

6 相关文件

风险和机遇评估分析报告。

7 运行结果的信息

略。

8 绩效评价指标

序号	过程指标	指 标 计 算	监控部门	监控频次
1	应对措施完成率	（应对措施数量/应对措施总项数）×100%	质量管理部	每季度

【案例 4-4】 工作环境控制程序

版次：02 修改码：02	××××公司质量管理体系程序 工作环境控制	编号：QP 07-01—2015 批准：××× 年　月

1 目的和要求

1.1 目的

为确保生产环境有序、清洁，并满足特殊工序对环境参数的要求，特制定本程序。

1.2 要求

整洁有序，通道顺畅，监控参数。

2 适用范围

本程序适用于全公司范围内的生产工厂、车间、工段或工序的环境管理，包括文明生产。

3 职责

生产部门负责现场生产环境的管理，包括检查。

4 工作环境控制流程

工作环境控制流程如图 4-5 所示。

5 控制要点

5.1 现场定置

5.1.1 定置对象

现场定置/工艺卫生/环境参数要求

实施

采取纠正措施 → 检查

实施

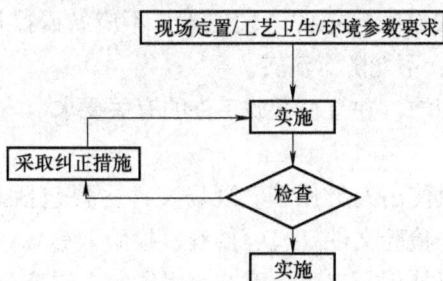

图 4-5 工作环境控制流程

工作现场应实行定置管理。定置管理的对象主要是操作者、设备、工件、工位器具等。

5.1.2 操作者定置

1）每台设备或每道工序应将操作者定置，即规定具体的操作者名单或人数。特定的工序或设备只能由规定的操作者来操作。

2）定置时，应考虑设备操作要求或工序要求以及操作者的资格和能力等。只有满足要求的人员才能被安置到此岗位。对于有特殊要求的岗位，应进行资格考核。

3）设备或工序必须由具有经过认可的资格或岗位证书的人员来操作。操作人员应持证上岗。

4）没有相应岗位证书的人员不能擅自操作。

5.1.3 设备定置

1）各类型产品（包括半成品）或工序应将设备定置，即规定用哪些设备来完成相应的产品加工或工序。

2）在设备定置时，应充分考虑产品特性技术要求及设备性能，并应注意设备的现有能力。

3）设备能力降低后，应根据工序要求，重新将该设备定置或者进行设备能力认可。

5.1.4 工件定置

1）工件在加工前或加工后，应放在指定的位置或工位器具上，并对不易区别的加上标识。

2）工件不能乱放。

3）工件应有序地摆放，并防磕、碰、撞和划伤。

5.1.5 工位器具定置

1）工位器具应规定适用的产品或工序，即哪些工件或工序能使用此工位器具。

2）工位器具应摆放在指定的合理位置，不应妨碍操作和工件搬运。流转性工位器具也应定置，不能随意流转。

3）工位器具应清洁，并符合所放工件的有关要求。

5.2 现场文件

1）现场文件应由使用人员保管。现场文件主要包括图样、工艺文件（工艺说明、工艺卡等）、检验文件（检验规程、检验卡等）。

2）现场文件应保持现行有效，不准使用失效或作废文件。

3）文件应保持清洁、清晰，并放在指定位置。不能将文件随意乱放，不能损坏文件。

4）现场文件使用后，应放在固定位置

5.3 现场工装和计量器具

1）工装和计量器具应放在指定位置上。保持工装和计量器具不受损坏。

2）不准随意放置工装和计量器具。

3）不使用不带合格标志的工装和计量器具。

5.4 现场卫生

1）应保持现场地面清洁。应对工作区进行划线标识。工作区外不准有工件、废料、铁屑、杂物、脏物等。确保通道顺畅。

2）班前、班后应擦拭设备等设施，保持其清洁。

3）工件上不准有无用的杂质。

5.5 环境参数

1）一般环境参数主要包括温度、湿度、噪声、气流、照明、辐射能和灰尘度等。对于环境条件有要求的工序，应根据质量要求，对环境条件和环境参数提出定量或明确定性的要求。

2）按要求提供必要的设施和监控环境参数的仪器。

3）对环境参数按要求进行监控。不符合要求时应暂停工作，并对此采取进一步控制措施，直至合格后才能继续工作。

4）对于应监测而自己无手段监测时应进行外包，以确保环境参数符合要求。

5.6 公用设施

1）公用设施应包括在广义环境内，并作为环境条件对其进行控制。公用设施主要包括电网电压、燃料、水源和压缩空气等。

2）公用设施的参数对工作或工序质量有影响时，必须对这些条件进行控制。例如，电网电压的波动对电加热炉的运行有影响，即对加热的工件质量有影响，要求在重要工件的加热过程中，不应停电或电压波动不超过 10%。又如，受压缩空气控制影响的工序，应控制压缩空气的参数，如压力、温度、纯度、含水量等；而对气体燃料，则应控制其成分、热值、压力和温度等。

3）根据质量要求，对公用设施的参数提出定量的要求。

4）对提出控制要求的公用设施的参数，提供监控仪器并进行连续控制，保存有关记录。

5.7 检查

1）生产部门组织有关人员定期或随机抽查现场环境管理，并记录检查结果。

2）对于发现的问题应进行分析，明确责任并确定解决办法，限期解决。

6 相关文件

1）QP 08-04.01—2015 设备管理规程；

2）QP 08-04.02—2015 工艺装备管理规程。

7 运行结果的信息

1）环境参数监控记录（保存于生产部门，保存期为 3 年）。

2）环境管理抽查记录（保存于生产部门，保存期为 3 年）。

8 绩效评价指标

序号	过程指标	指 标 计 算	监控部门	监控频次
1	环境参数达标率	（实际达标的环境参数数量/检查的环境参数数量）×100%	质量管理部	1 次/月

【案例 4-5】人力资源管理程序

版次：02 修改码：01	××××公司质量管理体系程序	编号：QP 07-03—2015
	人力资源管理	批准：××× 　　　　年　月

1 目的和要求

1.1 目的

为实现科学地管理人力资源，以保证质量管理体系有效运行，保证产品和过程质量。

1.2 要求

以人为本，人尽其才，提高能力，确保需要。

2 适用范围

本程序适用于全公司范围内的人力资源管理，包括人员招聘配置、人员经历、教育程度、技能和能力的核查及培训管理。

3 职责

3.1 人力资源部负责管理人力资源并负责全公司范围内的人事调动、培训及档案工作。

3.2 各部门和基层单位负责所辖范围内的人员的配置及培训。

4 人力资源管理流程

人力资源管理流程如图4-6所示。

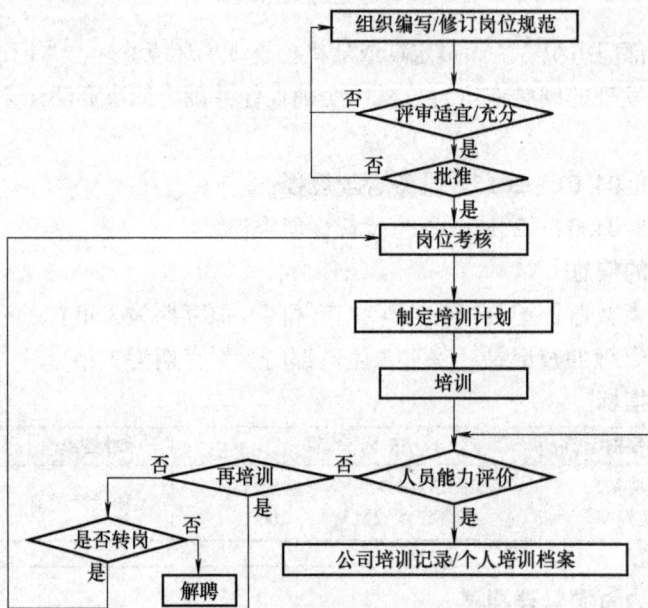

图4-6 人力资源管理流程

5 控制要点

5.1 人员配置

5.1.1 明确岗位对人员素质及培训的需求

本公司各岗位对人员能力的要求详见"岗位规范"。

5.1.2 人员能力必须适应"岗位规范"要求，以保证其胜任所担负的职责。

1）人力资源部负责招聘，若异地招聘，通过视频进行问答。

2）按岗位工作要求的具体条件招聘新员工，并实施"先培训，后上岗"；新员工的学历、职称、业务能力必须符合要求才能招入。

3）新员工必须经过"入门"教育才能分配适当的工作。"入门"教育包括：公司发展史、公司产品及市场形势；公司文化；公司质量管理体系，特别是质量方针和职责及岗位应熟悉的文件；公司有关规章和制度，如劳动纪律等。

4) 原有员工必须通过培训限期达到"岗位规范"的能力要求，否则应做下岗或转岗处理。

5) 转岗员工必须"先培训，后转岗"。培训的主要内容有：新岗位所要求的知识和技能，新岗位工作所依据的有关文件等。

5.1.3 创造条件发挥员工潜能

人力资源管理部门及各有关部门和基层单位，应为员工充分发挥自己的聪明和才智创造有利条件，规划其职业发展。

5.2 能力、培训和意识

5.2.1 明确培训需求

培训中心应按"岗位规范"规定的各岗位人员能力需求，在员工能力与"岗位规范"之间的差距就是确定培训需求的基础。此外，应随着公司业务的发展和竞争的需要，各部门、各单位提出的需求和员工的职业发展，来统筹培训工作，并将这些要求转化为相应的培训课程。

5.2.2 培训计划

1) 按"岗位规范"要求及员工培训记录，制订指令性三年培训规划和年度培训计划，并按计划实施、考核。

2) 按各部门、各单位提出的新要求和员工的职业发展的需要，制订提高性培训计划，并记录员工相应的培训业绩。

3) 培训计划应覆盖公司各级领导和全体员工。

5.2.3 培训的实施

1) 培训中心应按培训计划落实对每一个培训班的教学计划、教学大纲、教材及教学辅助材料，选聘合适的教员，组织学员按时参加学习并进行考勤和结业考试。

2) 培训中心应按培训计划落实每个有关人员的培训活动，包括外出参加培训。应凭培训总结和培训合格证书等有效证明，批准报销培训费用。

5.2.4 员工能力的评价

应由质量管理部会同用人单位、培训中心，在每次培训后，都要进行参培员工能力和培训有效性的评价。同时，每年12月对员工能力进行评价，以不断改进培训工作。对于被评价为不合格的，要进行再培训，培训后同样进行评价，直至转岗、解聘。

5.2.5 意识

(1) 增强员工对其工作的重要性和相关性意识

应让员工了解：其工作与实现公司的质量方针和质量目标、保证产品质量及市场竞争的关系；自己工作的好坏，会给与其工作相关联的部门和单位带来什么影响，造成什么后果；必须把与上、下工序的联系视为内部的顾客关系，即下一道工序是上道工序的顾客；只有团结协作，才能搞好产品质量。

（2）确保员工为完成质量目标做出贡献

员工必须树立确保完成本部门、本单位的具体质量目标的意识，并为此做出自己应有的贡献。

5.3 保存必要的信息

5.3.1 人力资源部应保存各级领导和全体员工的有关教育、经历、培训和技能及相应资格的记录，并纳入员工人事档案。

5.3.2 建立员工培训档案，记录员工所参加的培训及成绩。

5.3.3 将员工的学历、工作经历、参加培训情况、获得何种资格及对其能力评价，存入计算机。

6 相关文件

引用文件：

QP 07-03.01—2015 岗位规范。

形成文件：

1）员工能力评价报告；

2）三年培训规划及年度计划。

7 运行结果的信息

员工学历、工作经历、参加培训情况及获得何种资格，培训班试卷及学员成绩。

以上形成文件和记录保存在人力资源部，保存期3年。

8 绩效评价指标

序号	过程指标	指 标 计 算	监控部门	监控频次
1	培训计划完成率	（实际完成的培训项目数/制定的培训项目数）×100%	质量管理部	1次/年
2	培训有效率	（培训合格的人数/参加培训的人数）×100%	质量管理部	每次

【案例4-6】成文信息控制程序

版次：02 修改码：02	××××公司质量管理体系程序 成文信息控制	编号：QP 07-04—2015 批准：××× 年 月

1 目的和要求

1.1 目的

确保质量管理体系所要求的成文信息受到有效控制，以使其适用、有效而不致被误用。

1.2 要求

严格管理，确保有效，防止误用。

2 适用范围

本程序适用于公司质量管理体系有关的成文信息，包括：质量管理体系文件、技术文件和资料、外来文件（各类标准、软件、图样和产品样本），以及有关运行证实。

3 职责

3.1 质量管理方面信息由质量管理部负责管理。

3.2 技术性信息和数据由技术发展部负责管理。

3.3 档案室负责归档信息的管理。

3.4 各部门的成文信息，由各部门自行管理。同时，各部门和基层单位应做好公司及部门下发的相关成文信息的管理工作。

4 文件控制管理流程

成文信息的控制流程如图 4-7 所示。

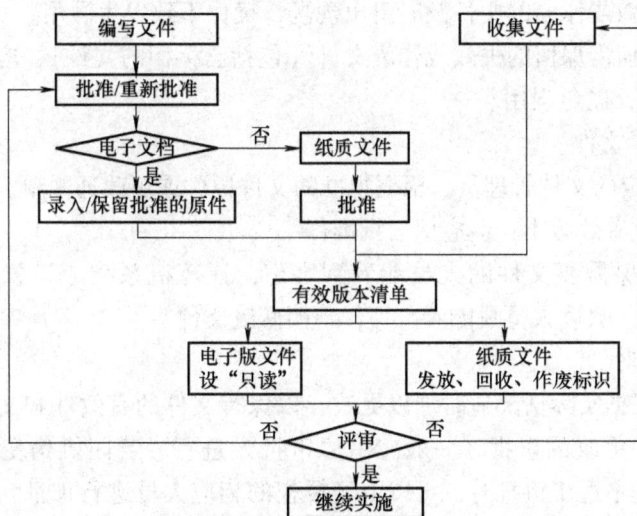

图 4-7 成文信息的控制流程

5 控制要点

5.1 成文信息的批准

在成文信息发布前，通常由业务负责人审查其适用性，并由经授权的主要负责人批准。

5.2 成文信息的评审

应对文件进行评审，接受评审的范围取决于文件的重要性和复杂性，凡跨部门的文件，均由文件管理的负责部门，在所涉及范围内组织评审。必要时，应根据评审意见加以修改。对修改后的文件应重新批准。

5.3 有效版本

为了有效地控制文件版本的一致性，应做到如下方面。

（1）纸媒文件

1）文件管理负责部门应建立各类文件有效版本控制清单，将各类文件目录存于电脑中，并按"文件更改通知单"及时填入最新的修订内容，以识别文件的现行修订状态。

2）确保使用场所得到有效版本文件。为此，应按"文件发放规定"，使所有应该得到文件的部门或单位都能得到最新修订的有效版本，并对收到的文件进行签收。应注意把发放范围尽可能缩小，只发给需要的人。应根据实际情况对"文件发放规定"进行修改。对外来文件更应注意发放范围的控制。

3）将失效或作废的文件及时清出现场，确保不致发生误用。

4）对任何需保留的失效或作废文件（包括已存档的文件），应做出明确的"参考"标识，以免误用。

（2）电子文件

1）由指定的文件管理员，根据批准的文件原件或更改通知单，直接输入计算机，即形成有效版本，但应保留批准件。

2）为确保需要文件的人员能看到文件，计算机系统应设置相关人员的"只读"范围，只读人员只能看文件，不能修改文件。

5.4 文件更改

文件应根据实际情况适时加以更改，以保持文件的有效性和文件管理的严肃性。对文件更改的审批，一般应由原审批人进行。若因机构变化或人员调动，原审批人不适于审批时，可以由经授权的相应人员进行审批，但是应获得原审批背景材料。如果发生重大修改，应进行文件评审，评估这种修改对全局的影响。文件评审按5.2的要求进行。

文件经审批后，更改应由授权的人员执行。

5.5 文件标识

1）凡非受控文件一律加"非受控"标识，无标识者即为受控文件。

2）临时性文件应加以"临时"标识，以便及时处理。

3）如果对文件仅进行编辑性修改，可增加"编辑性修改"标记。对这类文件的批准，可降低一个层次：原来由总经理批准的，现只需管理者代表批准；原来由管理者代表批准的，现只需质量管理部经理批准。

4）外来文件应标明"外来"字样。

5.6 对成文信息的要求

1）确保文件保持清晰。对多次修改不够清晰的文件应换版。文件持有人应爱护文件，保持清晰。如果文件已模糊不清（如产品图样遭油污），应按规定及时调换。

2）易于识别和检索。文件编号应保持保证一致性，并标注在显见位置。文件归档应按"档案管理办法"进行。

6 相关文件

引用文件：

1）QP07-04.01—2015 文件发放规定；

2）QP07-04.02—2015 质量管理体系文件修订规定；

3）QP07-04.03—2015 技术文件更改规定；

4）QP07-04.04—2015 档案管理办法。

7 运行结果

1）各类文件有效版本清单；

2）成文信息的批准记录；

3）成文信息的更改通知单；

4）文件发放和回收记录。

以上成文信息存于文件管理的责任部门，保存期除另有规定外，一般为3年。

8 绩效评价指标

序号	过程指标	指标计算	监控部门	监控频次
1	成文信息的受控率	（受控文件数量/检查文件数量）×100%	质量管理部	内部审核时

【案例 4-7】 与顾客有关过程的控制程序

版次：02 修改码：01	××××公司质量管理体系程序	编号：QP 08-01—2015 批准：×××
	与顾客有关过程的控制	年　月

1　目的和要求

1.1　目的

1.1.1　对与顾客有关的过程实施系统管理，以赢得顾客满意。

1.1.2　确保产品质量要求与顾客的需求和期望相一致，确保有能力满足顾客的各项要求。

1.2　要求

充分识别，仔细评审，确保履约，及时沟通。

2　适用范围

本程序适用于全公司范围内的明确顾客要求、合同、顾客财产及与顾客交流等活动的管理。

3　职责

3.1　市场部是本程序的归口管理部门。

3.2　市场部（在商务、质保方面）、技术发展部（在技术要求方面）负责顾客要求的识别，包括隐含的要求。

3.3　技术发展部、物资供应部、生产制造部、质量检验部参与产品要求的评审，确保本部门相关任务能按合同要求完成。

3.4　技术发展部负责顾客提供软件的保管。仓储中心负责顾客提供硬件的储存和保管。

4　与顾客有关过程的控制流程

与顾客有关产品要求的评审（包括更改评审）流程如图 4-8 所示。投标评审流程如图 4-9 所示，顾客财产管理流程如图 4-10 所示。

5　控制要点

5.1　顾客要求的识别

对产品要求识别的完整性。

1）技术发展部在市场调研、合同评审和设计输入等活动中，应确保充分识别顾客的明确要求和隐含要求。

a）应明确以下要求：产品功能、安全性、可靠性、操作方便性、外观、价格、使用的适应性和可维修性。

b）产品应满足的适用性（无论顾客是否提出），特定用途所必需的产品要求。

```
                    ┌──────────────┐
                    │ 产品要求的确定 │
                    └──────┬───────┘
                           │
                      ╱────┴────╲         否
                    ╱ 是否标准产品 ╲ ──────────────┐
                    ╲            ╱               │
                      ╲────┬────╱                │
                         是 │                     │
       否          ╱────────┴───────╲        ╱────┴────╲      否
   ┌───────────── ╲    授权范围内     ╱       ╲ 是否派生产品 ╲ ────────┐
   │              ╲                ╱        ╲            ╱        │
   │                ╲──────┬──────╱           ╲────┬────╱         │
   │                    是 │                     是 │              │
 ╱─┴──────────╲    ╱───────┴───────╲       ┌──────┴──────┐  ┌──────┴──────┐
╱ 生产制造部和物 ╲   ╱   销售人员      ╲      │   派生产品   │  │   特殊产品   │
╲ 资供应部会签   ╱   ╲   签字评审      ╱      └──────┬──────┘  └──────┬──────┘
 ╲──────┬─────╱    ╲───────┬───────╱           │                │
      是 │              否 │ │是              ╱───┴───╲    否  ╱───┴───╲
        │         ┌───────┴─┐│          ╱ 传递评审/会签 ╲ ──── ╲ 会议评审 ╲
        │         │ 不予承诺 ││          ╲            ╱       ╲        ╱
        │         └─────────┘│           ╲────┬────╱          ╲──┬──╱
        │                    │              是 │        ┌────┐    │是
        │                    │                │        │不予承诺│    │
        │                    └────────┐       │        └────┘    │
        │                             │       │                  │
        │              ┌──────────────┴───────┴──┐                │
        └──────────────│        承诺/签约          │────────────────┘
                       └───────────┬──────────────┘
                                   │
                           ┌───────┴──────┐
                           │   实施合同    │
                           └──────────────┘
```

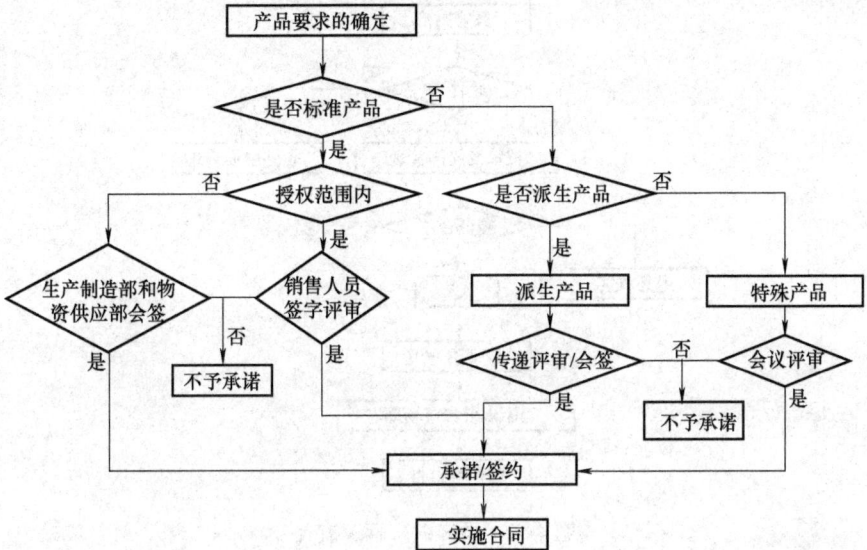

图 4-8　与顾客有关产品要求的评审（包括更改评审）流程

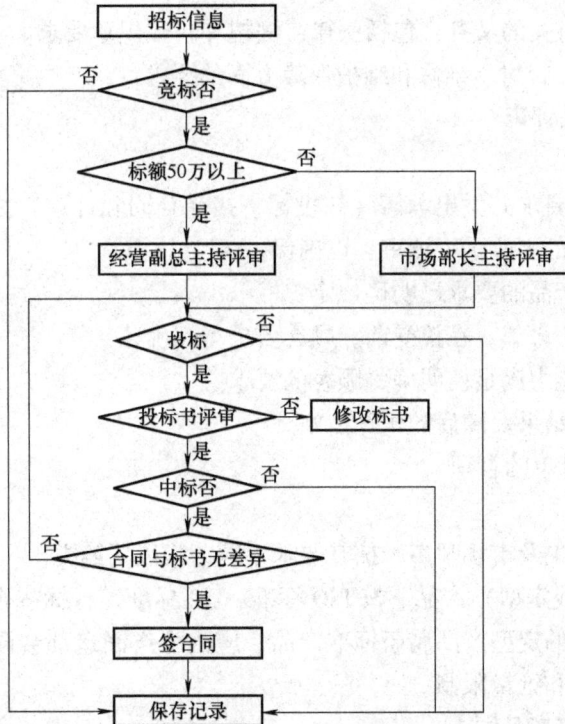

```
                    ┌──────────────┐
                    │   招标信息    │
                    └──────┬───────┘
        否                 │
   ┌──────────────── ╱────┴────╲
   │               ╲   竞标否    ╱
   │               ╲          ╱
   │                 ╲───┬───╱
   │                  是 │
   │              ╱──────┴──────╲         否
   │            ╲ 标额50万以上    ╱ ────────────┐
   │            ╲              ╱              │
   │              ╲────┬─────╱                │
   │                是 │                       │
   │         ┌─────────┴────────┐    ┌────────┴────────┐
   │         │   经营副总主持评审   │    │  市场部长主持评审   │
   │         └─────────┬────────┘    └────────┬────────┘
   │                   │                      │
   │              ╱────┴────╲       否         │
   │            ╲    投标     ╱ ───────────────┤
   │            ╲          ╱                  │
   │              ╲───┬───╱                   │
   │                是 │                       │
   │         ┌─────────┴────────┐   否 ┌────────────┐
   │         │    投标书评审       │ ──── │  修改标书    │
   │         └─────────┬────────┘     └────────────┘
   │                   │                      │
   │              ╱────┴────╲       否         │
   │            ╲    中标否    ╱ ───────────────┤
   │            ╲          ╱                  │
   │              ╲───┬───╱                   │
   │                是 │                       │
   │    否   ╱─────────┴────────╲              │
   ├─────── ╲  合同与标书无差异    ╱              │
   │        ╲                 ╱               │
   │          ╲──────┬───────╱                │
   │              是 │                         │
   │         ┌───────┴──────┐                 │
   │         │    签合同      │                 │
   │         └───────┬──────┘                 │
   │                 │                         │
   │         ┌───────┴──────┐                 │
   └─────────│   保存记录     │─────────────────┘
             └──────────────┘
```

图 4-9　投标评审流程

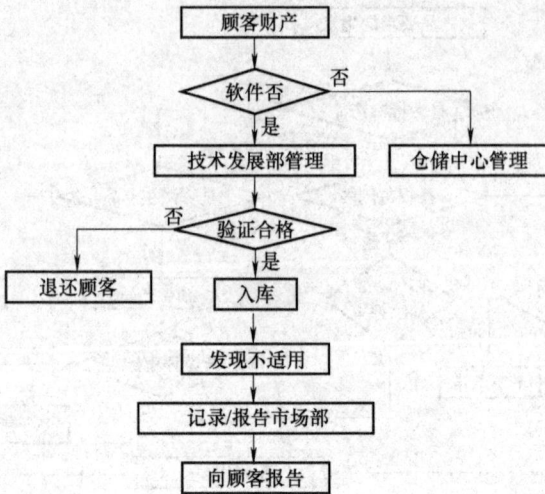

图 4-10 顾客财产管理流程

c）顾客的特殊要求。

2）市场部应明确顾客以下要求。

a）与产品有关的义务，包括法律、法规和行政规章要求。

b）在服务、交付、维修和维护保障方面的要求。

5.2 产品要求的评审

5.2.1 总则

在接受顾客要求并做出承诺（如投标、接受合同和订单）之前，应对顾客要求，以及要求的更改进行评审，以确保：

1）顾客对产品的要求已明确规定；

2）对于口头订单，在接受前，顾客要求得到确认；

3）公司有能力满足已明确的顾客的要求。

应记录评审结果及随后的跟踪措施。

5.2.2 合同和订单的管理

（1）分类

将合同和订单及市场呼声，按其要求不同分为以下四类。

1）标准（或定型）产品。按 ISO 标准、GB 标准、行标或企标生产的、在产品样本中列出的定型产品属于标准产品，应由生产制造部会同物资供应部制订交货最短周期和批量限制。

2）网上销售产品同 1）。

3）派生产品。在定型产品上有局部的变化而成的变型产品。例如，安装位置和安装尺寸有变化，需改变涂料等，属于派生产品。其主体材料、结构、零部件的基本工艺变化不大。

4）特殊产品。新产品或者有特殊要求的产品属特殊产品。

（2）评审

1）标准产品（定型产品）。由市场部销售人员在授权范围内进行签字评审。超出授权范围的，应由生产制造部、物资供应部会签。

2）网上销售产品。由市场部组织评审产品相关信息。

3）派生产品。由市场部根据需要组织技术发展部、生产制造部、物资供应部，进行传递评审或会签。

4）特殊产品。应由市场部组织有关部门（如设计、工艺、检验、供应、生产和质量等部门）进行会议评审。

（3）订单

1）对于常年合同，按期下订单的只需在合同签订时进行评审，对订单则可不必再评审。

2）口头订单。市场部应负责将顾客要求形成书面文件，并传真给顾客予以确认，再按上述分类进行评审。

（4）合同和订单的更改

1）当产品要求有变化时，应提供书面文件，按上述分类进行再评审，并确保相关文件已修改，有关人员了解所修改的内容。然后，做出可否接受顾客更改要求的决定。原则上，如果无难以克服的障碍，应考虑接受顾客的要求。

2）公司执行合同发生意外困难时，如在供应商配套件供货不正常突发事故等，应由市场部直接向顾客说明，在征得顾客书面同意的情况下，可以考虑变更合同。

（5）跟踪管理

执行合同安排生产以后，市场部计划人员应跟踪合同全过程，了解合同执行和预期交货情况，及时反馈企业，以确保履约并统计合同履约率（排除顾客因素后的实际按期交付率）。

5.2.3 投标管理

1）市场部负责收集有关招标信息，报告经营副总经理，并做出是否参与竞标的决策。

2）凡决定参与竞投项目，在投标书报出之前，应按项目大小组织评审。50万以下项目由市场部部长主持会议评审，50万以上项目由经营副总经理主持会议评审。

  会议评审按合同和订单管理中的特殊合同处理，为提高评审效率，市场部要准备会议评审大纲。

  3）凡中标项目，在合同签订之前，应就合同与投标书的差异部分，按上述项目大小，在投标书评审范围再次组织评审。

5.3　顾客的财产

  1）顾客提供的财产（如计算机软件、专利、专有技术和配套件、材料、辅料、工装等）均应做出明确标识并实行专管专用控制，妥善保管，做到不泄密、不丢失。

  2）软件类由技术发展部负责管理，硬件类由仓储中心负责管理。

  3）对顾客财产除进货验证外，应定期（间隔时间由责任部门另行规定）检查，如果发现缺少、丢失、损伤等不适用情况，应予以记录并及时报告市场部，由市场部向顾客报告，以免影响合同履约。

5.4　与顾客的沟通

  为满足顾客要求、规范与顾客的交流活动，应收集下列有关信息。

  1）产品。

  2）顾客查询、合同或订单的处理（包括修改）。

  3）顾客反馈，包括顾客抱怨。

  与顾客的沟通由市场部统一归口管理。

6　相关文件

  成文信息：会议评审纪要。

7　运行结果

  1）合同（或订单）签字评审和传递评审记录；

  2）评审结果及跟踪措施；

  3）顾客财产记录（包括定期检查及收储情况报告）。

  以上记录和文件保存在市场部，保存期 3 年或长期（当合同执行期超过 3 年的按合同实际有效期计算）。

8　绩效评价指标

序号	过程指标	指 标 计 算	监控部门	监控频次
1	合同/订单履约率	（履约合同、订单数/接收合同、订单数）×100%	市场部	1 次/半年

【案例4-8】 设计和开发控制程序

版次：02 修改码：01	××××公司质量管理体系程序 设计和开发控制	编号：QP 08-02—2015 批准：××× 　　　　　年　月

1　目的和要求

1.1　目的

为了控制设计和开发全过程，最大限度地减少设计失误和差错，识别并预测问题，以确保达到顾客满意。

1.2　要求

周密策划，加强预防，力求创新，精心设计，一次成功。

2　适用范围

本程序适用于全公司范围内的质量管理体系覆盖的所有产品的设计和开发活动的质量管理。

3　职责

3.1　市场部负责，技术发展部派员参加市场调研和/或产品要求的评审，提出产品设计和开发项目建议书或者产品要求的评审文件。

3.2　技术发展部的设计人员和标准情报人员根据国内外科技发展和市场信息，提出产品开发项目建议书。

3.3　技术发展部负责根据经批准的产品设计和开发项目，组织编制产品设计和开发计划，并付诸实施，同时负责设计和开发全过程的组织和协调。

3.4　项目负责人负责组织项目组成员完成各项设计和开发任务并承担相应的责任（详见"岗位规范"）。

3.5　技术副总经理批准设计和开发各阶段的重要文件。

4　术语

设计和开发：将对客体的要求转换为对其更详细的要求的一组过程。

5　设计和开发控制流程

设计和开发控制流程如图4-11所示。

6　控制要点

6.1　设计和开发的策划

6.1.1　在市场调研的基础上，产品设计和开发项目建议书由技术发展部提出，技术副总经理审定，总经理批准立项。

6.1.2　技术发展部根据批准立项的产品设计和开发要求，确定产品设计和开发项目负责人，并提出产品设计和开发可行性研究报告，报送技术副总经理批准。

市场调查/顾客呼声

否 ← 新产品开发决策

是

设计开发策划

策划评审/无外包 → 否

是

设计开发的输入 ← 合作开发   委托开发   技术引进

是

否 ← 输入评审

是

方案的拟定

否 ← 方案的评审

是

初步设计的输出

否 ← 设计输出评审   工艺初步设计

是

样机的试制

否 ← 设计开发验证   工艺流程初步验证 → 否

是   是

否 ← 设计开发确认

是

无设计开发更改 → 否 → 设计开发的更改控制

是   ↓

批产准备   文件控制程序

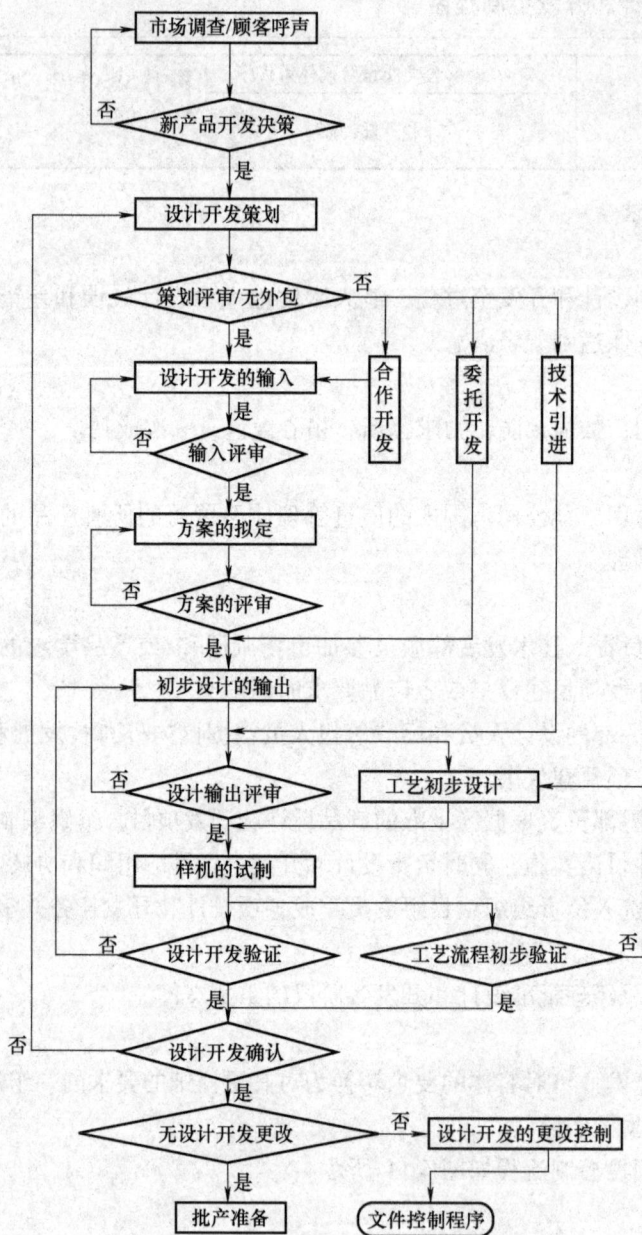

图 4-11 设计和开发控制流程

6.1.3 产品设计和开发项目负责人根据经批准的项目建议书、可行性研究报告，负责主持策划工作，必要时包括各阶段方案，确定设计开发过程及相应的控制计划，报技术发展部经理审定。

6.1.4 设计和开发计划应包括如下内容。

1）设计和开发过程的各阶段。

2）每个设计和开发阶段应进行的评审、验证和确认活动。

3）设计和开发过程的职责和权限，以及接口控制的安排。

4）所需的资源（如人员、信息、软件、试验验证的设备、仪表、材料等）。

5）进度计划。

6）若设计和开发外包，则应按要求对外包实施控制。

设计和开发计划，可根据设计和开发进展的实际情况进行更改，但更改应经过批准。

6.1.5 接口管理

产品设计和开发项目负责人，应对参与设计和开发的各工作组之间的接口进行管理，以确保沟通有效，职责明确。

1）组织接口。明确划分工作相互关联的不同小组（部门）有关人员的职责；开发过程由技术发展部编制"技术准备计划"，协调各小组工作；产品研制过程由生产部按开发计划和设计图样安排生产。

2）技术接口。对影响设计和开发质量的信息传递应填写工作联系单，以保证有效的沟通。

3）评审。作为设计和开发依据的重要信息，应由项目负责人组织评审，以鉴别信息是否完整、准确、可用。

为避免接口遗漏或管理无效，在各阶段，应由项目负责人主持进行相应的评审。

6.2 设计和开发输入

对产品和服务的要求，应予以规定并正式形成"设计要求说明书"。这些要求应包括：

1）功能和特性要求；

2）应遵守的法律、法规要求；

3）从以往类似的设计中得出的适用的要求。

4）设计和开发必须满足的任何其他重要要求和约束条件，如目标成本，与其他设备（装置）的连接或安装要求，空间尺寸限制等。

技术发展部应对这些输入的充分性进行评审。任何不完整的或相矛盾的要求均应得到解决。

6.3 设计和开发输出

6.3.1 应编制"设计输出与输入对照表"。设计和开发输出应：

1）满足输入要求；

2）为产品和/或服务的使用提供适当的信息。一般以产品或服务的说明书形式提供；

3）包含或引用产品和/或服务验收规则；

4）确定安全和正常使用所必需的产品和/或服务特性。

对产品和/或服务特性应按其重要度分为关键（A）、重要（B）和一般（C）三类，详见"产品质量特性分级导则"。设计和开发输出文件应在发放前予以批准。

6.3.2 设计输出一般包括：产品图样、设计说明书、使用说明书、采购明细表、原材料、外购外协件技术要求、设计输入输出对照表、验收标准或规范和产品质量特性重要度分级表等。

6.4 设计和开发评审

6.4.1 总则

在每个设计和开发项目适当的阶段，应对设计和开发进行系统的评审，以便：

1）评价满足要求的能力；

2）识别问题，提出建议并跟踪其实施；

评审结果及随后的跟踪措施应形成文件。

6.4.2 设计和开发评审人员

为保证评审效果，评审人员应具有一定的资格，有一定的实践经验，思维敏捷，善于发现问题，表达意见。各相关部门（如设计、工艺、检验、计量、生产、供应、服务等）应按"岗位规范"推荐适当人选，由技术副总经理批准后聘用。必要时，可聘请专家、邀请顾客参加。

6.4.3 评审点的设置

在影响设计规范质量的关键处设置评审点，视项目大小及复杂程度，主要有：项目可行性评审、设计和开发输入评审、技术方案评审、结构评审、工艺评审、可靠性评审等。每个项目的评审点，在设计和开发计划中均已列出，必要时根据需要可增设或取消评审点。

6.4.4 评审大纲

应在召集评审会前一周，由技术发展部提出评审大纲，列出拟评审的主要内容或检查表，以便与会者事先有所准备。

6.4.5 评审会

1）应在会前一周，由技术发展部发出评审会议通知。

2）评审会一般应由技术发展部经理主持，重大项目由技术副总经理主持。

3）评审会是咨询性的，应本着充分发扬技术民主、活跃思维、相互启发的原则，特别应保护少数人的意见。

4）评审会应做记录，表明评审中所涉及的各项问题和建议。

5）评审后，应由技术发展部对评审意见和建议进行整理，形成"评审会议纪要"。

6.4.6 评审后跟踪

对评审会中提出的意见和建议，应实施跟踪管理。项目负责人对这些问题，应做到件件有交代，说明采纳了哪些意见和建议，采取了什么措施予以落实。同时，对不宜采纳的意见和建议，也应做出说明。对评审意见和建议处置是否适当，应由技术发展部经理审核，技术副总经理批准。

6.5 设计和开发验证

6.5.1 总则

应对设计和开发验证进行策划并实施，以确保输出满足输入要求。验证的结果和随后的跟踪措施应予以记录。

6.5.2 设计和开发验证方法

应进行计算验证。改变计算方法重新进行计算，得到相同或相近的结果，从而验证所用物理模型、数学模型和计算方法的正确性。

6.6 设计和开发确认

1）总则：应进行设计和开发确认，以证实最终产品能够满足某个特定顾客的具体使用要求。如果可行，确认应在产品交付之前完成。如果要在产品交付之前进行全部确认，实际上不可行时，则应进行部分确认并达到适应顾客要求的程度。

2）应针对顾客提出的某些特殊要求（如特殊环境、特殊作业条件等），到顾客使用现场进行作业试验，以确认能完全满足顾客要求。有条件时，可在公司试验场模拟顾客使用工况进行确认。

3）只有产品通过了确认，才能最终交付给顾客投入运行。

4）应记录确认的结果和对存在问题的跟踪措施。

6.7 设计和开发更改的控制

6.7.1 总则

设计更改应予以确定，形成文件并受控。这时，应考虑更改对其他组成部分构件和产品的影响（包括已交付）。更改应在实施之前予以验证，有适用依据并经批准。

6.7.2　更改的分类

（1）设计更改

在产品研制直至定型投产前的更改称为设计更改。这里，包括所有设计变更。在投产后发生的重大设计更改（如影响到质量特性），也属此类。这类更改由技术发展部负责。

（2）设计修改

在批量生产过程中，为了适应生产实际情况而进行的小的变更，可称为设计修改。设计修改由生产制造部技术科负责。

6.7.3　更改的实施

（1）申请

更改时由设计人员（或工艺人员）提出申请，需注明更改理由，并填写"设计和开发更改通知单"。

（2）校审

由项目负责人进行校对，由技术开发部负责人或其授权人进行审核，并决定是否需要进行评审（评价更改对产品组成部分和已交付产品的影响）或其他验证、确认。

（3）批准

在更改申请经校审及必要的评审、验证和确认后，应由技术副总经理或其授权人批准。批准时，应对库存半成品，准备出厂或已交付的产品的处置，做出切实可行的决定。

（4）更改控制文件

更改的具体实施详见"技术文件更改的规定"。

7　相关文件

引用文件：

1）QP 07-04.04—2015　技术文件更改规定；

2）QP 07-03.01—2015　岗位规范；

3）QP 08-02.02—2015　产品质量特性分级导则。

成文信息：

1）项目建议书；

2）项目可行性研究报告；

3）设计要求说明；

4）设计和开发计划；

5）设计输出文件；

6）设计输出与输入对照表；

7）评审会议纪要；

8）技术准备计划。

8 运行结果

1）设计评审记录、设计验证记录、设计确认记录和设计更改记录；

2）工作联系单；

3）设计和开发更改通知单。

以上成文信息和记录保存在技术发展部，保存期：长期。

9 绩效评价指标

序号	过程指标	指标计算	监控部门	监控频次
1	图样、技术文件受控率	（受控文件数量/检查文件数量）×100%	技术发展部	内部审核时

【案例 4-9】外部提供的过程、产品和服务控制程序

版次：02 修改码：01	××××公司质量管理体系程序 外部提供的过程、产品和服务控制	编号：QP 08-03—2015 批准：××× 年 月

1 目的和要求

1.1 目的

实施采购的预防控制和过程控制，为确保采购的产品在符合要求的前提下，降低采购成本，确保外部提供的过程、产品和服务受控。

1.2 要求

竞争择优，优中择廉，确保质量，保障生产。

2 适用范围

本程序适用于全公司范围内的原材料、辅材料、配套件、标准件、工艺外协等，外部提供的过程、产品和服务的控制。

3 职责

3.1 物资供应部负责产品需用的各类硬件（材料、配套件等）的采购。

3.2 生产制造部负责各类工艺外协件的采购。

3.3 由技术发展部负责采购的技术文件，负责产品需用的各类软件的采购。

3.4 供方的评定由质量管理部负责，根据需要，由供应、技术、检验、生产等有关部门派员参加。

3.5 质量检验部负责采购产品的货源处验证。

4 采购控制流程

外部提供的过程、产品和服务控制流程如图 4-12 所示。

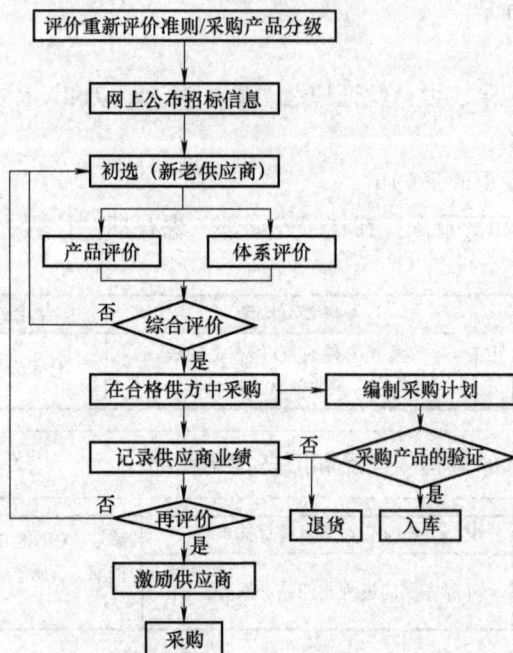

图 4-12 外部提供的过程、产品和服务控制流程

5 控制要点

5.1 采购控制

5.1.1 控制要求

必须控制采购全过程，以确保采购的产品符合要求。

5.1.2 控制类型和程度

本公司对采购活动实施分类控制，控制类型和程度取决于所涉及的产品质量特性分级。

1）A 类：对提供涉及关键质量特性的产品的供方，应按 A 类实施严格控制。

2）B 类：对提供涉及重要质量特性的产品的供方，应按 B 类实施较严格的控制。

3）C 类：对提供不涉及关键、重要质量特性的产品的供方，按 C 类实施一般控制。

5.1.3 供方的选择和评定

（1）选评原则

1）每个供方所提供的产品必须具备以下基本条件。

a）达到采购要求的质量。

b）有足够的保证质量的生产能力，以满足交货周期要求。

c）具有与所供产品相应的质量管理体系，具有保持质量稳定性的能力。

d）符合国家有关法规要求，如果对实行"生产许可证"或强制标准、强制安全认证的产品，必须通过相应的认证。

2）除供方具有极高的质量信誉（如公认名牌）外，每种产品应选定两个以上的供方，以利竞争和适应市场变化的要求。

3）价格在本公司现阶段可接受的范围内，从优中择廉。

4）货比三家，择优录用。从质量、价格、交货周期（从下订单到采购产品交付的时间）对比中，选择优者，并尽可能给予最大配套份额。

5）动态评定。每年应根据供方的业绩，定期评价其可否继续成为合格供方，对绩优者应给予奖励并相应增大供货比例。

（2）合格供方的评定步骤

1）由物资供应部和生产制造部，在征集技术、质检部门意见的基础上提出供方建议名单，提交质量管理部组织评定。

2）质量管理部在评定申请提出一个月内，组织实施评定。A类产品应由有关部门参加的会议讨论决定。B类产品可由评定小组提出建议，有关部门会签决定。C类产品可由评定小组决定。评定小组由质量管理部负责组织。

（3）评定依据

1）产品：按产品技术质量要求，按采购分类提供相应的合格证据，由技术或质检部门对样件进行认可。认可方式如下。

A类：提供认可实验室的检测报告或者在具备条件时由本公司实施检测。对于已长期供货的供方中业绩优良者，可据其提供产品的检测报告进行认可。

B类：必要时（如用户反馈问题多，风险大），可根据由认可实验室出具的报告或由本公司实施检测进行认可。对于已长期供货业绩优良的供方，可依据其提供有关质量特性的检测报告进行认可。

C类：由质检部门进行全尺寸检验，着重配合尺寸、安装尺寸和外形尺寸及外观质量。

2）质量管理体系：对质量管理体系的要求应充分而适当。具体要求如下。

A类：供方应能提供ISO 9001或IATF 16949认证合格证书或者进行现场评

定。现场评定依据"合格供方评定大纲"进行。

B 类：提供 ISO 9001 认证合格证书，必要时进行现场评定，对于长期供货业绩优良者，可以依据以往对该供方考察的情况评定。

C 类：用调查表形式进行质量管理体系调查评定。

3）综合评定：对于通过样件认可和质量管理体系评定的供方，还应按 5.1.3（1）所列原则进行综合评定。综合评定合格的供方，应进入"合格供方名录"，作为采购时确定供方的依据。"合格供方名录"应分发至质管、质检、生产、财务等有关部门。

（4）关于向中间商采购时的评定

1）在中间商采购时应定公司、定牌采购，并由中间商协助提供必要的有关公司、厂商的 ISO 9001 证书（复印件）及其他合格证明。

2）中间商必须由合法的正式的渠道进货，如对进口产品应具有所需的销售代理权，对内销产品由厂商直接发货等。

3）中间商应在标识、仓库管理方面符合要求，以确保不致混料、混件。

5.1.4　采购的实施

1）采购计划。物资供应部、生产制造部按生产计划进度要求和"采购明细表"编制相应的"采购计划"。

2）采购订单。采购员应按"采购计划"和"合格供方名录"与供方签订合同或下订单，对于长期供货单位，可按年度签订合同，每次采购只下订单即可。

3）采购的监督。财务、质检、仓储部门对是否按"合格供方名录"采购实行监督。财务部门对非"合格供方名录"的采购，应提出质疑，拒绝报销。质检部门对非"合格供方名录"的采购，应拒绝检验。仓储部门对非"合格供方名录"的采购，应拒绝入库。

5.1.5　例外采购的控制

当因特殊情况造成原有"合格供方名录"内的供方不能正常供货，而生产急需时，可实施例外采购，但必须对这种进货进行更为严格的控制。控制措施具体如下。

1）批准。具有关键质量特性的产品经总经理批准，其他产品由管理者代表批准。

2）实施严格检验。措施有：提高合格质量水平，进行更为严格的进货检验；在本公司缺乏手段的情况下，派员实施货源处监督检验或提交认可实验室，进行检验。

3) 对例外采购的物资做出标识，以便跟踪了解生产过程及发往顾客后的情况，一旦发生问题，还可以及时追回进行更换。

4) 例外采购属于试用，只适用于限定数量或时间内。若试用情况良好，则应按供方选择、评定的要求，经过评定，符合条件者进入"合格供方名录"。

各有关部门对于符合要求的例外采购应予放行。

5.1.6 供方业绩

物资供应部应对每个供方建立业绩档案。其中包括：进货一次交检合格率；在加工、装配过程和最终检验中暴露的质量问题；顾客反馈中涉及的进货质量问题；公司要求供方进行整改的通知、要求采取的相应处置措施，以及供方对此做出的响应。

5.1.7 对供方控制的方式和程度

应根据采购产品的类别、供方的业绩调整控制力度，可对供方进行以下处置。

1) 表扬和奖励。

2) 调整供货份额。绩优者增加份额，相形见绌者减少份额。每年编制采购计划时，视上一年度的业绩调整份额，也可根据实际业绩进行经常性调整。

3) 发出整改通知书。所供产品质量发生问题者，应由质量管理部对其发出限期整改通知。在整改期间应加严检验。

4) 实施第二方审核。必要时，可由物资供应部提出，质量管理部决定派出审核组，到供方现场进行第二方审核，以促其整改。

5) 发出警告书（亮黄牌）。所供产品质量发生较大质量问题或整改不力者，应由质量管理部对其发出警告，并限期整改。在整改期间暂停供货。整改后，应重新评价。

6) 取消供货资格（亮红牌）。对所供产品质量发生重大质量事故或黄牌警告后，限期整改仍评价为不合格者，取消其供货资格。

5.2 采购信息

采购文件（包括采购产品的技术质量要求、采购明细表及采购合同）应包含说明所采购产品的信息，必要时应包括如下内容。

1) 资格或认可要求。对 A 类产品、程序、过程、设备、人员的资格或认可要求应由技术发展部提出，并在现场评定时进行认可，或者对供方提供的相应的证实文件和说明进行认可。

2) 产品的材质、品种、规格、型号、数量及其技术规范、检验规程等标准或者文件的名称、编号和版本号。

3）质量管理体系要求。如果采购合同较为复杂，则应在合同附件中包括：技术协议（产品的技术质量要求）、验收协议（执行何种检验规程）和质量保证（或管理）协议（规定质量管理体系依据的标准或具体保证要求）。

为了确保采购文件的适宜性，在采购文件发放前，应由熟悉采购要求的专业负责人审查，并经部门负责人批准。

5.3 采购产品的验证

5.3.1 常规采购产品的验证

常规采购产品，按 QP 08-05—2015 程序实施进货检验。

5.3.2 供方货源处的验证

当供货数量大、金额高、路途远、运输困难、生产周期长及本公司不具备相应的检测手段时，只要有可能因供货不合格而影响公司履行合同时，就应进行货源处的验证。实施货源处的验证，应由物资供应部提出，质量检验部决定派出质检人员或技术人员进行。经货源验证合格者，才能向公司发货。

5.3.3 顾客在供方货源处验证

当顾客要求在供方货源处进行验证时，物资供应部应在采购信息中规定预期验证的安排和产品放行办法。

6 相关文件

引用文件：

1）QP 08-03.01—2015 合格供方评定大纲；

2）QP 08-05.04—2015 产品的监视和测量。

成文信息：

有关采购文件，对供方处置通知书，合格供方名录。

7 运行结果

合格供方评定结果（包括初评和定期评价）跟踪措施，例外采购记录。

以上形成文件和记录保存在物资供应部，保存期为 3 年。

8 绩效评价指标

序号	过程指标	指标计算	监控部门	监控频次
1	供应商及时交付率	（按时交付批数/总采购批数）×100%	采购部门	1 次/半年
2	采购产品合格率	（采购产品合格批数/采购产品总到货批数）×100%	质量检验部	1 次/季

【案例4-10】 生产和服务运作的控制程序

版次：02 修改码：01	××××公司质量管理体系程序	编号：QP 08-04—2015 批准：××× 年　月
	生产和服务运作的控制	

1 目的和要求

1.1 目的

对可能影响生产和服务过程质量的诸因素，做出切合实际的控制安排，以确保过程完全受控，符合预期的要求，特编制本程序。

1.2 要求

周密策划，全面受控，确认效果。

2 适用范围

本程序适用于全公司范围内的产品的生产和服务运作中的过程控制。

3 职责

3.1 技术发展部的工艺部门负责生产和服务运作控制的策划，实施效果检查和确认。

3.2 生产制造部和各生产厂负责生产和服务过程中的产品标识，过程控制的实施，产品及顾客财产的保护。

4 术语

特殊过程：不易或不能经济地确认其输出是否合格的过程。

5 生产和服务运作的控制流程

生产和服务运作的确认流程如图4-13所示。生产和服务运作的控制流程如图4-14所示。

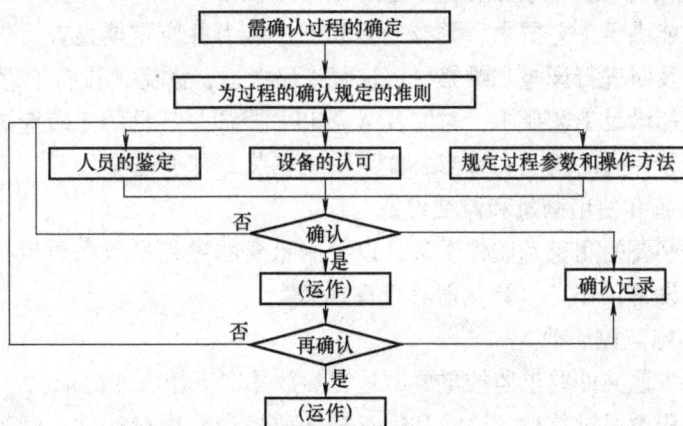

图4-13　生产和服务运作的确认流程

```
              生产和服务运作策划

   过程/信息      生产设备工装      监视测量装置

              作业准备验证 ——否
                   是
              生产和服务运作
              过程监视测量 ——否
                   是
     否—— 产品监视测量
                   是
                  入库
                  交付
```

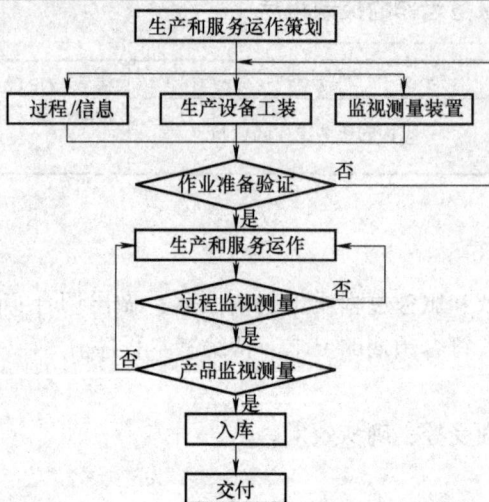

图 4-14　生产和服务运作的控制流程

6　控制要点

6.1　运作控制

公司应在下述方面考虑并实施生产和服务过程的运作安排。

（1）提供产品规定特性的信息

设计输出的产品质量特性应转化为控制过程的质量特性，并传递给有关的生产管理和操作人员。

（2）必要时，应具备作业指导书

对涉及关键、重要性的过程，特殊过程以及实施某种新工艺时，应提供足够的、能指导操作的、确保质量的岗位文件。

（3）使用并维护适合于生产和服务运行的设备

设备应能满足工艺要求，具有适当的工序能力并应定期检查，当工序能力不足时，应及时进行调整和维修，以恢复工序能力，详见"设备管理规程"。

工装应能满足工艺要求，对涉及 A 类和 B 类质量特性的工装应进行周期性检查，并进行相应的调整和维修，详见"工艺装备管理规程"。

（4）具备并使用测量和监视设备

应配备必要的测量和监控设备，以控制重要的过程参数和质量特性。关于测量和监控设备，详见"计量器具管理规程"。

（5）实施监控活动

应根据工艺文件要求监控重要的过程参数并留下相应的记录。

应在过程中通过首检、巡检和完工检来监控产品质量特性。对于关键特性还应采用控制图实施监控。

（6）交付的控制

对于过程中的设计和交付（如转工序、工段、车间、工厂、入库等），应明确其实施要求。

（7）过程应符合法规和过程控制规范（工艺文件的要求）。

（8）通过技艺评定准则来考核人员和评价产品合格与否。

6.2 过程策划

对于如何控制生产和服务过程，应进行周密的策划。策划的核心是如何针对影响产品特性的因素（人、机、料、法、环、测）施以控制措施，确保每个质量特性能够实现。策划时，必须考虑6.1所列各条款。

6.3 标识和可追溯性

6.3.1 产品标识及可追溯性

对产品标识及可追溯性的安排，应符合"产品标识及可追溯性控制规程"的规定。对于有可能混淆（不能互换的）的产品，即使不要求追溯，也应做出产品标识，以防误用。

6.3.2 测量与监控状态

状态的标识应符合"检验和试验状态标识控制规程"。

6.3.3 标识的规则

在标识时，应注意遵守以下规则。

1）标识与被标识品不能分离。

2）标识的转移。若采用区域标识，当产品移出该区域（如出库）时，应注意添加标识。在加工时，失去标识的部分也应添加标识。

3）标识不清，停止流转。当标识丢失或脏污以致辨认不清时，该产品应立即停止流转，在有关授权人员（如工艺人员、检验人员）识别该产品并重新添加标识之前，应原地封存，等待处理。

6.4 关于顾客财产的管理应执行"与顾客有关过程的控制程序"

6.5 产品的保护

应在内部加工和最终交付直至目的地期间，保持产品的标识和质量特性不要发生改变，以符合顾客的要求。产品的保护应执行"产品的搬运、包装、储存、防护和交付控制规程"。这种保护应包括最终产品和最终产品的组成部分（如配套件、零部件）。

6.6 过程确认

对于特殊过程应进行确认。本公司属于特殊过程的有：铸造、焊接、热处理、锻造、表面处理（电镀、磷化等）、喷漆、液压、油路清洗等。

确认应证实过程能力可达到策划所预期的结果。组织应对确认做出安排，一般应包括：

1）过程的鉴定；

2）设备和人员的鉴定；

3）规定方法和程序的使用；

4）记录的要求；

5）再确认。

过程确认的具体要求按"工艺验证规程"进行。

6.7　测量和监视设备的控制

应确认所需的测量和所要求的测量和监视装置。测量和监视装置的使用和控制应确保其测量能力与测量要求相一致。

测量和监视设备应：

1）按周期或使用前，对照可溯源至国际或国家标准的设备进行校准和调整。当不存在上述基准时，应记录用于校准的依据。

2）防止会使其失效的调整。

3）在搬运、维修和储存期间，防止损坏和变化。

4）记录校准结果。

5）当设备偏离校准状态时，应评定先前检测结果的有效性并予以记录，同时采取纠正措施。

6）经校准的测量和监视装置，应带有校准状态标识。

用于测量和监视规定要求的软件，在使用前应予以确认。

7　相关文件

引用文件：

1）QP08-01—2015　与顾客有关过程的控制程序；

2）QP08-04.01—2015　设备管理规程；

3）QP08-04.02—2015　工艺装备管理规程；

4）QP08-04.03—2015　工位器具管理规程；

5）QP08-04.04—2015　产品标识及可追溯性控制规程；

6）QP08-04.05—2015　检验和试验状态标识控制规程；

7）QP08-04.06—2015　工艺验证规程；

8）QP08-04.07—2015　产品的搬运、包装、储存、防护和交付控制规程；

9）QP08-04.08—2015　物资储存管理规程；

10）QP07-02.01—2015　计量器具管理规程。

成文信息：

过程确认（工艺验证）报告（存于技术发展部，长期保存）。

8 运行结果

1）可追溯的唯一性标识；

2）设备年度检查；

3）工装周检信息；

4）计量设备失准时，对以往检测结果的判定记录。

以上所形成的文件和记录，除过程确认（工艺验证）报告外，都存于生产制造部，保存期为3年。

9 绩效评价指标

序号	过程指标	指 标 计 算	监控部门	监控频次
1	特殊过程工艺执行率	（特殊过程工艺执行项目总数/特殊工艺检查项目总数）×100%	技术发展部	1次/半年
2	开箱合格率	（批开箱合格数量/批开箱数量）×100%	市场部	1次/季

【案例4-11】 检验和试验控制程序

版次：02 修改码：01	××××公司质量管理体系程序 检验和试验控制	编号：QP 08-05—2015 批准：××× 年　月

1 目的和要求

1.1 目的

为了提供产品符合要求的证据，并确保不合格产品不误流转，不出厂。

1.2 要求

依据充分，严格把关，准确实施，记录齐全。

2 适用范围

适用于本公司体系覆盖产品的检验文件编制，检验的全过程控制（包括进货检验、过程检验和最终检验）。

3 职责

3.1 检验规范由技术发展部负责编制，质量检验部可根据需要编制补充的实施细则（或检验作业指导书）。

3.2 质量检验部负责检验的实施。

4 术语

检验文件：用以指导检验操作的文件的总称。

5 检验和试验控制流程

进货检验和试验控制流程如图 4-15 所示，过程检验和试验控制流程如图 4-16 所示，最终检验和试验控制流程如图 4-17 所示。

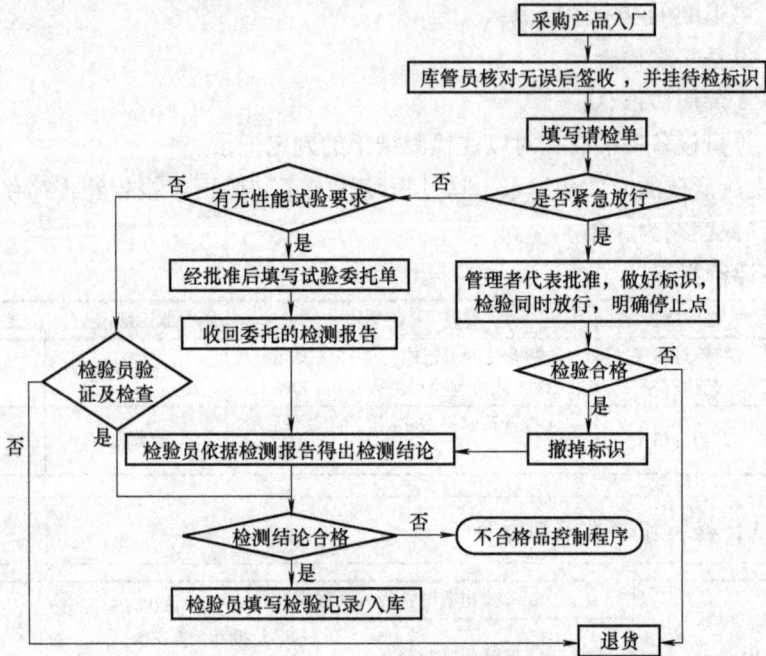

图 4-15　进货检验和试验控制流程

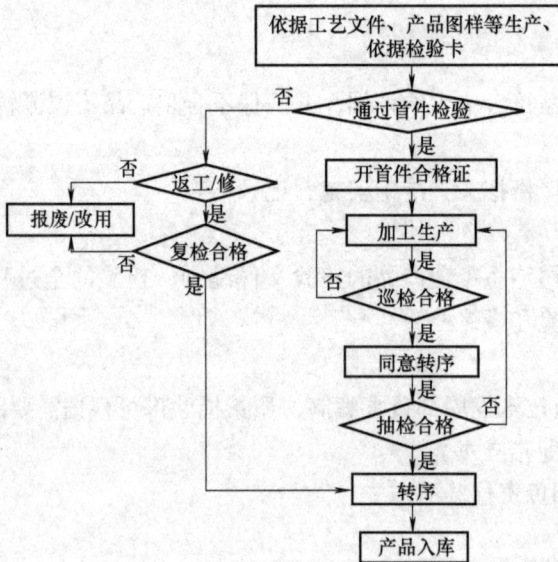

图 4-16　过程检验和试验控制流程

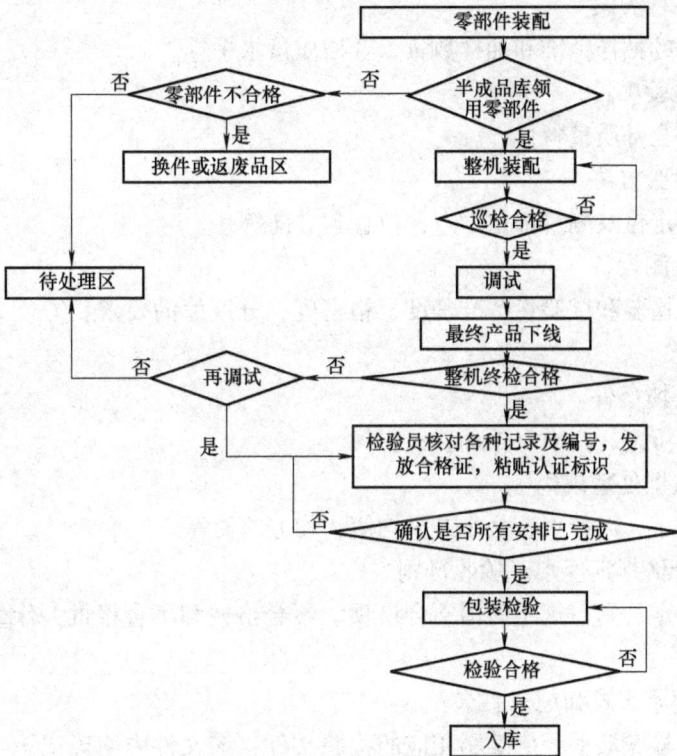

图 4-17　最终检验和试验控制流程

6　控制要点

6.1　检验文件

6.1.1　检验文件和范围

本公司的检验文件包括：检验通则、抽样验收方法、检验规程、检验卡片、检验作业指导书等。根据实施检验的需要，决定应采用上述各种文件中的一种或若干种具体形式。

6.1.2　检验文件的要求

检验文件必须能够准确地指导检验操作，具有确定性。因此，其内容应充分，应"详细规定"，使检验活动规范化，不因人而异。

6.1.3　检验文件的内容

为保证检验文件的确定性，一般其内容（可能在若干文件中）应包括如下内容。

（1）取样方法

如原材料试样的选取和制备（包括取样部位）。

（2）抽样方案

所采用的抽样标准和抽样数量、合格质量水平等。

（3）检验项目

应覆盖全部质量特性。

（4）检验方法

基准、定位及测量部位、点，位置和方向等。

（5）检测设备

对所用检验和试验设备准确度、精密度、分度值的要求，符合"计量器具管理规程"。

（6）环境条件

温度、湿度、介质、振动、辐射等。

（7）数据处理规则

有效数字，取最大、最小或平均值、均方差值等。

（8）合格判定规则（验收准则）

合格判定规则应规定何谓不合格项、不合格件和不合格批，什么样的产品可以接收。

（9）记录表式和记录要求

对所有检验活动，应编制相应的检验文件，该文件中明确记录表式和记录要求。

6.2 检验纪律

所有的检验活动（进货检验、过程检验和最终检验），都必须按照检验文件的要求进行。

6.3 进货检验

进货检验和试验可根据具体情况分为两种方式，按不同的要求进行。

6.3.1 验证

对于符合下述条件的产品，可经验证后放行。

1）对于已实施货源处验证的产品，或已通过 ISO 19001 认证，并具有优良业绩的供方只需验证质量合格证书、外观（特别是判明运输中有无损伤）和安装尺寸。

2）对于已通过质量管理体系现场审核，且具有良好业绩的供方。对涉及质量特性的产品，应验证其出厂检验和试验报告是否符合要求，查看其外观，并验证最大外形及安装尺寸。

3）对于不涉及质量特性的标准件，应验证其互换性，对于有失效期的产品（如橡胶件、塑料件和某些化工产品），应验证其出厂日期是否符合要求。

6.3.2　检验

对于不能凭简单的验证而放行的产品，应按检验文件规定施以检验。

6.3.3　紧急放行

当检验任务过于集中，以致生产停顿而影响交货时，对业绩良好的合格供方的产品，经管理者代表批准，可采用在检验结果未出来之前，暂时紧急放行的临时措施。对紧急放行产品应做好标识，并作记录，还应尽快完成检测。一旦检验结果表明其不符合要求，应立即将该批不合格品追回。在实施紧急放行时，应明确规定"停止点"。

6.3.4　进货检验的结果，应经进货检验站负责人复核，表明无错、漏检或误判并签署后，才能放行。

6.4　过程检验和试验

6.4.1　首件检验（首检）

每个工作班次生产（或设备修理、模具及易损件更换后）的首件，操作者应在自检合格后即提交检验员检验。"首检"应力求当场进行，以免浪费。首件经检验合格，检验员应做出合格标记，并填写"首件检验记录"，首件应放置在指定的存放位置，以便查对。

6.4.2　巡回检验（巡检）

1）检验员对所分管的检验岗位（或机台）所加工或装配的零部件，在现场按检验文件所规定的频次和抽样数量进行巡检，并按规定做好记录。

2）因生产急需来不及检验而放行的产品，可做例外放行处理，其处理程序与进货检验中的紧急放行相同。

6.4.3　完工检验（完工检）

1）检验员对已完工的零部件，应按检验文件规定进行全面检查，并对观感质量进行检验，做好记录。检验合格方可在流程卡上盖工号章。

2）委托计量、理化试验室检验零部件时，应由检验员办理"试验委托单"，再根据试验结果报告，做出合格与否的判断。

3）A类件（关键件），应进行100%检验，逐件打印编号并填写"关键特性分级检验记录卡"。

4）对大批产品不能成批检验而放行者，应将整批的流程卡变为相应的小批的分流程卡，按分流程卡实施检验。当各小批汇齐时，才能恢复原流程卡的使用。

6.5　最终检验和试验

6.5.1　进货检验和过程检验的验证

只有进货检验和过程检验圆满完成，才能进入最终检验和试验。总检验应对 A 类（关键）和 B 类（重要）件的检验结果进行签署，以证实完全符合要求。

6.5.2　型式试验

对于产品标准规定的型式试验，必须按检验文件规定如期进行。必须保留在有效期内的型式试验报告，以确保产品全性能符合要求。

6.5.3　出厂检验和试验

每一台整机出厂前，必须按检验文件的要求，逐项进行出厂检验，并做好整机检验记录。只有合格的产品才能通过。

6.5.4　最终放行前的认可

总检验应对 6.5.1、6.5.2 和 6.5.3 中所列各项要求进行最终核对，确认完全达到要求后，才能签字放行出厂。

6.6　检验记录

对涉及质量特性的检验和试验记录，应清楚地表明产品已达到要求，为此应：

1）凡能定量测量的应记录其测量数值（A、B 类特性）。

2）凡只能定性测量的（如外观按样件评定、通止规、综合量规等），可用"√"或"×"表示。

3）对一般特性（C 类）可以只表明其数量范围，记录测量数据的最大值和最小值，或划"√"或"×"。

4）凡不合格数据一律用"×"标出。

5）凡判定检验不合格的产品，检验员应根据检验记录，填写"不合格品通知单"后，转入不合格品控制程序处理。

6）检验记录必须有检验员的工号章和授权放行人的签署。

7　相关文件

引用文件：

相关检验文件：

1）QP 08-06—2015　不合格品控制程序；

2）QP 07-02.01—2015　计量器具管理规程。

成文信息：

型式试验报告。

8　运行结果

1）紧急放行和例外转序记录；

2）进货检验、首检和完工检记录、出厂检验和试验记录；

3) 试验委托单；

4) 关键特性分级检验卡；

5) 不合格品通知单。

以上成文信息和记录保存于质量检验部，保存期 3 年。

9 绩效评价指标

序号	过程指标	指标计算	监控部门	监控频次
1	进货检验错、漏检率	（车间生产中发现的不合格件数/车间领件数）×100%	质量部	1 次/半年
2	过程检验错、漏检率	（最终产品下线不合格工序总数/最终产品下线工序总数）×100%	质量部	1 次/季

【案例 4-12】 不合格品控制程序

版次：02 修改码：01	××××公司质量管理体系程序 不合格品控制	编号：QP 08-06—2015 批准：××× 年　月

1 目的和要求

1.1 目的

为规范不合格品控制，防止不合格品的非预期使用或交付，确保产品满足内、外部顾客要求。

1.2 要求

清晰标识，严控流向，有限让步，确保质量。

2 适用范围

本程序适用于全公司范围内的原材料、辅材料、外购件、外协件、零部件、在制品和成品的不合格控制。

3 职责

3.1 质量检验部负责不合格品的控制。

3.2 技术发展部参与不合格品的评审，并提出处置意见。

3.3 物资供应部和生产制造部分别负责采购产品和外协件的不合格品处置。

4 术语

4.1 不合格

不满足要求。

4.2 缺陷

未满足与预期或规定用途有关的要求。

4.3 偏离许可（回用）

产品或服务实现前，对偏离原规定要求的许可。偏离许可通常是在限定的产品和服务数量或期限内并针对特定的用途。

4.4 让步

对使用或放行不符合规定要求的产品或服务的许可。

4.5 返修

为使不合格产品或服务满足预期用途而对其采取的措施。

4.6 返工

为使不合格产品或服务符合要求而对其采取的措施。

5 不合格品控制流程

不合格品控制流程如图 4-18 所示。

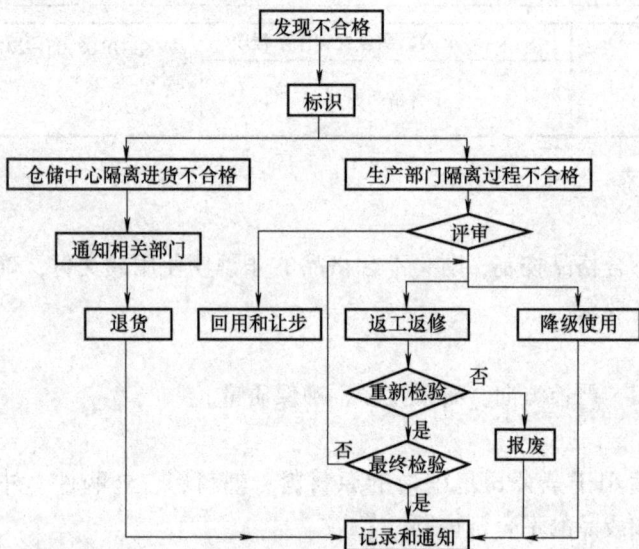

图 4-18 不合格品控制流程

6 控制要点

6.1 标识和隔离

6.1.1 经检验发现不合格品或不合格批时，应由检验人员立即按规定做出明确标识。

6.1.2 进货不合格品（或批）由仓储中心隔离存放，并通知物资供应部或生产制造部（外协件）填写退货通知单，做退货处置。

6.1.3 过程不合格品由生产部门（责任工厂）负责隔离存放。

6.1.4 报废的在制品，暂存于生产现场的隔离区并由检验员填写"废品通知单"，由运输队定期将废品送废品库隔离存放。

6.2 评审

6.2.1
明显的报废及经返工可以达到规定要求的，由授权的检验派出机构（如检验站、试验室）的负责人评定。

6.2.2 产品的返修、回用和让步或降级使用（或移作他用）

只有经不合格评审以后，才可视具体情况决定产品的返修、回用、让步或降级。

6.2.3 评审的依据

除根据职责范围、权限、履行不合格品评审程序并行使其职权外，还应遵循以下"三限定"原则。

（1）限产品特性

对于关键特性（A类）达不到要求者，一律不准回用、让步；对重要特性（B类）和一般特性（C类），则可根据实际情况适当让步（或回用）。

（2）限产品特性极限偏差

产品超差即为不合格品，但从使用角度来看还不构成缺陷者可以回用或让步，让步应以不构成缺陷为限度。为此，必须预先规定相应于这个限度的极限偏差。

（3）限时间或批次或数量

对于已发生的不合格品，需采取纠正措施。因此，对不合格品的回用、让步，应规定一个明确期限（或批次数量）。不允许一而再、再而三地回用或让步，而不采取纠正措施。

对于A、B类产品质量特性，应制定"回用（或让步）标准"，作为评审的依据。

6.2.4 评审的实施

各生产部门可根据不合格情况，填报"不合格评审单"，送技术发展部工艺部门会签后，如果涉及产品的质量特性，应报设计部门提出处置建议后，由检验部门会签。如果同意技术部门的处置意见，则可进行处置。如果检验部门和技术部门意见有分歧时，最终由技术副总经理裁定。应指定参与不合格评审的人员，确保其有足够的能力和经验。

6.2.5 不合格品的处置

（1）返修和返工

经评审决定返修的产品，应由技术发展部制定相应的"返修工艺和验收要求"。经返修和返工的产品必须重新检验，达到相应要求的才能放行。

（2）回用和让步

经评审决定回用或让步接收者，必须通过出厂检验和试验。凡未达到出厂要求或顾客可能损失某些特性（如可信性）时，应实事求是地向顾客做出说明，顾客同意让步接收时才能交付。

（3）降级（或移作他用）

经评审降级（或移作他用）的产品，应做出明确标识，并隔离存放。降级（或移作他用）的产品，不准按本公司产品的合格配件提供给顾客。

6.2.6 记录和通知

1）凡经检验的不合格品，应由检验人员开具"不合格品通知单"，通知生产部门、供应部门、检验部门，按不合格品控制程序处理。

2）不合格品最后处置（退货、返工、返修、让步、降级等）造成的损失，应如实予以记录，并通财务部门计入成本。不允许对不合格品"私了"，必须按规定向职能部门报告实际情况。

7 相关文件

引用文件：

1）QP 08-04.06—2015 工艺验证规程；

2）QP 08-04.09—2015 回用（让步）标准。

成文信息：

返修工艺和验收要求。

8 运行结果

1）不合格品通知单；

2）不合格品评审单；

3）废品通知单；

4）退货通知单；

5）返工、返修重新检验记录。

以上成文信息和记录，保存在质量检验部，保存期为 3 年。

9 绩效评价指标

序号	过程指标	指 标 计 算	监控部门	监控频次
1	不合格品及时处理率	（不合格品及时处理数/发现的不合格数）×100%	质量检验部	1 次/月

【案例 4-13】顾客满意度评定程序

版次：02 修改码：01	× × × ×公司质量管理体系程序 顾客满意度评定	编号：QP 09-01—2015 批准：× × × 年 月

1 目的和要求

1.1 目的

贯彻"以顾客为中心"的原则，对顾客的满意程度客观、真实地做出评价，以利改进管理，不断提高顾客的满意度。

1.2 要求

真实评价，切实改进，不断提高。

2 适用范围

本程序适用于公司产品的顾客对产品和服务的满意程度的评价。

3 职责

3.1 市场部负责顾客满意度的评定。

3.2 质量管理部协助进行顾客满意度的评定工作。

3.3 人力资源部负责内部顾客满意度的评定工作。

4 术语

顾客满意度：顾客对其期望已被满足的程度感受。

顾客满意度指数：对多变量以可比较的量化方式来评定的顾客满意度的数值。

5 顾客满意度的评定流程

顾客满意度（顾客评价意见卡）的评定流程如图 4-19 所示。

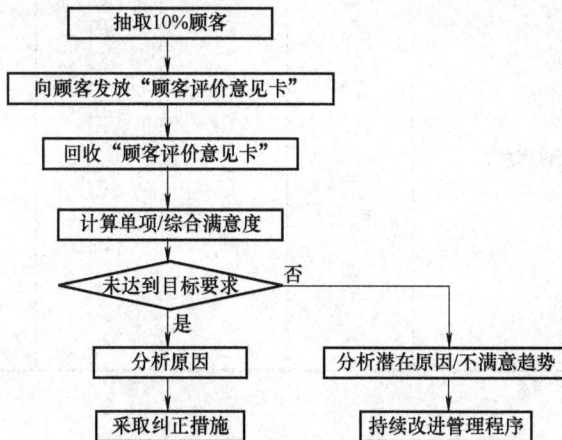

图 4-19 顾客满意度的评定流程

通常，采用顾客评价意见卡的形式，来调查了解顾客的详细意见。详见表4-2××公司顾客评价意见卡。

表4-2　××公司顾客评价意见卡

顾客单位：　　　　　　　　产品型号：
车　　号：　　　　　　　　出厂日期：
使用频率（小时/年）：　　　评价日期：

评 价 项 目	很满意 （100分）	满意 （80分）	一般 （60分）	不满意 （40分）	很不满意 （0分）
产品性能（A）					
作业能力	☐	☐	☐	☐	☐
车速	☐	☐	☐	☐	☐
制动	☐	☐	☐	☐	☐
换挡	☐	☐	☐	☐	☐
油耗	☐	☐	☐	☐	☐
可靠性（A）					
早期故障	☐	☐	☐	☐	☐
平均无故障时间（MTBF）	☐	☐	☐	☐	☐
外观（B）	☐	☐	☐		☐
造型					
喷漆	☐	☐	☐	☐	☐
电镀	☐	☐	☐	☐	☐
价格（B）					
质量价格比	☐	☐	☐	☐	☐
绝对价格	☐	☐	☐	☐	☐
服务（B）					
售前					
技术支持、培训	☐	☐	☐	☐	☐
维修	☐	☐	☐	☐	☐
配件	☐	☐	☐	☐	☐
销售网络	☐	☐	☐	☐	☐
对投诉的处理	☐	☐	☐	☐	☐
交付（B）	☐	☐	☐	☐	☐
快速交付能力（交付周期）					
按合同及时供货	☐	☐		☐	☐
交付时产品完好					
随车附件（C）	☐	☐	☐	☐	☐
工具和说明书					
	☐	☐	☐	☐	☐

6　控制要点

6.1　顾客满意的信息主要来自三个方面：

1）问卷调查。

2）顾客投诉、抱怨。

3）顾客退货。

从上述三方面信息的综合评价得出顾客满意的程度。其三者比例一般为3:3:4。顾客投诉抱怨和顾客退货评价方法见"顾客投诉抱怨评价规定"和"顾客退货信息分析制度"。

6.2 问卷调查

6.2.1 每年10月由市场部，按随机抽样原则，抽取10%有代表性的顾客进行抽样调查，向顾客发出"顾客评价意见卡"（见表4-2）。

6.2.2 随机抽样

将顾客名录按顺序号分类存储于计算机内，按随机数表根据顾客序号进行抽样。

6.2.3 回收"顾客评价意见卡"后，由市场部负责进行数据分析和处理。首先，计算出每个评价项目的顾客满意度指数。然后，利用加法规则，其加权系数为：$\lambda_a = 0.5$，$\lambda_b = 0.3$，$\lambda_c = 0.2$。然后经计算求出总的顾客满意度指数。（详见参考文献［4］9.1.2）。

6.2.4 市场部会同质管部对"顾客评价意见卡"进行分析，明确当前顾客最满意的方面及顾客满意的趋势。在分析时，除了抽样调查结果外，还应重视日常顾客投诉抱怨反馈信息的积累，以做出综合评定。

提出改进对策建议，形成顾客满意状况调查和评价报告，报送董事长、总经理、副总经理，并发送至职能部门。

6.2.5 质量管理部根据总经理意见，制订"改进顾客满意工作计划"，经总经理批准后执行。

6.3 内部顾客满意度评价

6.3.1 人力资源部负责编制"内部顾客满意度调查表"，向全部员工发放。回收以后，负责统计内部顾客满意度结果，形成报告，报送董事长、总经理、副总经理，并发送至职能部门。

6.3.2 人力资源部按照总经理的意见，制订"内部顾客满意度改进计划"。

7 相关文件

成文信息：

1）顾客满意状况调查和评价报告；

2）顾客投诉抱怨评价规定；

3）顾客退货信息分析制度；

4）改进顾客满意度工作计划。

以上文件保存在市场部，保存期 3 年。

5）内部顾客满意度改进计划（文件保存在人力资源部，保存期 3 年）。

8 运行结果

1）顾客评价意见卡：保存在市场部，保存期 3 年。

2）内部顾客满意度调查表：保存在人力资源部，保存期 3 年。

9 绩效评价指标

序号	过程指标	指标计算	监控部门	监控频次
1	顾客满意度指数	问卷调查 ×0.3 + 顾客投诉抱怨 ×0.3 + 顾客退货 ×0.4	市场部	1 次/半年
2	内部顾客满意程度	（满意的内部顾客满意度调查表/内部顾客满意度调查表总数）×100%	人力资源部	1 次/半年

【案例 4-14】 质量信息管理和数据分析程序

版次：02 修改码：01	××××公司质量管理体系程序 质量信息管理和数据分析	编号：QP 09-02—2015 批准：××× 年 月

1 目的和要求

1.1 目的

对信息进行测量和/或收集、存储、传递、维护、处置和利用，为数据分析提供有价值的信息，以促进体系、过程和产品/服务的持续改进。

1.2 要求

对于信息应准确收集、保持畅通、重点突出、及时反馈；对于数据应真实、准确、完整、适时统计分析、有效输出、以利改进。

2 适用范围

适用于公司内、外部信息的收集、存取、传递、维护及其处置。

3 职责

3.1 企业管理部信息中心归口进行信息管理和数据分析的管理。

3.2 质量管理部门负责有关质量管理体系的信息管理和与质量体系有关的数据收集和分析的管理。

3.3 销售部门负责顾客满意度的信息管理以及在顾客满意度方面的数据的收集和分析的管理，并建立和管理公司数据库。

3.4 生产部门负责制造过程的信息管理及有关数据的收集和分析的管理。

3.5 检验部门负责产品质量的信息管理和产品的数据的收集和分析的管理。

3.6 设计部门、工艺部门、设备部门、计量部门、人力资源部门和财务部门等其他部门负责与其开展的质量活动相关的信息的管理以及有关的数据收集和分析的管理。

4 质量信息管理和数据分析管理流程

质量信息管理和数据分析管理流程如图4-20所示。

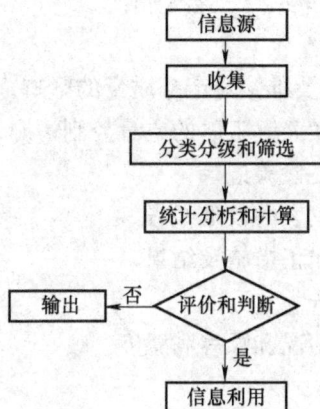

图4-20 质量信息管理和数据分析管理流程

5 控制要点

5.1 信息管理

5.1.1 信息源

1）信息作为资源的一种，是控制质量和循证决策的基础资源。它包括量化信息（如数据）和非量化信息。典型的信息源为：过程、产品和/或服务的知识和/或经验，来自供方和顾客的信息，以及公共平台的相关信息。

2）信息源类型：信息源主要包括内部信息资源和对组织有用的外部信息资源。

3）内部信息源：来自组织内部的信息，如体系、产品特性、过程能力、设备能力、人员状况、资金、效益、利润、收入、质量成本、市场份额等。

4）外部信息源：来自组织外部的信息，即来自外部相关方的信息。外部相关方主要为：顾客和最终用户，所有者和/或股东、供方和合作者、社会，以及公共平台等。

5.1.2 信息及管理需求

（1）信息内容和分级

各部门确定需要哪些信息，并需向（和/或要求）其他部门提供哪些信息。信息内容主要如下。

1）使用的技术性能指标。

2）失效模式和影响分析报告。

3）关键件和重要件清单。

4）产品定型时的质量分析报告。

5）型式（例行）试验报告。

6）严重异常、一般异常质量问题分析、处理及效果。

7）设计评审、工艺评审结果及鉴定情况。

8）可靠性工作。

9）包装、储存、搬运及维修对产品质量的影响。

10）关键件、重要件和关键工序的质量控制情况。

11）进货、过程、最终检验记录。

12）工装检验和检测仪表的校准报告。

13）不合格品分析、纠正措施及结果。

14）质量成本分析报告。

15）顾客反馈的使用情况和顾客满意度。

16）维修情况。

17）产品储存情况。

18）产品使用寿命和可靠性。

19）产品质量综合分析报告。

20）质量体系审核报告。

21）有关标准、法律、法规和行政规章。

22）同行业，国内、外产品的质量状况。

23）市场分析和预测，如市场份额等。

24）财务指标，如资金、效益、利润和收入等。

25）过程能力。

26）设备能力。

27）其他有关信息，如宏观经济和政策、法规。

各部门根据信息的重要程度对信息进行分级，分为关键信息（A 类）、重要信息（B 类）和一般信息（C 类）。

（2）信息管理手段

1）信息中心应制定有关信息管理的文件，确定信息管理手段。例如，某部门已进入计算机内部网络系统，则需采用网络方式进行信息管理，如将收集到的信息输入到计算机磁盘内并进行维护，并进行备份，以确保信息不丢失。如果某部门未进入计算机网络，则必须进行单机管理或资料式管理。

2）不论哪种管理方式，各部门都应根据信息量及信息管理工作量大小确定专/兼职信息员（资料员），负责本部门的信息管理的具体工作。

3）各部门应确定信息流程，明确有关的工作要求和方式。信息管理的主要流程为：信息采集、加工处理、存储和维护、反馈和交换，以及利用效果跟踪。

4）各部门应持续不断地进行信息管理，连续地开展信息的收集、加工处理、存储、反馈与交换，以及跟踪信息利用的效果。

5）在信息管理过程中，可以采用各种媒体，但各部门应根据设施情况，建立所管理信息的档案或信息库，如果已入计算机网络管理，则更需建立相应的计算机信息库（广义的数据库）。信息库的建立便于信息的存储、加工处理和反馈。

（3）信息的识别

为利用信息，必须对内部和外部信息源开展识别活动，确保质量管理体系信息的有效性、充分性和适用性。各部门应确定受控的信息的范围和种类。例如，对于财务，内部有过程、产品和/或服务的故障或材料或时间的浪费；外部有产品和/或服务故障、保证和担保、赔偿费用、顾客和市场方面的损失费用。

5.1.3　信息的收集（测量）

（1）总则

各部门应测量、收集或传递有关的信息（包括量化的信息，即数据），并对信息管理活动规定信息种类、负责人、记录、测量、收集，以及分析或传递的时限。

（2）体系业绩的测量

1）顾客满意度。

a）销售部门应测量顾客满意和/或不满意的信息，并规定测量的方法和措施。顾客所关心的内容主要是符合性、可信性、可用性、交付能力、售后服务及产品费用和/或得到的服务。

来自顾客的信息主要为：对产品和/或服务的反馈；顾客要求、服务资料和合同信息；市场需求变化；市场竞争信息。

b）销售部门应与顾客信息源建立联系并与顾客合作。应策划并建立进行市场调研活动的过程，以高效率地获得顾客的声音。应规定所使用的方法、测量标准及评审的频次。

c）应依据研究的性质、规定的日期、目前的技术和可得到的经费，确定数据收集的方法。采用的渠道如下：顾客投诉；与顾客直接交流；调查表；来自顾客组织的报告；各种媒体的报告；行业研究。

2）内部审核。质量管理部门应按计划进行内部审核并测量审核结果，将审核结果进行收集、分析或传递。

（3）过程的测量

1）生产部门应采用适当的方法对满足顾客要求和证实过程持续能力所必需的过程进行测量，以满足其预期目的。

2）应确定评价过程有效性和效率的测量方法。对过程有效性的测量方法的要求主要是：准确性、时间性、可信性、响应度、过程和人员对内和/或外部要求的反应时间。过程效率的测量方法要求评价生产率、人员的利用、计算机的利用、成本降低等。

（4）产品和/或服务的测量

1）检验部门应采用适当的方法对产品和/或服务特性进行测量。

2）应定期评定所使用的测量标准并根据正式的依据对数据的准确性进行验证。应确定并详细说明产品和/或服务的测量要求，包括接受准则。

5.1.4　信息的存储、保护、检索和处置

（1）存储（输入）

各部门应及时将本部门涉及的信息由专/兼职信息员（资料员）输入计算机信息库内，使信息存储到信息库内和/或其他电子媒体中，并以资料的形式将信息存档到相应的信息档案之中。

（2）保护

各部门应采取妥善措施，如信息加密或分级审查，以确保信息的安全性和保密性。

（3）处置

各部门每半年一次定期清理过时的"信息"，使存储的信息都有可利用的价值并减少信息所占"空间"。

5.1.5　信息传递及发布

各部门应将有关信息（其他部门所需的信息）及时传递到相关部门。信息传递的管理方法主要有：计算机网络管理、手工报表等。如果提供信息的部门没有及时将信息传递到相关部门，则接受信息的部门应通知该部门注意。

A 类信息应传递到公司级，B 类信息应传递到有关部门，C 类信息可作为部门和基层单位内部分析用。

5.1.6　信息的利用

各部门应将信息有效地利用，并按数据分析的规定，从信息中选择数据，作为数据分析的原始数据。

5.1.7 有效性评价

各部门应每年定期评估信息管理系统在质量管理工作中的作用，找出存在的问题，采取措施，改进信息管理工作。

5.1.8 制定规章制度

各部门需制定必要的规章制度，主要内容为：系统的结构；系统的任务；信息类别和内容；信息表格；信息管理人员职责；信息流程图及实施要求；考核办法及奖惩规定。

5.2 数据分析

5.2.1 数据源

（1）数据的范围

信息是控制质量和以事实为依据进行决策的基础资源。ISO 9000：2005 明确"信息是有意义的数据"。数据是信息的一种类型，即量化的信息。数据源包含于信息源之中，它包括来自测量和监控活动的数据，不仅应包括产品的数据，也应包括体系、顾客、供方和项目等数据。

（2）信息、信息源及信息管理（见5.1）

（3）数据内容

各部门确定应掌握的数据内容，包括本部门测量的数据，以及与其他有关部门之间相互传递的数据。

数据主要包括如下内容。

1）分析顾客满意度所需的数据，如履约率、售后服务满意率等。

2）分析产品质量所需的数据，如产品一次交检合格率、不合格品率等。

3）分析关键工序能力所需的数据，如产品的实测关键特性值和工序能力。

4）分析设备能力所需的数据，如设备故障率、设备精度值等。

5）分析生产效益所需的数据，如销售收入、利润等。

6）分析生产效益所需的数据，如产量、工耗等。

7）分析质量成本所需的数据，如预防成本、故障成本等。

8）分析质量体系有效性所需的数据，如受审核部门及数量，不符合项数量及要素分布，不符合率、纠正、风控措施有效率、产品质量稳定提高率、质量成本降低率等。

5.2.2 数据的收集

各部门应按规定收集或传递有关的数据，并对数据管理活动规定负责人及收集、分析或传递的时间安排，还要规定数据种类、记录上报周期。

应通过信息管理渠道，按照5.1的规定，有计划地、系统地收集数据，对数据的收集要求如下。

（1）及时性

数据的收集及传递应及时，便于适时、有效地决定改进措施。对于可能造成严重后果的异常数据，一经发现就应立即提供和报告传递，以免造成重大损失。

（2）准确性

数据必须如实地反映客观事实的特征及其变化情况。

（3）完整性

数据应能全面、真实地反映客观事实全貌，数据应齐全、数据数量要达到要求。

5.2.3　数据的传递（数据的发布）

各部门应开发及维护数据库。数据传递的管理方法主要有：计算机网络管理、手工报表等。

5.2.4　数据的分析（判定趋势）

1）各部门应对有关的适当的数据进行分析，以便在以下方面提供信息。

a）质量管理体系的适宜性、有效性和充分性。

b）过程运行的趋势。

c）顾客满意程度和/或不满意程度。

d）与顾客要求的符合性。

e）过程、产品和/或服务的特性。

2）为了评价组织的计划、目标和绩效并确定改进的区域，应识别和分析来自各方面的测量数据，如顾客、其他相关方、体系、过程，以及产品和/或服务的测量数据，应将分析结果用于决策。

3）分析方法。各部门应确定用于数据分析的统计方法。数据分析可用于确定哪些是具有共同原因的问题，以便与单独发生的问题进行对比。统计分析技术是分析处理数据最基本的方法，应规定各类数据的数据分析项目内容及其质量特性（产品的和过程的）参数，以及相应的统计分析方法。可选择的统计分析方法有：排列图、直方图、控制图和过程能力分析等。

通过 Windows 2000 中的 Excel 软件，可输入数据，直接给出排列图、直方图及其他统计分析用图形。在 SQC（统计质量控制）软件中，输入数据就可直接给出 $\bar{x}$-R 图、不合格品率 p 图及其他统计分析用图形。

利用计算机软件直接进行数据分析，是最为快捷且不易发生差错的有效方法。针对数据分析的需要，公司还可进行（或委托进行）软件的二次开发，使之能绘制出所需的各类控制图表和曲线。此外，现在已有许多从库存、物流到制造、销售全过程的各种分析软件，可以按需选用。

4) 分析处理流程。

a) 数据审查和筛选。对采集到的数据应再次进行审查和筛选，确保其完整性和准确性。对缺少的或不符合要求的数据，可要求重新提供或予以剔除，但不能有随意性。

b) 分类和排序。将收集到的原始数据，按一定的分类法进行分类，再根据重要程度排序，以确定数据分析处理的对象和顺序。

c) 确定分析内容。数据分析的内容宜立足于过程，可以以产品质量特性、重要工艺参数、不合格品和顾客反馈为重点，还可涉及市场预测及其他过程。

d) 统计分析和计算。应运用适当的、快捷的数据分析手段，以便及时做出反应。

e) 分析判断。在统计、分析结果的基础上，以决策目标值或标准为依据，利用专业知识和统计分析经验，对统计分析计算或绘图所得结果做进一步分析，以获得能指导改进过程控制的定量或确定性的信息，找出存在的主要问题和薄弱环节，并提出相应的改进措施建议。

f) 编写报告。将经分析判断得出的规律、趋势和结论，适时或定期编写成报告，作为信息输出或存储。报告中应附有直观的分析图表和重要数据。

g) 信息传递。将分析报告按"持续改进管理程序"的要求进行传递，为质量改进提供重要的信息和依据。

5) 应对管理体系和作业过程两方面进行分析。并应持续地分析令人满意的措施结果，以采取适当的行动。

6) 应对满意和不满意的发展趋势进行分析并用于指导改进。

7) 分析问题时，在实施纠正或预防措施之前，应先举一反三识别同类问题区域和过程是否存在该问题，同时，确定问题的原因。问题的原因通常是不明显的，尤其是潜在的原因。因此，要仔细分析产品和/或服务过程规范所有的有关过程、作业和质量的记录。

8) 质量管理部门应将来自各个部门的信息和数据进行汇集并分析，以评价整个组织的业绩，组织综合业绩的表达方式应适合于不同层次的管理者。

5.2.5 数据的利用

1) 制定改进措施，包括过程、方法、工具和体系的改进。使用过程测量结果，来保持和/或改进过程。使用内部审核结果，可以识别潜在的改进机会。

2) 数据的分析结果主要用于下列方面：

a) 过程、产品和/或服务的改进；

b) 交流；

c) 过程管理；

d) 决策。

e) 可作为管理评审的输入源。

3) 数据分析的结果可用于确定：

a) 作业的运作趋势；

b) 顾客满意结果；

c) 其他相关方的满意水平；

d) 组织的有效性和效率；

e) 质量经济性和财务及市场的业绩；

f) 基准。

5.2.6 数据过程

1) 数据的测量，收集、分析和利用是往复不断的过程。

2) 数据过程有效性评价。

为了实现组织的目标，相应的部门和人员应及时获得数据，质量管理部门负责每半年一次评价数据管理过程的有效性和效率，必要时应采取改进措施。

6 相关文件

QP10-01—2015 持续改进的管理程序。

以上记录存于信息中心，保存期为 3 年。

7 运行结果

数据管理过程有效性评价记录。

以上文件和记录存于质量管理部，保存期 3 年。

8 绩效评价指标

序号	过程指标	指 标 计 算	监控部门	监控频次
1	数据利用率	（已利用数据的项目数/实施抽查项目数）×100%	信息中心	内部审核及管理评审时

【案例 4-15】 内部质量审核程序

版次：02 修改码：01	××××公司质量管理体系程序 内部质量审核	编号：QP 09-03—2015 批准：××× 年 月

1 目的和要求

1.1 目的

为了评价质量管理体系的充分性、适宜性和运行的有效性，寻找改进的机会。

1.2 要求

全面覆盖，抓住重点，系统评价，有效跟踪。

2 适用范围

适用于本公司质量管理体系覆盖产品的质量管理体系审核、产品（质量）审核、过程（质量）审核。

3 职责

3.1 质量管理部归口管理内部质量审核并负责实施质量管理体系审核。

3.2 技术发展部设计部门负责产品质量审核。

3.3 技术发展部工艺部门负责制造过程的质量审核。

4 术语

4.1 审核范围

某次审核的领域和程度。

4.2 审核方案

针对特定时间段所策划，并具有特定目的的一组（一次或多次）审核。

4.3 审核准则

一组方针、程度或要求。审核准则是用作与审核证据进行比较的依据。

4.4 审核证据

与审核准则有关的并且能够证实的记录、事实陈述或其他信息。

4.5 审核发现

将收集的审核证据对照审核准则进行评价的结果。

5 内部质量审核控制流程

内部质量审核控制流程，如图 4-21 所示。

6 控制要点

6.1 审核的对象和准则

6.1.1 质量管理体系审核

对象为各部门、各要素的质量活动过程，其依据的准则是手册、程序、岗位文件。

6.1.2 产品审核

对象为质量管理体系覆盖的全部产品，其依据是产品标准和出厂检验规范。

6.1.3 过程审核

对象为质量管理体系覆盖涉及产品的关键、重要特性实现的重要过程、特殊过程，其依据的准则是工艺文件（包括工艺卡、工序卡、检验卡、有关工艺导则和作业指导书）。

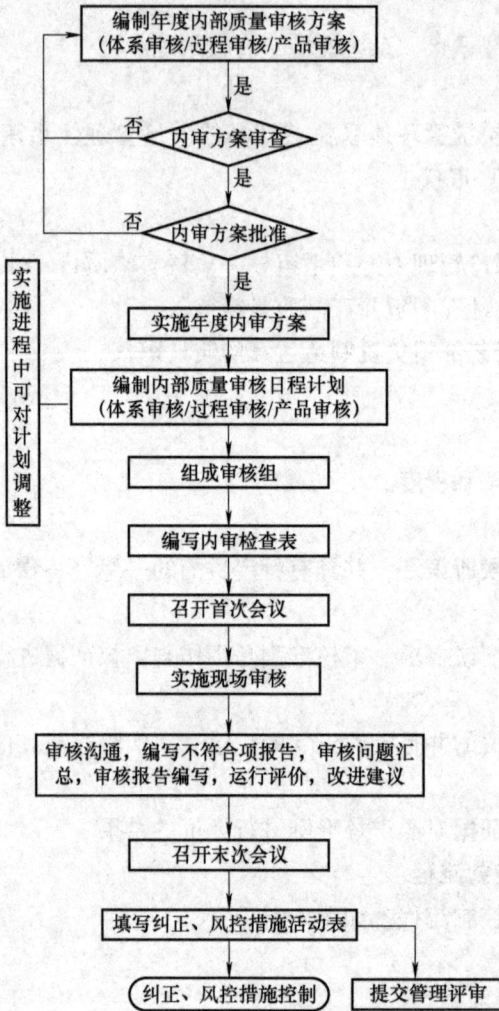

图 4-21 内部质量审核控制流程

6.2 审核的范围和频次

6.2.1 质量管理体系

（1）定期审核

一般每年一次，在管理评审前进行。体系运行初期（包括体系重大变更后），应一年进行两次以上。

（2）经常审核

每月对 3～5 个部门或要素进行审核，按所审核问题的重要性及部门质量活动开展的实际情况安排适当的频次。

6.2.2 产品审核

根据顾客反馈和有关信息,结合型式试验,每半年至少审核一种产品。详见"产品审核导则"。

6.2.3 过程审核

1)对现生产工艺过程,根据顾客反馈和有关信息,每季度至少进行一次过程审核。

2)对新工艺过程,正式投产前应进行过程审核。

详见"过程审核导则"。

6.3 审核人员资格

1)由经过内部审核员正规培训合格、并经聘任的有资格人员担任。

2)审核人员从事的工作应与被审核部门的利益无关,以保持其独立性和公正性。

3)质量管理体系内审员必须符合上述条件。产品和过程的内审员除符合上述条件外,还必须掌握相应的业务知识,熟悉业务工作及其规范。

6.4 审核计划

6.4.1 总则

编制计划时应:

1)全面覆盖。

a)一年内应覆盖质量管理体系涉及的所有部门和过程。

b)应覆盖所有的班次,包括中班和夜班。

2)重点突出。

a)根据问题的重要性和实际情况来安排审核频次和时间。涉及关键、重要质量特性的产品质量问题,以及涉及质量管理体系自我完善机制的问题(管理评审、内部审核、持续改进等),属于重要问题。实际情况是指部门(或单位)担负的过程和质量活动的难易程度、工作量及实际运行中存在问题的多少。

b)根据顾客及其他信息反馈、需要优先解决的问题。

c)考虑以前审核遗留的重要问题的继续跟踪。

6.4.2 年度计划

1)质量管理部应于每年元月编制当年的质量管理体系年度审核方案,确定每次审核的时间(安排到月份)、部门(或过程)。技术发展部负责编制产品审核和过程审核方案。

2)审核的年度方案经管理者代表批准后生效。

3)根据运行情况的需要可调整方案,但调整必须经过批准。调整方案时,可增加专项审核或审核频次，调整审核时间，但在取消预定的审核时，应有令人信服的理由。

6.4.3 日程计划

1）每次审核实施前 3 周，质量管理部应委任审核组长，由审核组长负责编制审核的日程计划。

2）日程计划应按审核方案的要求细化到所审核部门（或单位）覆盖的过程或产品，以及过程审核的主要活动。

3）日程计划的时间分配应视问题的重要性和实际情况决定。

4）日程计划应在审核前一周发送至被审核部门（或单位）。

6.5 审核要求

每个部门（或单位）的审核要求，由质量管理部负责编制，并在下达审核任务时，发给审核组组长。

6.6 审核组的组成

除审核组组长外，审核组的其他成员由质量管理部从有资格的人员中选择，根据工作需要进行安排。

6.7 审核的实施

6.7.1 检查表

审核组组长负责对审核工作进行策划并编制审核用检查表。

6.7.2 现场审核

应注意寻找是否根据有关程序和岗位文件运行或操作的证据，并加以记录。应特别注意识别并指出改进的机会，提出改进的建议。受审核部门应及时采取措施改进管理。

6.7.3 审核发现

审核组应将审核发现的事实与审核准则进行比较，确定不符合事实，并及时向受审核部门通报。

6.7.4 审核组评定会

审核组将审核发现的不符合进行分析，对于系统性的问题应确立不符合项。对于偶然性问题，情节严重的，可直接判明；涉及产品的关键重要特性者，应判为不符合项。根据不符合项，提出审核结论。

6.7.5 不符合报告

审核组应就确立的不符合项，编制正式的不符合报告。

6.7.6 审核报告

审核组长应根据议定的审核结论，编写正式的审核报告，并由质量管理部以书面形式分发给有关部门（或单位）。

6.8 跟踪审核

对于内部审核中发现的不符合项，由质量管理部实施跟踪审核。验证纠正措施的实施和已进行的验证的效果。关于产品质量审核，详见"产品审核导则"；关于过程质量审核，详见"过程审核导则"。

7 相关文件及运行结果

引用文件：

1）QP 09-03.01—2015 产品审核导则；

2）QP 09-03.02—2015 过程审核导则。

成文信息：

审核报告。

8 运行结果

1）不符合报告；

2）纠正措施验证记录。

以上文件和记录存于质量管理部，保存期3年。

产品质量审核和过程质量审核的文件和记录保存于技术发展部，保存期3年。

9 绩效评价指标

序号	过程指标	指 标 计 算	监控部门	监控频次
1	不符合项的纠正率	（纠正的不符合项/审核发现的不符合项）×100%	质量管理部	1次/年
2	不符合项重复发生率	（重复发生的不符合项/累计审核发现的不符合项）×100%	质量管理部	1次/年

【案例4-16】管理评审程序

版次：02 修改码：01	××××公司质量管理体系程序 管理评审	编号：QP 09-04—2015 批准：××× 年 月

1 目的和要求

1.1 目的

1）通过最高管理者对质量管理体系的充分性、有效性、适宜性的评审，不断改善质量管理体系及其运行效果，给企业带来更多利润。

2）确保质量管理体系持续符合ISO 9001标准。

3）确保质量管理体系能够实现质量方针、目标的要求，提高企业的市场竞争力。

1.2　要求

输入有效，评价切实，明确目标，跟踪管理。

2　适用范围

适用于全公司质量管理体系的评审。原则上也适于各分公司、部门、基层单位在所管辖范围内的质量管理体系评审。

3　职责

3.1　总经理

3.1.1　负责按计划进行管理评审

3.1.2　评审前，总经理应提出评审的重点和对评审输入的要求。

3.1.3　主持评审会并做好总结性发言，对体系运行情况做出切合实际的评价并明确改进任务和要求。

3.1.4　批准管理评审报告。

3.2　管理者代表

3.2.1　向总经理报告体系运行情况，提出关于管理评审的建议，协助总经理做好有关管理评审的各项工作。

3.2.2　负责管理评审实施计划的落实和组织协调工作。

3.2.3　审查管理评审报告。

3.2.4　负责评审后的跟踪检查及报告并协调落实改进措施中的问题。

3.3　质量管理部

3.3.1　协助总经理、管理者代表做好有关管理评审的各项工作。

3.3.2　收集并准备管理评审所需的资料，控制好评审的输入和其他准备工作。

3.3.3　整理并编写管理评审报告（草稿）。

3.3.4　对评审后的跟踪活动具体实施管理。

3.4　相关部门（单位）

3.4.1　部门（或单位）负责人负责准备并提供评审所需的与管辖范围有关的资料。

3.4.2　根据评审通知，出席会议并事先对全公司的质量管理体系运行及改进重点准备好意见和建议。

3.4.3　负责实施管理评审提出的涉及本部门的质量改进措施。

3.4.4　参照公司管理评审的精神，评价本部门、本单位的质量管理活动开展情况并提出相应的改进措施。

4　管理评审流程

　　管理评审流程如图 4-22 所示。

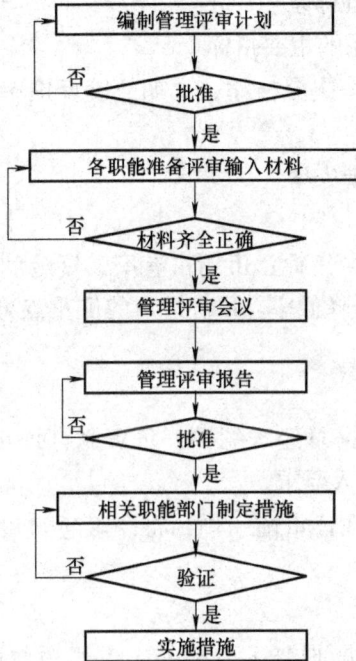

图 4-22　管理评审流程

5　控制要点

5.1　总则

　　1）建立并保持管理评审程序。在每年 12 月份，应由总经理主持管理评审。

　　2）管理评审应针对质量管理体系的适宜性、充分性和有效性进行评价。

　　3）应对是否需要更改公司的质量管理体系、质量方针和质量目标做出评价。

　　4）应评审质量管理体系的现行状况和改进机会。

5.2　评审的输入

5.2.1　管理评审涉及质量管理体系运行的一般情况，主要涉及如下内容。

　　1）审核结果。

　　2）顾客反馈。

　　3）过程运行情况和产品符合性。

　　4）纠正措施的情况。

5）应对风险和机遇措施的有效性。

6）以往管理评审的跟踪情况。

7）可能影响质量管理体系的变化。

5.2.2　公司质量管理体系的主要指标

1）产品质量：总装一次合格率；早期故障反馈率；平均无故障工作时间（MTBF）。

2）质量成本：质量损失率。

3）顾客满意度指数（CSI）。

4）整体竞争力的综合指标：市场占有率、资金利税率、增加值劳动生产率、消耗（物耗、能耗）降低率。每次评审的侧重点可以有所不同，但其输入的背景材料应尽量详实。

5.3　评审计划

1）管理者代表应根据总经理意图，负责制订评审计划，明确评审时间、评审内容和评审的具体输入要求。

2）质量管理部负责在评审前一周，将评审通知和有关评审输入资料分发到每个与会者。

5.4　评审的实施

1）由总经理确定主题报告人。报告人应简短地说明主要观点、结论及建议。

2）与会者根据评审输入的背景材料、主题报告和本部门、单位的实际，对质量管理体系做出评价。

3）由总经理作总结性发言。

4）评审时间一般为一个工作日。

5.5　评审的输出

管理评审的输出应包括的措施涉及如下内容。

1）质量管理体系及其过程的改进。

2）与顾客要求有关的产品的改进。

3）资源的需求。

4）过程、产品的审核。

在每次管理评审后，根据总经理意见形成的"管理评审报告"，应视具体情况明确有关改进要求。

5.6　评审的跟踪

1）由质量管理部负责对每一项改进要求，实施具体跟踪直到取得预期的效果。

2）管理者代表负责协调解决落实改进措施中的问题，并按季度检查跟踪措施执行情况，向总经理报告。

6 相关文件

成文信息：

1）管理评审计划；

2）管理评审输入的专题报告；

3）管理评审报告；

4）管理评审跟踪报告。

7 运行结果

管理评审会议记录。

以上成文信息和记录存于文件管理的责任部门，保存期除另有规定外，一般为3年。

8 绩效评价指标

序号	过程指标	指标计算	监控部门	监控频次
1	整改措施完成率	（已整改完毕的项目数量/评审整改项目数量）×100%	质量管理部	下次管理评审时

【案例4-17】 职能绩效管理程序

版次：02 修改码：01	×××公司质量管理体系程序 职能绩效管理	编号：QP 09-05—2015 批准：××× 年 月

1 目的和要求

1.1 目的

为确保本公司的产品质量和质量管理体系运行的有效性，不断地满足顾客的要求，切实做到职能绩效评价管理。本程序对职能绩效评价管理的各活动过程实施规范化管理。

1.2 要求

以信息源为基础，实时分析，改善决策，提高效率。

2 适用范围

本程序适用于本公司质量管理体系覆盖的过程、产品和体系，及其所涉及职能绩效管理的各个方面，如职能绩效评价、考核等活动的管理。

3 职责

3.1 总经理负责在全公司范围内职能绩效管理的决策。

3.2　质量管理部是质量管理体系职能绩效量值归口管理部门。

3.3　企业管理部是职能绩效考评活动的责任部门。

3.4　人力资源部配合企业管理部实施的职能绩效考评活动。

3.5　各有关部门和基层单位积极参与职能绩效管理项目的实施。

4　持续改进管理流程

职能绩效管理流程如图 4-23 所示。

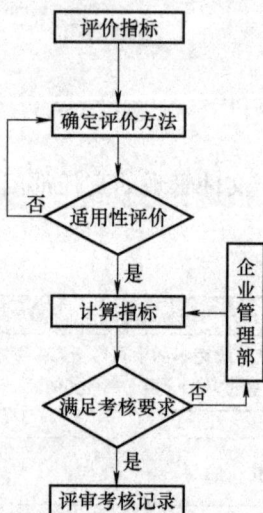

图 4-23　职能绩效管理流程

5　控制要点

5.1　总则

绩效管理应在 PDCA 循环中，着眼于找出薄弱环节和制约过程、产品特性、体系效益发挥的关键，实现预期效果。

5.2　绩效管理的策划

公司质量管理体系绩效评价的策划和管理由企业管理部实施。

5.2.1　策划的依据

公司质量方针、目标、管理评审和内部审核结果，纠正措施及其他信息反馈和数据分析结果是策划的基本依据。

5.2.2　策划的内容

绩效管理策划除遵循质量策划的一般原则外，应侧重其活动过程及其职能。例如，对于外部提供的过程、产品和服务的控制来说，公司的进货检验合格率是其对评价外部提供的过程、产品和服务的供应商的评价指标之一。

根据其主要职能过程，确定过程有效性部分量化指标、评价方法，包括计算方法、评价人员和频次。公司各职能绩效评价内容见表4-3。

表4-3 公司各职能绩效评价内容

序号	职能	过程指标	指标计算	监控部门	频次	有效性
1	实施质量目标	质量目标完成率	（目标完成数量/目标总项数）×100%	质量管理部	每季度	
2	质量策划	策划完成率	（已完成的策划项目数/实施策划项目数）×100%	质量管理部	内部审核及管理评审时	
3	工作环境	环境参数达标率	（实际达标的环境参数数量/检查的环境参数数量）×100%	质量管理部	1次/月	
4	人力资源培训	培训计划完成率	（实际完成的培训项目数/制定的培训项目数）×100%	质量管理部	1次/年	
5		培训有效率	（培训合格的人数/参加培训的人数）×100%	质量管理部	每次	
6	数据和信息分析与评价	数据利用率	（已利用数据的项目数/实施抽查项目数）×100%	信息中心	内部审核及管理评审时	
7	成文信息控制	成文信息受控率	（受控文件数量/检查文件数量）×100%	质量管理部	内部审核时	
8	顾客有关过程	合同/订单履约率	（履约合同、订单数/接收合同、订单数）×100%	市场部	1次/半年	
9	设计开发	图纸、技术文件受控率	（受控文件数量/检查文件数量）×100%	技术发展部	内部审核时	
10	外部提供的过程、产品和服务控制	供应商及时交付率	（按时交付批数/总采购批数）×100%	采购部门	1次/半年	
11		采购产品合格率	（采购产品合格批数/采购产品总到货批数）×100%	质量检验部	1次/季	
12	生产服务提供	特殊过程工艺执行率	（特殊过程工艺执行项目总数/特殊工艺检查项目总数）×100%	技术发展部	1次/半年	
13		开箱合格率	（批开箱合格数量/批开箱数量）×100%	市场部	1次/季	
14	检验和试验控制	过程检验错、漏检率	（最终产品下线不合格工序总数/最终产品下线工序总数）×100%	质量部	1次/季	
15	不合格品控制	不合格品及时处理率	（不合格品及时处理数/发现的不合格数）×100%	质量检验部	1次/月	

(续)

序号	职能	过程指标	指标 计 算	监控部门	频次	有效性
16	顾客满意度	顾客满意度指数	问卷调查 ×0.3 + 顾客投诉抱怨 ×0.3 + 顾客退货 ×0.4	市场部	1 次/半年	
17	纠正措施	不符合项重复发生率	（重复发生的不符合项/累计审核发现的不符合项）×100%	质量管理部	1 次/年	

5.3 后续控制和纠正措施

5.3.1 及时评价管理

1）按照上表中监控部门和评价频次的要求及时安排评价。

2）无论符合职能绩效与否，都应接受考核。不符合的职能绩效要进入纠正措施程序。

3）纠正措施有效性需要再评价。

5.3.2 属于评价指标和评价方法的不适合，需要重新确定评价指标和评价方法。

5.3.3 考核

按照 QP 09-05.01—2015 职能绩效考核办法要求实施考核。

6 相关文件

引用文件：

QP 09-05.01—2015 职能绩效考核办法。

7 运行结果

纠正措施记录按立项管理范围保存在质量管理部或有关部门、单位，保存期 1 年。

8 绩效评价指标

序号	过程指标	指标 计 算	监控部门	监控频次
1	考核的及时有效率	（实施考核项目数/需实施考核项目数）×100%	管理者代表	管理评审时

【案例 4-18】 持续改进的管理程序

版次：02 修改码：01	×××公司质量管理体系程序 持续改进的管理	编号：QP 10-01—2015 批准：××× 　　　　　年　月

1 目的和要求

1.1 目的

为确保本公司的产品质量和质量管理体系运行的有效性不断地满足顾客的要求，必须切实做到持续改进。本程序对持续改进的各项活动实施规范化管理。

1.2 要求

以信息反馈和数据分析为基础，及时立项，判明原因，措施对症，跟踪管理，务求解决。

2 适用范围

本程序适用于公司质量管理体系覆盖产品所涉及持续改进的各个方面，如纠正措施、预防措施、质量改进攻关等活动的管理。

3 职责

3.1 公司总经理负责在全公司范围内营造持续改进的氛围，对重大改进项目进行决策。

3.2 质量管理部是质量管理体系持续改进活动的责任管理部门。

3.3 技术发展部是产品质量和制造过程改进活动的责任部门。

3.4 各有关部门和基层单位负责组织改进项目的实施。

4 持续改进管理流程

改进包括突破性改进、持续改进、创新和重组。本程序仅阐述持续改进，持续改进管理流程如图 4-24 所示。

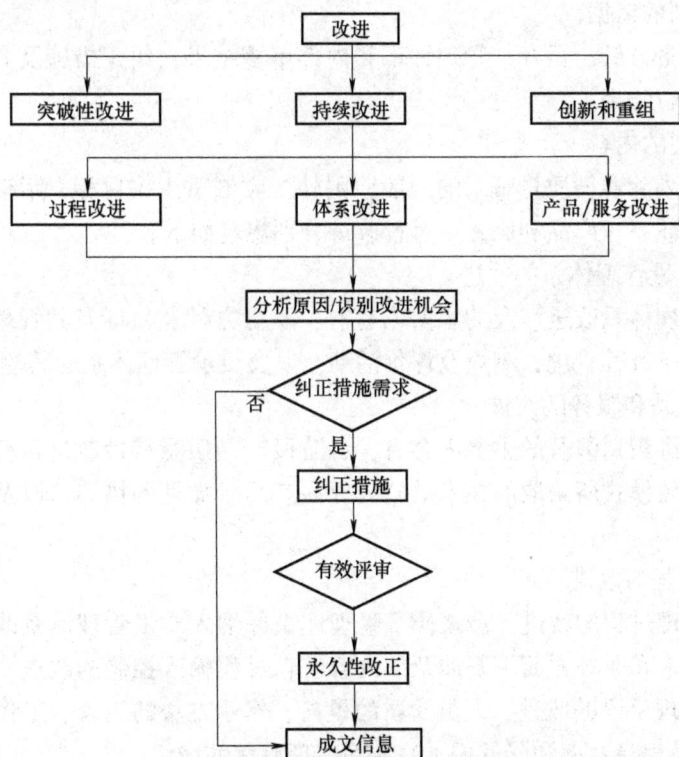

图 4-24　持续改进管理流程

5 控制要点

5.1 总则

改进应着眼于改善产品特征和特性，以及提高过程的有效性和效率。改进的基础在于过程。为此，可采取的措施如下。

1）测量和分析现状，找出薄弱环节和制约产品特性、过程效益发挥的关键。

2）确立改进目标，即明确改进的预期效果。

3）研究可能的解决问题的方案。

4）评价和选择方案。

5）实施所选定的方案。

6）测量、验证和分析实施的结果。

7）使成功的措施规范化，即纳入文件的永久更改。

必要时对结果进行评审，以确定进一步改进的机会。改进应是持续的活动，以确保产品、过程、体系的不断完善，不断提高公司在市场中的竞争力。

5.2 持续改进的策划

公司质量管理体系持续改进的策划和管理由质量管理部实施。

5.2.1 策划的依据

公司质量方针、目标、管理评审和内部审核结果，纠正措施及其他信息反馈和数据分析结果。

5.2.2 策划的内容

改进策划除遵循质量策划的一般原则外，应侧重主攻目标、活动过程及其职责。现就体系、产品和服务、过程改进分别规定如下。

（1）质量管理体系的改进

质量管理体系改进涉及的主要内容有：质量方针、目标及其管理，组织结构，资源配备及其管理，测量及评价活动，以及质量管理体系的其他质量活动。

（2）产品和服务的改进

产品改进策划涉及的主要内容有：各阶段产品质量特性改进目标，针对产品的主要失效模式所采取的技术措施，提高产品可靠性的措施，以及相应的资源保障。

（3）过程的改进

产品实现过程的改进，涉及质量管理体系并纳入质量管理体系改进一并考虑，在其技术和业务方面主要涉及的内容有：过程输入控制的改进，过程的优化（过程实现手段的改进、人员素质的提高、作业方法的完善、工作环境的改善等），以及提高效率和降低成本，从而实现更多的增值。

5.3 纠正措施

5.3.1 项目的分级管理

1）属于顾客反馈的不合格问题，以及涉及跨部门和基层单位的问题，由质量管理部负责立项并管理。

2）属本部门、本单位内部过程的不合格问题，由所在部门或基层单位负责立项并管理。应按不合格问题的严重性、不合格可能造成的后果，以及企业的实际情况，如可承受的风险水平、其装备水平、其财务能力等，来确定纠正措施的优先顺序及措施的实施。

5.3.2 确定不合格原因

为了消除不合格原因，防止再次发生同样的不合格，应准确确定产生不合格的根本原因。为此，应区别不合格的不同情况，采取不同的确定不合格原因的方式。

1）对于不合格原因明显的简单问题，可依据经验加以判断。

2）对于有相当复杂性，凭过去的经验不足以判定的问题，可采取下列方式：

a）通过调查研究充分掌握第一手材料（如实物的失效分析、断口分析、理化分析，以及确切的使用工况等）。

b）召开有关人员专题分析会议。

5.3.3 评价是否需要采取措施

在决定采取纠正措施前，应考虑是否将不合格控制在公司目标范围内。若超出公司当年下达的目标，则这种不合格是不允许存在的，必须采取纠正措施，确保不合格降到控制目标之内。

若不合格在公司控制目标之内，则不必采取纠正措施，以避免过多地提高成本。

5.3.4 评审

应对所采取的纠正措施进行评审，其主要内容为：

1）纠正措施的适宜性（包括对预期效果、成本增加及可操作性等的评估）。

2）纠正措施的有效性。

3）进一步改进的机会。

6 相关文件

引用文件：

QP10-01.02—2015 纠正措施控制规范。

7 运行结果

　　纠正措施记录，按立项管理范围，保存在质量管理部或有关部门、单位，保存期1年。质量管理体系改进记录，保存在质量管理部，保存期3年。

8 绩效评价指标

序号	过程指标	指 标 计 算	监控部门	监控频次
1	纠正措施的有效率	（评定有效的纠正措施数/实施的纠正措施数）×100%	质量管理部	管理评审时

4.4 程序文件案例点评

　　1）上面的程序文件的案例，都是结合公司的具体过程，指出编写程序文件的方向和具体的思路。尤其对于刚建立质量管理体系初期的组织，更有很好的参考价值。

　　2）每一个程序都是针对一个"过程"阐述过程的职责，包括过程的归口职能部门、责任部门和参与部门。有些程序明确满足 ISO 9001：1994 要求，如"检验和试验控制程序"，分别提出"检验文件的要求""进货检验""过程检验和试验"和"最终检验和试验"要求，后面的"绩效评价指标"中的"进货检验错、漏检率"和"过程检验错、漏检率"很准确。到现在，很多企业还把"检验合格率"作为检验的绩效评价指标。因为产品是否合格，是生产出来的，而不是检验出来的。把"检验合格率"作为检验过程的绩效评价指标是不正确的。

　　3）每一个程序都针对这个过程绘制了流程图，甚至有的程序绘制了3个流程图。这样的流程图直观明了。流程图判断菱形框分别示出在什么情况下，应该怎样实施。这就是说过程得出"是"和"否"的结论以后，下一步应如何实施。若按照流程框图和箭头的指向运行，基本能实现预期的结果。

　　4）在程序的后面，都给出本过程的至少一个绩效评价指标。这里绩效评价指标包括"过程指标""指标的计算方法""监控责任部门"和"监控频次"。若把所有程序中的绩效评价指标集合，就构成公司总体的绩效评价指标评价体系。同时，以此为改进的起点和机会，从而确保公司的持续改进。

　　5）质量方针是组织业务总方针的一个重要组成部分，是质量管理体系的龙头，是实施和改进组织质量管理体系的动力。因此，从一定意义上可以说，质量方针的水平决定了质量管理体系的水平。质量方针是全局性、战略性的，是全体员工的座右铭，是处理质量问题所依据的最高准则。不能设想在一个低水平的质量方针引导下，能搞出一个高水平的质量管理体系来。目前，组织管理者多数都偏重关注业务发展和资金平衡，基本不太研究质量方针和目标，因此"质量方针和目标管理程序"案例，对从质量方针、目标的策划、调研、征集意见和形成草案的过程提出了要求。同时，包括对评审、宣贯，以及动态管理也明确了要求。这就对最高管理者提供了明确的启示。

6）质量信息是指反映过程、产品和/或服务质量的状态、变化及相关因素间关系的数据、报告和资料，也是进行质量管理、实施质量控制的重要依据。随着企业的发展，对信息的质量、数量、传递速度要求越来越高。问题在于，许多组织的最高决策者尚缺乏这方面的远见卓识。因此，"质量信息管理和数据分析程序"较详细地确定信息流程的有关程序和要求，以便于借鉴。为了实现质量信息管理的科学化和规范化，提高管理工作效率，应合理地确定信息流程。还要确定数据分析手段，利用分析的各项内容及其质量特性参数和相应的统计方法。在这方面，"质量信息管理和数据分析程序"都提出了详细的要求，包括实施的流程、方法和手段。

7）"与顾客有关过程的控制程序"规定的更实际一些。把顾客产品分为"标准产品（定型产品）""派生产品"和"特殊产品"。对这些产品的评审方式不同。对于标准产品，由市场部销售人员在授权范围内进行签字评审即可。超出授权范围的，应由生产制造部、物资供应部会签。对于派生产品，由市场部根据需要组织技术发展部、生产制造部、物资供应部进行传递评审或会签。对于特殊产品，应由市场部组织有关部门（如设计、工艺、检验、供应、生产和质量等部门）进行会议评审。

8）程序文件特别关注"异常流"的控制。例如，"外部提供的过程、产品和服务控制程序"规定了例外采购的控制：当因特殊情况造成原有"合格供方名录"内的供方不能正常供货而生产急需时，可实施例外采购，但必须对这种进货进行更为严格的控制。在这方面的控制措施有批准，具有关键质量特性产品经总经理批准，其他产品由管理者代表批准；提高合格质量水平，进行更为严格的进货检验；对例外采购的物资做出标识，以便跟踪了解生产过程及发往顾客后的情况，一旦发生问题，还可以及时追回进行更换；例外采购属于试用，只适用于限定数量或时间内，若试用情况良好，则应按供方选择、评定的要求，经过评定，符合条件者进入"合格供方名录"。这样的程序，既不影响生产，还能严格控制进货质量。

第 5 章　岗位作业文件

5.1　概述

5.1.1　岗位作业文件的作用

岗位作业文件通常被称为第三层次文件，主要作为程序文件的支撑文件，一般把程序文件看作第二层文件。岗位作业文件在 ISO 9000 术语标准中没有明确的定义，但在 ISO 9001 等标准中都涉及岗位作业文件。例如，ISO 9001：2015 标准中 8.5.1 生产和服务提供的控制中，规定受控条件包括可获得成文信息，以规定以下内容："所生产的产品、提供的服务或进行的活动的特性和拟获得的结果。"ISO/TS 16949：2009 中的 7.5.1.2 规定："组织应为所有负责影响产品质量的过程操作人员，提供成文的作业指导书。这些指导书应在工作岗位易于得到。这些指导书应来自于诸如质量计划、控制计划及产品实现过程。"岗位作业文件是质量管理体系程序的支撑文件，称为作业规程或作业指导书。根据质量体系文件的构成模式，对于三、四层次模式来说，岗位作业文件属于第三层文件，用于支撑第二层文件——程序，而程序文件可以引用有关的岗位作业文件。岗位作业文件，一般也可称为作业规范或作业标准。

质量管理体系程序是为进行某项质量活动和过程所规定的途径的文件。在产品和服务形成过程中需要开展大量的活动，以最终交付给顾客满意的产品和服务。对于在 ISO 9001 中有明确要求的活动应在相应的质量管理体系程序中描述，但限于篇幅或其他原因在程序中描述不细或深度不够，则可引用岗位作业文件，在作业文件中应予以详细规定。对于在 ISO 9001 中虽没有要求，但为了更有效地控制质量需要开展的必要的活动，同样应该通过岗位作业文件来规范其实施要求。这类岗位作业文件可以被有关的程序文件引用。岗位作业文件主要包括技术性的作业指导书及管理性的工作标准，如管理标准（或称管理规范）和工作标准（或称工作规范、工作细则、岗位规范）。

程序中引用的岗位作业文件是程序文件的支撑文件，它更详细地规定某些质量活动的具体管理活动怎么样开展，如涉及有关设备管理、工装管理、工位器具管理、文明生产管理及公用设施管理等。

岗位作业文件从广义上说也可以称为是一种特殊的程序（工作程序）文件，

只是岗位作业文件和程序文件相比，在范围、时间和所描述对象等方面有区别。程序文件规定的措施涉及的活动或过程范围比作业文件广，但岗位作业文件在对活动或工作的描述上，要比程序文件更详细。可以认为，岗位作业文件是某项活动的工作程序文件。

岗位作业文件的重要性主要体现在：

1）使工作或活动有章可循，使过程控制规范化，处于受控状态；

2）确保实现产品/工作/活动质量特性；

3）保证过程的质量；

4）对内、对外提供文件化证据；

5）持续改进质量的基础和依据；

6）在某些情况下，若没有岗位作业文件，则工作或活动的质量不能保证。

5.1.2　岗位作业文件的内容

岗位作业文件包括作业指导书、管理标准（或称管理规范）和工作标准（或称工作规范、工作细则）。岗位作业文件应更加详细地规定如何开展某项活动，或者规定某项管理工作的要求和验收条件。

岗位作业文件的内容主要包括：所要描述和规定的活动/岗位作业文件的目的、适用范围、职责、何时、何地、谁、做什么、怎么做（依据什么去做）、留下什么形成文件信息来证实所做工作符合要求。对于作业指导书，描述的关键内容主要是如何去做；而对应管理标准或工作标准，描述和规定的主要内容是要求和验收条件。

组织应明确所需进行操作的过程，需要时应将作业指导的信息形成文件，且规定：生产和安装方法；适宜的生产和安装设备的使用；适宜的工作环境；作业流程和操作要点；什么样的质量才是合格的。

在质量管理体系文件中，岗位作业文件繁多，表现形式复杂。一般来说，岗位作业文件主要受产品和具体岗位、工作、活动的影响。由于某些产品复杂、品种繁多、工艺路线长、工序多和涉及的岗位多，因此岗位作业文件就可能多。

5.2　岗位作业文件编制要点及"常见病"

根据作者多年从事审核、咨询的经验，针对企业岗位作业文件的"常见病"，在编写岗位作业文件时，应注意下列事项。

5.2.1　岗位作业文件应能支撑程序文件

岗位作业文件与程序文件的接口联系一定要处理好。通常，岗位作业文件和有关的程序文件并非由同一人编写。在描写某一项具体活动时，经常出现脱离程序文件来编写岗位作业文件的情况。例如，在程序文件中的某项活动没有详细规定，要依赖岗位作业文件解决，而在岗位作业文件中，也没有详细规定，使有关人员不知道如何开展此活动。再如，在岗位作业文件中详细地描述了企业的业务管理过程，而没有说明程序文件中要求展开的某些重要的质量保证活动具体该怎么做。

5.2.2　注意分清岗位作业文件与程序文件的界限

对 ISO 9001 的质量管理体系而言，程序文件就是描述 ISO 9001 标准各过程所要求的质量活动的控制程序。其内容应包括关于如何达到过程活动要求的确切描述。质量管理体系中，一般讲的程序不是作业程序（岗位作业文件），而是讲到某项职能活动的形成文件的程序。然而，岗位作业文件主要是岗位运作的具体要求，如 ISO 9001：2015 标准中 8.5.1 生产和服务提供的控制要求中，获得"所生产的产品、提供的服务或进行的活动的特性"的成文信息，包括岗位作业文件的要求。

5.2.3　区分质量管理体系要求与业务要求

通常，凡是 ISO 9001 标准中没有明确规定的，都可不必进入质量管理体系，应特别注意质量管理体系要求与业务要求的区别。这在建立质量管理体系、准备实施质量管理体系认证阶段尤为重要，可以避免分散精力。

5.2.4　职责、权限和相互关系协调一致

岗位作业文件中的职责、权限和相互关系，同质量手册和程序文件中的相应规定要保持一致，同时应包括与临时性的横向联合团队之间的相互关系。

5.2.5　控制力度与质量要求一致

有的岗位作业文件中，对活动输出的质量要求很高，但按所规定的活动来操作，却不能保证质量要求的实现。例如，产品质量特性有具体的要求，然而岗位作业文件中却存在规定的过程能力与所要求不合格品率不适宜，造成工序能力不足等情况。

5.2.6　与质量管理体系的业绩改进指南适当接口

对于管理基础较好的企业，岗位作业文件的编写以 ISO 9001 质量管理体系的要求为主，但制造业可以参考 IATF 16949：2016《质量管理体系要求　汽车生产

及相关服务组织》的规定。这样，既能对外提供有能力满足顾客要求的信任，又能对内满足质量管理获取更大绩效的需要。而对于大多数企业，则宜在深入贯标的阶段，再充实有关内容。

5.2.7　注意"异常流的控制"

"异常流"是正常活动的例外信息。例如，对工序能力过剩或过低达不到设计规范和产品质量要求、设备故障、工装失准和标识不清等"异常流"，应做出预防性的控制安排，并开展有关的活动，以免一旦发生这种情况时失去控制。

5.2.8　搞清各项活动的全部输入与输出，并加以全面控制

对于每项活动来说，都可将其视为一个"过程"。为了使这个"过程"受控，就必须认真地识别它的全部输入和输出，并明确其要求。我们经常看到，有些组织在一些重要过程和活动中，如设计开发、管理评审时遗漏了某些必要的输入，以致整个活动达不到要求。同时，还要注意分析和研究，外界可能对"过程"有哪些不期望的异常干扰，并加以排除。

5.2.9　必须符合企业实际，可以操作

岗位作业文件是指导实际工作的，对各方面因素应进行综合考虑，如劳动强度和检查频次等，任何要求都应切合实际。岗位作业文件是针对某一特定事物的管理过程，也就是对特定的事物的质量予以指导和评价。因此，岗位作业文件必须是可操作的，能保证达到质量要求的，否则，就会无的放矢，而被闲置不用。这样不但不利于体系的有效运行，而且会导致十分有害的有章不循的后果。在审核中经常发现，实际作业情况与岗位作业文件的规定不一致。究其原因，一是编制岗位作业文件人员根本不了解实际是怎样操作的，二是由于岗位作业文件无法执行，而由操作者自行加以修正。因此，在岗位作业文件编制过程中，总结成熟的作业经验，予以继承是完全必要的。在岗位作业文件开始实施时，文件编写人员应到现场跟踪、了解存在的问题，并及时加以解决。对岗位作业文件中存在的问题，操作人员不能擅自修改，而应及时反馈信息，按规定程序进行修改。

5.2.10　要求不同，写法不同

不论是哪一类型的岗位作业文件，都是针对某一特定的过程岗位：产品、工序（过程）、设备、工装等提出来的。不同的过程有不同的要求。因此，在编写形式上应有区别或不同，即在表现形式上，没有必要强求一律。任何形式都要服务于内容，内容决定形式。当然，在做这一工作时，应力求岗位作业文件在编写形式上的一致，

这样便于文件的管理。岗位作业文件编写参见 1.4.5 文件的编制导则。

5.2.11　应及时更改

　　岗位作业文件在实际应用中，应本着实践是检验真理的唯一标准的精神，通过岗位作业文件在实践工作中的实施，根据实施情况和活动结果的分析和研究，不断发现岗位作业文件存在的问题。不适宜的内容要修改，而成功的作法要纳入到文件之中。因此，文件更改是必然的，这是增值过程，且更改要及时。

5.3　岗位作业文件案例

【案例 5-1】设备管理规程

版次：02 修改码：01	××××公司岗位作业文件 设备管理规程	编号：QP 08-04.01—2015 批准：××× 　　　　　年　月

1　目的
　　确保设备满足产品加工工艺质量特性的要求，保证产品质量特性的实现，不出现能力不足的情况，并使现有设备能力不过剩。
2　适用范围
　　生产设备的管理，如设备的采购、维护和能力认可等。
3　职责
　　设备部门负责生产设备的管理。
4　设备管理流程
　　设备管理流程如图 5-1 所示。
5　控制要点
5.1　设备增加和改造
　　1）设备部门会同设计部门和工艺部门编制设备增加和改造计划。内容应包括增加或改造的原因和理由，增加设备的技术参数要求或改造后应达到的性能，并提供建议供货方名单。

　　2）根据设备计划，对采购的设备要进行技术经济可行性分析，确保设备质量并满足产品生产能力和质量的要求。

　　3）设备部门应参加设备选型、考察和验收，包括进口设备。在采购合同中，应提出设备可靠性、维修性和经济性等方面要求。关于备品备件、润滑油品、操作/维护人员的培训以及设备安装和维修所需的技术资料等要求也应规定。

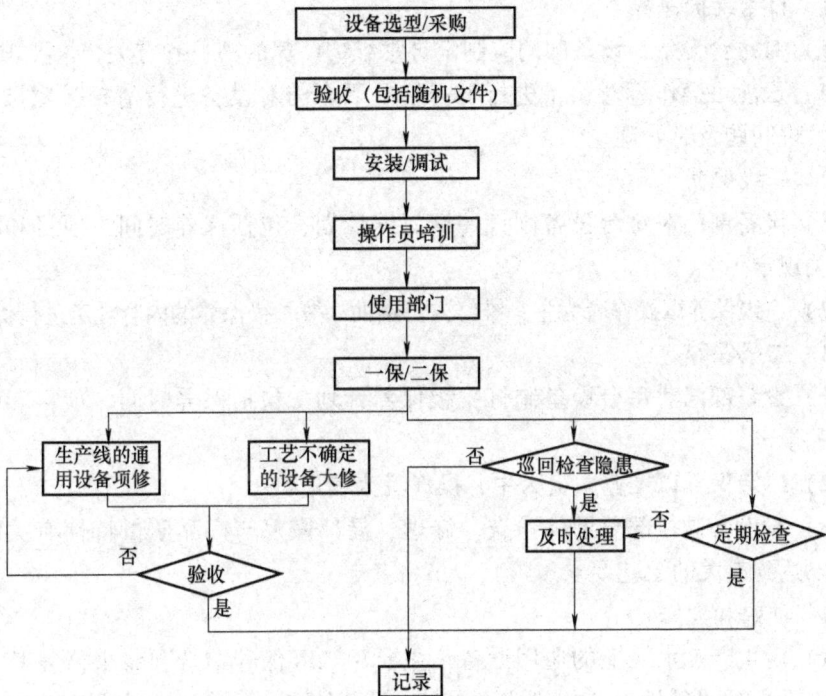

图 5-1　设备管理流程

4）新设备到货后，设备部门组织有关单位进行验收，包括随设备应提交的文件和资料的验证。对外观及零部件、备件、备品清点齐全后，进行设备的安装、调试，经有关人员检验合格后，方可投入使用。

5.2　生产设备管理

1）应对操作人员进行上岗培训，包括设备性能、维护知识、操作方法和技能等。培训后应进行考核，考核合格后发操作证。

2）操作者必须凭操作证按操作规程上岗操作，不得违章操作设备。如操作时发现问题，应按规程要求停机或作其他处理，并报设备部门。

3）设备转移或移动必须符合工艺路线的合理要求。生产部门提出设备转移方案或图样并填写设备移动单后，经工艺部门审核并经公司主管领导批准后，才可移动。

4）根据生产设备重要程度实行分级管理。将高精度、大型、稀有设备，以及保证生产并考虑到设备的价值需采用重点维修手段的设备，分别列为精、大、稀、重点设备。

5.3　设备的维护保养

5.3.1　日常维护保养

1）对每台设备，设备部门应制定日常维护保养的项目和有关合格要求。

2）班前由操作者对设备进行日点检。下班前对设备进行清扫、擦拭、涂油。发现问题及时处理。

5.3.2　一级保养

1）设备部门对每台设备制订一级保养计划，包括保养时间、项目和验证的有关规定。

2）一级保养以操作者为主，维修人员辅助，按一级保养的内容规定进行保养。

5.3.3　二级保养

1）设备部门对每台设备制订二级保养计划，包括保养时间、项目和验证的有关规定。

2）二级保养以维修人员为主，操作者为辅进行。

3）对设备进行部分解体检查、修理、局部恢复与产品质量特性有关的精度，以达到有关的工艺要求。

5.3.4　项修和大修

1）对生产流水线上的通用设备，主要靠二级保养结合项修来恢复其与工序（产品）质量特性相关的特性。生产中设备的多余功能（与当前工序特性无关）不必维修。

2）大修主要针对机修、工具厂等生产工艺不确定的设备和专用设备。

5.4　巡回检查

1）设备管理人员每天到生产现场巡回检查，发现隐患及时处理，并填写检查记录和处理记录。

2）设备部门每月按主要生产设备的25%抽样检查，主要检查这些设备的工艺要求满足率并做好记录。

3）如果发生设备事故，应及时进行调查，组织有关人员进行分析，提出处理意见，并落实到具体责任人进行处理。

4）维修人员每天上班后，对所管设备进行巡回检查，发现问题及时解决、处理并做好记录。

5.5　计划修理与检测

1）设备检修计划主要包括：

a）主要生产设备年、季、月度中修（项修）计划；

b）生产设备年度二级保养计划；

c）精、大、稀设备年、季、月度中修（项修）计划。

2）设备大、中（项）修后，负责修理的单位或部门应认真填写设备精度性能检查记录及设备修理验收单，经有关检查人员检查合格后，由使用部门和工艺部门验收。

3）设备一、二级保养和定期精度检验完工后，保养单位或部门应填写一、二级保养完工单位和/或二级保养精度检查记录（一级保养不测量精度）。经工艺部门和/或质检部门有关人员验收后才可以使用。设备二级保养由设备部门验收。

5.6　定期检查

1）设备部门应对设备进行定期检查，主要检查与工序特性有关的精度指标，并保存检查记录。

2）利用统计技术分析，预测两次定期检查之间精度降低的规律，确定加工相应数量的工件所产生的磨损量，由此可以估计设备此精度指标还能维持多长时间，并可据此适当调整检查周期。

5.7　特性传递

1）设计部门应将顾客的使用要求转化为产品的质量特性。工艺部门应将产品的质量特性转化为工艺过程特性。

2）工艺部门应将对工艺过程特性的要求，包括对设备有关精度的要求，以书面形式，如图样、工艺文件标准，传递到设备部门、生产部门和/或检验部门。

3）设备部门和生产部门应提供和使用可以满足工艺过程特性要求的设备。

5.8　设备加工特性验证

1）根据工艺技术要求和设计特性所确定的程序，对关键特性有影响的设备加工特性进行确认。

2）对于设备能力不能满足产品质量特性要求的设备，不准使用。

3）进行设备加工特性的验证，如精度、垂直度等，必须有工艺部门有关人员参加，并保留记录。

4）对过程能力不能满足产品特性要求的设备，必须根据现有能力，安排维修或移至加工要求较低的工序或产品。

6　运行结果

1）设备定期检查记录（保存于设备部门，保存期为3年）。

2）设备验收记录（保存于设备部门，保存期为3年）。

3）设备加工特性验证记录（保存于设备部门，保存期为3年）。

4）设备保养记录（保存于设备部门/生产部门，保存期为3年）。

5）设备项修/大修记录（保存于设备部门，保存期为3年）。

【案例 5-2】 工艺装备管理规程

版次：02 修改码：01	××××公司岗位作业文件 工艺装备管理规程	编号：QP 08-04.02—2015 批准：××× 年 月

1 目的

确保工艺装备满足产品生产需要，对工装进行验证和复检，保持工装能力，以使其加工的产品特性符合规定要求。

2 适用范围

用于产品生产的在用和库存的工艺装备，包括模具、夹具、样板等。

3 职责

3.1 工艺部门负责工艺装备的设计和验证。

3.2 工具厂负责工艺装备的制造，生产制造部及有关生产工厂负责工艺装备的储存、使用和维修。

4 工艺装备管理流程

工艺装备管理流程如图 5-2 所示。

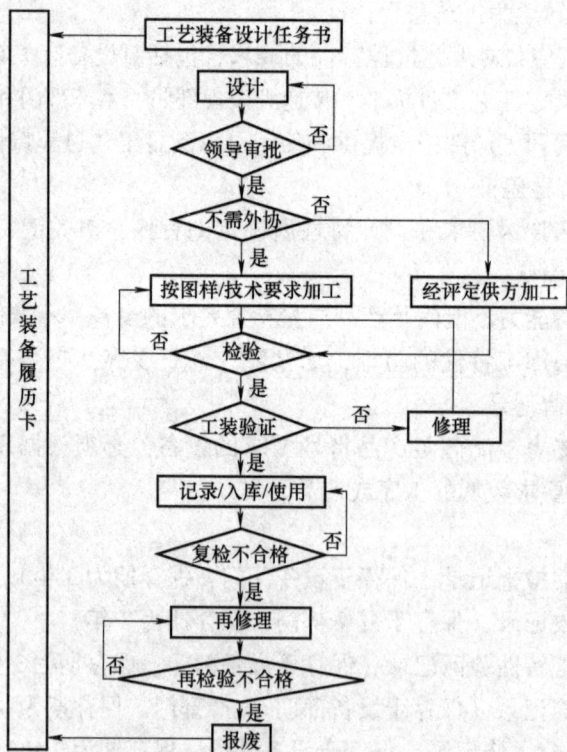

图 5-2　工艺装备管理流程

5 控制要点

5.1 设计

1）工艺部门根据产品设计图样和技术要求及生产设备能力，确定是否需要新的工艺装备，提出工艺装备设计任务书，明确与所加工（或安装）的产品特性相关的工艺特性要求。

2）如需要新的工艺装备，则应进行工装设计。工装的设计输入是产品设计图样和技术要求，设计输出是工艺装备图样和技术要求及验收准则（包括工序卡片）。

3）工艺员负责设计工装，工艺部门领导审批，重要工装还应报主管领导批准。

5.2 制造和加工

1）制造部门根据工艺装备图样和技术要求及工序卡片，进行加工制造。

2）加工完成后，应报工艺部门进行工装验证，并保留验证记录。

3）需要外部单位协作的，则应在合格供方中选择，并提供有关的设计文件，同时进行验证。

5.3 复检和复查

5.3.1 分类

各部门的在库、在用工装，必须进行复检、复查。

1）在库、在用工装，按工艺装备分类标准，涉及关键、重要特性的属于重要工装，要进行复检。

2）在库、在用工装，按工艺装备分类标准，属于一般工装，要进行复查。

5.3.2 复检

1）使用部门根据生产准备计划，按季度提出工装复检计划表，保证在使用前完成工艺装备复检和修理。

2）工具员将准备复检的工艺装备的图样与记录卡送往工艺部门提请复检。

3）工艺部门工艺员/质检部门收到检查记录卡和图样后，按图样和质量控制精度要求对工装进行检查，认真填写"工艺装备检查记录卡"，并随图样返回工具室。

4）工具员将返回的记录卡中检查的质量状况，登记在工装档案（履历卡）上。

5）对精密样板、重要工装的样板和作为检验手段的样板，使用部门在使用前要送计量部门复检，发给校准证书后才能使用。对于长期使用的，应由计量部门规定复检的范围和周期，并进行周期复检。发给校准合格证书后方能使用。

6）经复检的工装，精度不能保证产品的合格特性时，工艺员应通知使用部门工具室委托修理并提出修理内容和要求。

7）工具室办理工装修理委托时，应对完工日期提出要求，以保证在使用前修好。

5.3.3 复查

1）根据生产准备计划提前进行复查，最迟在生产前60天复查完毕。

2）当年不使用的工装，根据保管条件，每年进行一次复查。

3）复查内容主要为：不磕碰、不锈蚀、不变形，保证账、物、卡相符。如果发现问题，工具员应及时向领导汇报并采取措施解决。

4）经复查的工装，将质量状况登记在工装档案上，注明复查日期。

5.3.4 复检、复查中发现的问题，由各使用部门负责整理，属于内部的问题，应及时提出整改措施，认真落实解决；属于外部解决的，报有关单位解决。

5.4 验证

5.4.1 范围

需进行工装验证的范围如下。

1）第一次设计制造的关键工艺装备、新结构工艺装备，采用新工艺、新材料的或者用于产品新工艺的工艺装备等。

2）各类模具，都必须进行试冲或试压，以保证产品质量。

工装验证与模具试冲、试压，在工装使用单位进行；所需机床、坯料、辅具等准备工作，由工装使用单位准备。

5.4.2 工装验证

1）需要验证的工装，在新工具清单、工艺装备设计任务书、工艺装备明细表上注明。在工装底图的零件明细表右上角，注明"验证"字样。

2）使用部门领用后，要做好准备工作，与工艺部门协商，确定验证时间，通知有关人员参加。

3）工装的验证由工艺部门负责组织，使用部门工艺员、设计人员、工装监督员、工装检查组等有关人员参加。

4）工装验证后，由工艺部门在验证书上填写验证结果。经参加人员签字后，分发工艺部门、设计部门、工装管理部门、质检部门、使用部门各一份。

5）经验证需修理和修改设计的工装由使用部门转送工艺部门，按下列办法进行处理。

a）属于加工工艺方面的问题，由工艺部门修正，重提工装制造工艺文件，制造部门安排修理。

b）属于工装设计方面问题，由工装设计员修改图样，工装制造部门安排修理。

c）属于制造的问题，由原制造部门按图样修理，直至合格。验证后又经修理的工装，除验证书注明不需验证者外，要进行再验证工作。

6）工装验证中，发现所加工的产品零件个别尺寸与产品图样不符而不影响产品质量者，由工艺部门与产品设计部门联系，按实际情况修改图样。产品设计部门没有修改图样或者没发放修改通知单前，所验证的工装不算合格。

7）工装设计员收到签署合格的工装验证书后，在该工装底图上方标注"验证合格"并签字。

8）未经验证或验证不合格的工装，不准使用。

9）验证不合格需报废的工装，由工艺部门填写报废清单，报主管领导批准后，办理报废。

5.4.3 模具的试冲、试压

1）冲模、弯模等都必须进行试冲、试压。

2）模具的试冲、试压是模具的最终检验，如果制造部门设备条件不足，试冲、试压工作可在使用部门进行。由外协单位制造的模具，试冲、试压工作由供应部门与供货单位联系，商定实施办法。

3）试冲、试压的模具，由使用部门填写模具试车单，安排试冲、试压，应将试验结果填在试车单上返回。

a）试冲、试压合格后，开具合格证交使用部门存查，并做好首件记录。

b）试冲、试压不合格者，制造部门根据模具试车单填写的问题，修理模具后再进行试验。

4）凡需试冲、试压的模具，由生产部门安排计划，送到使用部门。应按计划一周内试验完毕。

5）试冲、试压合格模具，由使用部门办理领用手续，入库管理。

6 运行结果

1）工艺装备设计任务书。

2）工艺装备验证书。

3）工艺装备履历卡（工装档案）。

以上记录保存于工艺部门，保存期为 3 年。

【案例 5-3】 工位器具管理规程

版次：02 修改码：01	××××公司岗位作业文件 工位器具管理规程	编号：QP 08-04.03—2015 批准：××× 　　　　　年　月

1 目的

确保工位器具满足生产需要，防止在储存或使用中损坏或造成产品"七害"。

2 适用范围

工位器具的自制、采购、储存、保管和使用的管理。

3 术语和定义

七害：磕、碰、划、伤、绣、漏和脏。

4 职责

4.1 工艺部门负责工位器具的设计、验收和报废审批，以及对使用、维护、管理的检查和考评工作。

4.2 生产部门负责工位器具的制造和归口管理并负责在生产工厂之间流转的工位器具的清洁、维护等管理工作。

4.3 生产工厂负责本工厂内工位器具的使用、清洁、维护、储存、保管和有关的管理工作。

5 工位器具管理流程

工位器具管理流程如图 5-3 所示。

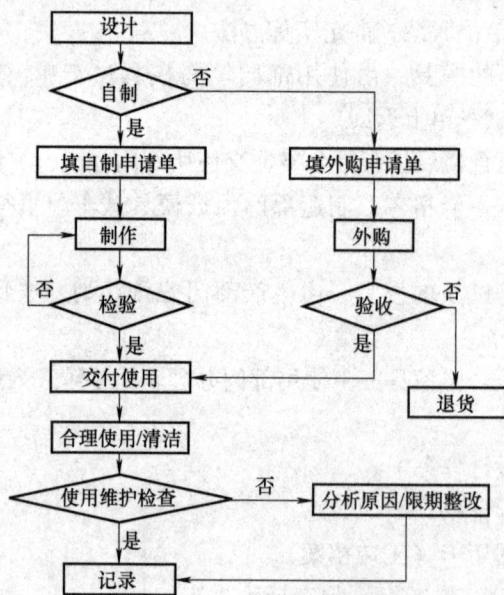

图 5-3　工位器具管理流程

6　控制要点

6.1　分类

工位器具按用途分为：托盘、货箱、货架、料架、手推车和堆垛机 6 类。

1) 托盘：指需要使用叉车的工位器具，如平托盘、托架、箱式托盘、柱式托盘和轮式托盘等，代号为 TP。

2) 货箱：指零件柜、零件箱和塑料箱等，代号为 HX。

3) 货架：指存放加工件的架子，代号为 HJ。

4) 料架：指存放毛坯和原材料的架子，代号为 LJ。

5) 手推车：指用于搬运物品的人力车辆，代号为 SC。

6) 堆垛机：指用于堆放物品的机械，代号为 DJ。

6.2　着色

托盘、货箱、货架、料架着橘红色，工具箱着草绿色，手推车类和堆垛机着黄黑相间色。

6.3　编号

1) 工位器具实物编号要求字号一致，颜色一致，由生产工厂自编。编号方法如下：

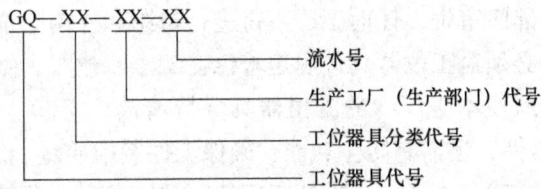

```
GQ — XX — XX — XX
                └──── 流水号
            └──────── 生产工厂（生产部门）代号
        └──────────── 工位器具分类代号
    └──────────────── 工位器具代号
```

2) 生产工厂编号方法：

12——总装厂	13——变速箱厂	14——车桥厂
15——液压件厂	16——结构件厂	17——薄板厂
18——铸造中心	19——锻造厂	20——焊接厂
21——热处理厂	22——工具厂	

6.4　资金

工位器具资金为专款科目，每年由工艺部门编制本年度工位器具资金计划并报计划财务部审批，纳入管理费科目。

6.5　设计

工位器具由工艺部门按照设计合理、适用、经济而美观的原则进行设计，履行有关的审核和批准手续，并确定自制还是外购。建立工位器具图集，给出工位器具图号。

6.6 自制和外购

6.6.1 自制

1）自制工位器具由工艺部门填写"自制工位器具申请单"，并附上设计图样、材料清单及验收标准，经批准后，由生产制造部安排制造，材料由物资供应部和仓储中心提供。

2）自制工位器具完毕后，制造单位在一周内填写完工单，并报工艺部门。工艺部门接到完工单后，通知质量检验部根据验收标准进行验收。检验合格后，才能交付使用。

6.6.2 外购

1）外购工位器具由生产工厂填写"外购工位器具申请单"并报工艺部门审批。物资供应部负责按"外购工位器具申请单"的要求及时采购。

2）采购入库前报工艺部门，由工艺部门通知质量检验部进行验收。

6.7 管理

1）工位器具资金为专款专用。

2）生产部门负责在生产工厂之间流转的工位器具的清洁和维护等工作。

3）生产工厂有权根据生产情况的实际需要，调整工位器具资金和工位器具项目。

4）未经工艺部门审批，任何工厂不得进行自制和外购工位器具。

5）生产工厂必须对工位器具按规定着色、编号、建账，做到账物相符。

6）各工厂必须使本工厂内的工位器具保持清洁、干净。储存、运输过程需防尘的，如液压件，还需有防尘功能，确保工件装配质量。

7）如工位器具确实损坏，由生产工厂填写"工位器具报废单"，报工艺部门批准报废，交仓储中心收回。

8）工位器具必须合理使用，不能移作他用。

9）工位器具配置应实用、合理，满足储存和运转需求，以利于经济周转。

10）加工件必须使用工位器具，在工位器具上必须摆放整齐、不许落地，加工件上不许沾带铁屑，不许和毛坯件混放，防止七害的发生。

6.8 检查和评价

1）工艺部门每月或不定期对生产工厂的工位器具的资金、账物、使用、维护和管理等方面进行检查考评。

2）对于不符合要求的，开工位器具不合格单。责任部门应分析原因，限期整改。工艺部门负责检查整改效果。

7　运行结果

1) 外购工位器具申请单（保存于工艺部门，保存期为 3 年）。

2) 工位器具报废单（保存于生产部门，保存期为 3 年）。

3) 工位器具检查单（保存于工艺部门，保存期为 3 年）。

【案例 5-4】物资储存管理规程

版次：02 修改码：01	××××公司岗位作业文件 物资储存管理规程	编号：QP 08-04.08—2015 批准：××× 　　　　年　　月

1　目的

确保原材料和外购物资入库前在质量和数量上符合有关要求，并防止储存期间损坏和变质。

2　适用范围

原材料和采购物资的储存管理。

3　职责

仓储中心主任负责物资储存管理。

4　物资储存管理流程

物资储存管理流程如图 5-4 所示。

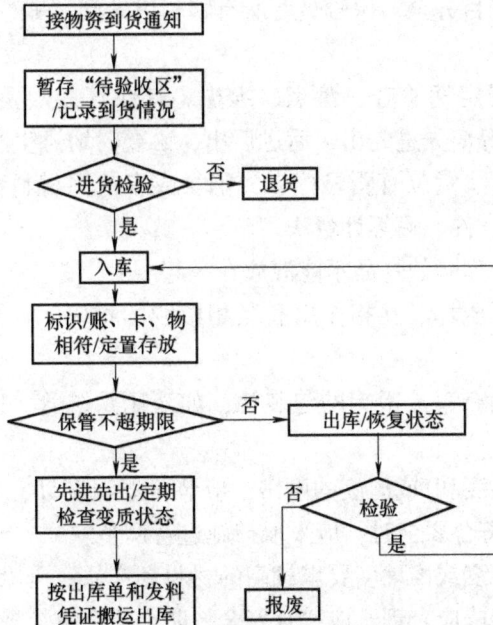

图 5-4　物资储存管理流程

5 控制要点

5.1 入库前验收

1) 仓储中心主任接到物资到货通知单后，安排接货准备，如库房位置和到货记录等。

2) 物资暂时存放在"待验收区"，按到货记录格式，填写到货情况。

3) 质检部质检人员按规定进行有关的进货检验。

4) 按规范取样，不准在料堆上操作，以免损伤材料。

5.2 入库

1) 质检部将"进货检验结果通知单"送达仓库。进货检验合格后，办理入库手续，填写入库单后将物资入库。如果不合格，按有关规定办理退货或其他手续，并加唯一性标识。临时存放物资要有明显标记，单独立账，隔离存放。

2) 物资入库应严格检斤、检尺、计量、过磅或理论换算，记账时标明盈亏。

3) 物资的数量、材质、规格、批号（炉料）、来源等必须与入库单相符。

4) 各类物资按规格、材质、指定货位摆放，标识应明显。

5) 物资摆放、码垛形式、堆放高度要符合物资本身保管规定，保证库容和垛码整齐，充分利用仓库的作业面积。

5.3 储存保管和维护

1) 物资收发账目齐全，保管员对所有物资应做到"账、卡、物相符""定置存放"。

2) 对库房物资定期检查、盘点、维护。有保管期限要求的，如橡胶件、化工材料、密封胶等应先进先出，后进后出，必要时增添生产时间标识。

3) 库房、架号、货位有明显标识，钢材或有色原材料应采用分层码垛计量法或根、捆、张、件、箱等计量法。

4) 不同规格或型号的物品不能混放在一起。

5) 对易压弯、压坏、互相作用和互相影响的物资，存放、码垛时不能放在一起。

6) 对物资质量有直接影响的包装物，如液压系统管、阀口的堵头等，不准随意拆除。

7) 需要控制温度和/或湿度的库房，应装置温湿度计，每天监控，认真填写记录卡。环境不符合要求时，应采取措施进行调整。

8) 对表面粗糙度或准确度要求较高的材料和产品，码垛时要有防护措施。

9) 库房内部设施应合理，应符合安全、防火、保密等规定。

5.4　出库

5.4.1　内部发放

1）发放物资的数量、材质、规格、型号必须与领料单相符，发料凭证是：领料单、拨料单、加工出库单等。

2）不符合审批程序的发料凭证，或者凭证内容填写不全、不清，则不予发料。

3）物资出库时，质检部门应开具质量合格证书。

4）待收、待验物资，在进货检验结果没出来前，因生产急需投料，应按紧急放行程序办理提前投料申请单，经有关部门批准后才能发料，并应进行唯一性标识，以便发现问题时，将其追回。

5）如果需送料，则送料时应保证质量，杜绝混料、丢件、磕碰和划伤等。双方交接，相互验收签字。

5.4.2　外销

1）如果物资需外销，则凭（正本）提货单付货，应严格检斤计量。

2）质检部门出具质量合格证明。

5.5　储存物资的搬运和防护

1）搬运物资，如卸车、倒运、上垛、送料时，须认真识别装卸标记，按规程操作。

2）起重吊运时，捆绑、挂勾要合理，严格操作，以防将物资翻转、吊弯、挤扁或损坏。

3）有关作业活动须符合安全技术操作规程，确保人身、设备安全。

6　运行结果

1）入库单。

2）出库单。

3）提前投料申请单。

4）库存定期检查记录。

以上记录存于仓储中心，保存期为 1 年。

【案例 5-5】清洗机工艺规程

版次：02 修改码：01	××××公司岗位作业文件 清洗机工艺规程	编号：QP 08-04. 09—2015 批准：××× 　　　　年　月

1　目的

确保清洗机正常工作，清洗工作质量符合要求，保证生产需要。

2 适用范围

LBQC—125 清洗机的清洗工作，机器的日常维护和保养。

3 职责

3.1 生产工厂设备操作工负责清洗工作并负责清洗机的日常维护和保养。

3.2 化验室化验员负责测定清洗液浓度。

4 工艺管理流程

清洗机工艺管理流程如图 5-5 所示。

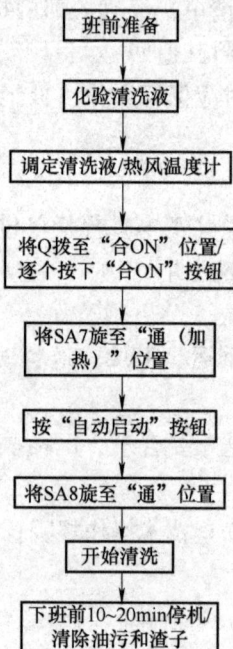

```
      ┌─────────────┐
      │  班前准备    │
      └──────┬──────┘
             ▼
      ┌─────────────┐
      │  化验清洗液  │
      └──────┬──────┘
             ▼
   ┌──────────────────┐
   │ 调定清洗液/热风温度计 │
   └────────┬─────────┘
            ▼
   ┌──────────────────┐
   │ 将Q拨至"合ON"位置/ │
   │ 逐个按下"合ON"按钮 │
   └────────┬─────────┘
            ▼
   ┌──────────────────┐
   │ 将SA7旋至"通（加   │
   │ 热）"位置          │
   └────────┬─────────┘
            ▼
   ┌──────────────────┐
   │ 按"自动启动"按钮   │
   └────────┬─────────┘
            ▼
   ┌──────────────────┐
   │ 将SA8旋至"通"位置  │
   └────────┬─────────┘
            ▼
      ┌─────────────┐
      │  开始清洗    │
      └──────┬──────┘
             ▼
   ┌──────────────────┐
   │ 下班前10~20min停机/ │
   │ 清除油污和渣子      │
   └──────────────────┘
```

图 5-5 清洗机工艺管理流程

5 控制要点

5.1 清洗对象

5.1.1 清洗零件名称：离合器分泵、总泵。

5.1.2 被清洗零件材质：HT200。

5.1.3 清洗污物：铁屑、切削液、油污等。

5.2 清洗工艺

清洗温度：50~65℃。清洗速度：100 件/h。每件清洗时间为 20min。吹干温度：55~70℃。

5.3 工艺配方（保密）

5.4　操作规程

5.4.1　操作者须知

1）本机应有专人负责保管和使用。

2）开机进行运转情况检查。

3）操作过程中，操作者因故离开时，需切断电源和压缩空气气源。

4）严格按规定顺序操作，以防发生意外。

5）工作中发生故障，应及时停机，待处理人员排除故障后方能继续使用。

5.4.2　准备工作

1）上班前 5min 将清洗箱、排渣机和冷凝水箱加或换水至允许范围。

2）每天早晨 8：30 后由化验室开机取样，测定清洗液的浓度，11：00 把报告单送回。

3）根据化验报告单，调整清洗液浓度至允许范围。

4）按工艺条件调定清洗液和热风温度计。

5）将 Q 拨到"合 ON"位置，逐个按下 FS1、FS2、…、FS7 的"合 ON"按钮。

5.4.3　起动

1）当清洗液升温至设定值时，打开压缩空气进气阀，再打开空气压缩机，最后将 SA7 旋至"通（加热）"位置。

2）按"自动启动"按钮 SB9，再将 SA8 旋至"通"位置。

5.5　维护和保养

1）每周六在需加润滑油的部位加注润滑油。

2）每天下班前 10～20min 停机，清除滤网上的油污，清除集油箱里的渣子。

3）每周六全面清理检查一次。

4）每月末，清理水箱沉积物，检查各部位有无损坏。

6　运行结果

1）清洗液浓度化验报告单（保存于化验室，保存期一年）。

2）清洗机工艺参数监控记录（保存于生产工厂，保存期为一年）。

【案例 5-6】 计量器具管理规程

版次：02 修改码：01	××××公司质量管理岗位作业文件 计量器具管理规程	编号：QP 07-02.01—2015 批准：××× 年　月

1 目的

确保计量器具能够满足检测任务要求、不确定度已知、储存和使用过程中处于受控状态。

2 适用范围

计量器具的采购、储存、使用、校准和报废等管理。计量器具包括具有检验、监视、测量和试验功能的工具、仪表和仪器等。

3 职责

3.1 质量检验部计量中心（计量部门）负责计量器具的统一管理。

3.2 质量检验部负责使用和维护。

4 计量器具管理流程

计量器具管理流程如图 5-6 所示。

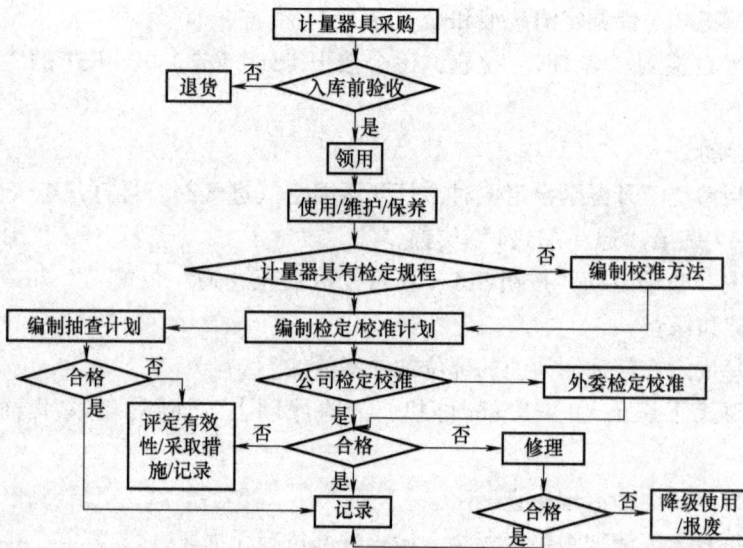

图 5-6 计量器具管理流程

5 控制要点

5.1 采购

5.1.1 职责分工

1）电工仪表、热力仪表、无线电类仪器、长度计量仪器、光学、生学、化学等计量器具、长度量具、量规、产品检验用的检具及电子衡器由计量部门负责采购。

2）机修用的检验工具（平板、平尺、角尺等）由设备部门采购。

5.1.2 采购资料

1）采购资料应清楚地说明对计量器具的要求，主要内容为：

a）计量器具名称、型号、等级、测量范围、准确度、精密度、分度值、生产厂家；

b）需特殊制作的计量器具应提供设计文件等；

c）计量器检定/校准所需要的"检定/校准规程"。

2）计量部门负责编制采购资料并与使用部门商定，报主管领导批准。

3）计量部门负责编制本年度专项仪器仪表采购计划（如技改措施、节能、环保、新产品试制、设备大修等）。而生产需要的仪器仪表，由使用单位提出计划，并列入年度采购计划。采购计划由计量部门编制，部门领导审核，报公司主管领导批准。年度内，因工作需要，须单项采购的计量器具应履行同样的审批手续。

5.1.3 对生产厂的要求

1）计量器具生产厂必须具有生产许可证，且在计量器具上有明确标记。

2）计量器具的生产厂应具有一定的生产能力、质量保证能力、售后服务水平等。

3）对大型、贵重、进口的计量器具，充分听取使用部门的意见并进行调研、询价、对比、分析，报计量部门领导审核并经公司主管领导批准后订货。如果需与生产厂进行技术谈判，应请使用单位人员参加，就计量器具的性能、质量、交货期、价格、保修、备件、供应培训等事项达成协议，报请主管领导审批后签订正式合同。

5.2 入库前验收

1）计量器具到货后，采购单位应通知计量部门。计量部门派专业人员进行验收，验收合格后入库。

2）自制专用量具及准确度样板，必须经计量部门验收合格并提供验收检测记录，由工艺部门签发合格证入库。

3）验收/检定依据：

a）有关的计量器具检定规程；

b）图样或技术资料；

c）经过审批的验收/检定方法；

4）验收/检定不合格的计量器具不准使用，要办理有关退货、保修等手续。

5.3 领用

1）计量器具的领用单位对没有入库验收合格证的计量器具，须向计量部门报告。经过计量部门专业人员检定或验证并记账后，可以使用。对超过校准周期的计量器具必须重新检定/校准，合格后发放使用。

2）仪器、仪表领用，由使用部门办理领用手续（1 000 元以上，按固定资产办理手续），经本部门领导和财务部门审核。

3）除非新增领用，否则领用时必须以旧换新或者凭报废单换新。

5.4　使用、维护和保养

1）根据产品技术要求和验收规定合理地选择计量器具，做到既能满足测量任务，又不使测量能力过剩很多。应由工艺人员和计量员核算量具的工作能力指数 Mcp 值。

2）使用的计量器具必须有合格证，标名有关的名称、编号和有效期等。

3）凡有操作规程的计量器具必须按操作规程使用。规定专人使用的计量器具，必须由专人使用。

4）计量器具应处于所规定的使用环境条件。

5）使用部门和使用人员不得擅自拆卸或损坏计量器具。发现计量器具有异常时，应通知计量部门。计量部门应对此及时处理。

6）精度高的计量器具搬移原位置时，应由计量部门指导，以防仪器准确度变化。搬移后要经过检定/校准合格后，继续使用。

7）计量器具必须有专人管理，并做到账物一致和附件齐全。

5.5　在用计量器具的检定、校准、修理

5.5.1　计量器具的周期检定/校准

1）计量部门编制在用计量器具的周期检定/校准计划。按计划提前 15 天通知使用部门按时送检。

2）对送检的计量器具进行外观检查，对损坏情况，如损坏零件或零件丢失，应认真记录。

3）计量检定/校准必须按检定/校准规程进行，填写检定/校准原始记录等。

4）对于检定/校准合格的计量器具，填写计量器具检定/校准证书，提供检定/校准合格标志。

5）检定校准不合格的计量器具，需办修理、降级或报废手续，并以"不合格量具通知单"形式，通知检验部门，以便评估其所检结果的有效性。

6）对计量器具基准和用于贸易结算的计量器具，由计量部门送具有高一级基准的上级计量部门定期校准。凡未经检定/校准或检定不合格的不准使用。

5.5.2　自制计量器具使用中检定

1）对工装检测用的自制计量器具（专用量具、精密样板等），各使用部门在使用前 15 天送计量部门进行校准，合格后方可使用。

2）对易变形、准确度高的专用量具，检定/校准周期为一年。超出一年者，使用前要进行复检。

　　3）计量部门根据图样和技术资料编制有关的检定/校准方法，经计量部门领导审批后执行。

　　4）检定/校准合格的自制计量器具，进行计量器具编号，填写有关记录卡片，并提供合格标志。

5.6　定期抽查

　　1）对于各工厂操作人员所需的计量器具，通常从工厂的工具室领用。

　　2）所领计量器具必须与所加工或安装的工件有关，无关的计量器具不准许借用。用后的计量器具必须归还，且操作人员持有的计量器具不能超过 5 件。

　　3）工具库库管员对归还的计量器具进行零位和漏光、缺损和工作面状态检查。如果有问题应及时报计量部门处理。

　　4）计量部门应定期对各工厂工具库的计量器具进行抽查，抽查率为 15%。发现问题后，应及时处理。

5.7　降级使用和报废

　　1）对于经过修理不能达到原准确度的计量器具，质检部计量中心根据检定规程和校准结果，对此计量器具进行降级处理。降级使用的计量器具，应在校准证书和计量器具上注明该计量器具的相应准确度等级。

　　2）对无法修复的计量器具，由计量中心办理报废申请单，检修部门出具有关记录。报废申请单须经计量部门审核、主管领导批准。属固定资产的计量器具需报计划财务部备案。批准后，将实物退库并销账。对非正常损坏的计量器具，在查明原因后，可以办理有关手续将其报废。

6　运行结果

　　1）报废申请单。

　　2）周期检定/校准计划。

　　3）计量器具采购计划。

　　4）计量器具借用单。

　　以上记录存于计量部门，保存期为一年。

5.4　岗位作业文件案例点评

　　1）岗位作业文件编号体例对应所支撑的程序文件编号，案例中的前五个岗位作业文件都是支撑程序 QP 08-04—2015 的，因此相应编号后加 .01 等，使相关人员一看就知道是关于"生产和服务运作的控制"方面的岗位作业文件。

　　2）岗位作业文件结合岗位流程图给出岗位操作步骤，这样的岗位作业文件简洁清楚，适用性更强，尤其是流程图中判断框的使用，告知操作者此时应该如何做。

3）岗位作业文件能够支撑程序文件。例如，"生产和服务运作的控制程序"6.1（3）使用并维护适合于生产和服务运行的设备，明确"设备应能满足工艺要求，具有适当的工序能力并应定期检查。当工序能力不足时，应及时进行调整和维修，以恢复工序能力，详见'设备管理规程'。""工装应能满足工艺要求，对涉及 A 类和 B 类质量特性的工装应进行周期性检查，并进行相应的调整和维修，详见'工艺装备管理规程'。"这里，对设备管理和工装管理并没有详细规定，依赖岗位作业文件去解决。上述的岗位作业文件 QP 08-04.01—2015 和 QP 08-04.02—2015，详细地描述了企业的设备工艺装备管理过程。

4）岗位作业文件中的职责、权限和相互关系，同程序文件中的相应规定保持一致。"生产和服务运作的控制程序"3.1 技术发展部的工艺部门负责生产和服务运作控制的策划，实施效果检查和确认。3.2 生产制造部和各生产厂负责生产和服务过程中过程控制的实施。上述的岗位作业文件 QP 08-04.03—2015 工位器具管理规程中，明确工艺部门负责工位器具的设计、验收和报废审批，以及对使用、维护和管理的检查和考评工作。生产部门负责工位器具的制造和归口管理，并负责在生产工厂之间流转的工位器具的清洁、维护等管理工作。生产工厂负责本工厂内工位器具的使用、清洁、维护、储存、保管和有关的管理工作。

5）岗位作业文件注意"异常流"的控制。例如，岗位作业文件 QP 08-04.01—2015 中的 5.8 的 4）"对过程能力不能满足产品特性要求的设备，必须根据现有能力，安排维修或移至加工要求较低的工序或产品。"做出预防性的控制安排，并开展有关的活动，以免一旦发生这种情况时失去控制。

6）岗位作业文件是针对某一特定事物的管理过程的，也就是对特定事物的质量予以指导和评价。因此，岗位作业文件必须是可操作的，能保证达到质量要求，岗位作业文件 QP 08-04.08—2015 规定"对物资质量有直接影响的包装物，如液压系统管、阀口的堵头等，不准随意拆除。"还规定"对库房物资定期检查、盘点、维护。有保管期限要求的，如橡胶件、化工材料、密封胶等应先进先出，后进后出，必要时增添生产时间标识。"这是成熟的作业经验总结。

7）岗位作业文件中的"运行结果"一节，明确岗位操作生成相应文件信息，包括存放地点和保存时间。

8）在岗位作业文件中，应善于总结企业有成效的操作经验，并将其纳入文件中。例如，在设备管理中，一反传统的完好率，将流水线上使用的通用设备，只规定其能满足工艺质量特性要求，无须全面"完好"。同时，又区别对待在机修与工具车间，设备加工对象不固定时，宜采用不同的检测要求。

第 3 篇
小微型组织的质量管理体系文件

第6章　小微型组织质量管理体系简明文件

6.1　小微型组织特点

根据有关文件规定，小型、微型企业是按照其从业人员、营业收入、资产总额等指标，结合行业类型来划分。其中工业（包括采矿业，制造业，电力、热力、燃气及水生产和供应业），从业人员 1 000 人以下或营业收入 4 000 万元以下的为中小型企业。其中，从业人员 20 人及以上，且营业收入 300 万元及以上的为小型企业；从业人员 20 人以下或营业收入 300 万元以下的为微型企业。服务业的从业人员 300 人以下或营业收入 1 000 万元以下的为中小微型企业。其中，从业人员 10 人及以上，且营业收入 100 万元及以上的为小型企业；从业人员 10 人以下或营业收入 100 万元以下的为微型企业。其他小微组织，如群团组织，可参照上述的人员规模来判定。

小微型企业在国民经济中处于重要地位，正逐步成为发展社会生产力的生力军。特别是在农村经济中处于重要地位的小微型企业更为突出。它不仅有其独立的特点和作用，而且也是大中型企业不可缺少的伙伴和助手。同时，在解决就业方面，它也日益发挥出重要作用。

小微企业（Small and Medium Enterprises），又称小微型企业或小微企，与所处行业的大中型企业相比，其人员规模、资产规模与经营规模，都是比较小的经济单位。此类企业通常可由单个人或少数人提供资金组成，其雇用人数与营业额均不大。因此，在经营上多半是由业主直接管理，受外界干涉较少。小微企业一般多属于私营性质，或者属于国有大中型企业的辅业成分。

小微型组织具有以下特点：业务相对简单，并且管理手段简单；管理权相对集中，通常小微组织的主要股东，同时又是主要的管理者；管理普遍薄弱；考核方法单一，较少硬性考核指标体系，而以利润为基本考核依据；业务稳定性差；竞争性强，特别是在经济发展遇到困难时期淘汰率高；人员素质较差，所受教育、培训不多；人力资源匮乏，常一人身兼多职；但是，人少、业务范围窄、规模小，也有管理相对较容易和调头快的一面等。

6.2　质量管理体系文件结构

小微型企业在经营上大多由业主直接管理，雇用人数与营业额都不太大。因此，其质量管理体系文件结构就不能像图 1-1b 和图 1-1c 那样明显分成若干层次。其体系文件最多像图 1-1a 那样，甚至仅有一个层次。本书将这种结构称为简明质量管理体系文件结构（以下称"简明文件"）。

这种简明质量管理体系文件结构，不再分为质量手册、程序文件和其他层次文件等。一个层次比较简明的文件，更适用于小微型企业。这种文件亦可称为简明手册。

6.3 小微型组织体系文件案例

6.3.1 【案例 6-1】 GCJLFW 公司质量管理体系文件

GCJLFW 工程监理服务有限公司具有房屋建筑工程监理甲级资质，公司现有员工 30 人，其质量管理体系文件如下。

1 总则

本文件确定 GCJLFW 公司质量管理体系，包括各个部门所有工程的输入、活动和输出，以及它们之间的相互作用。质量管理体系范围是提供对所监理项目的服务的全过程。

本公司承诺：用符合 ISO 9001：2015 标准要求的过程文件、过程实施和过程保持，支持我们的质量管理体系。为便于运行检查和审核，质量管理体系文件内容的顺序对应 ISO 9001：2015 标准的条款顺序。

公司由三个业务部门组成，它们是综合管理部、工程项目部和客户服务部。每个部门都能独立工作或对共同项目联合工作。公司的组织结构如图 6-1 所示。公司质量管理体系的主要过程及其流程如图 6-2 所示。

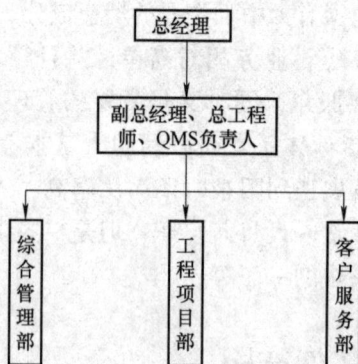

图 6-1　公司的组织结构图

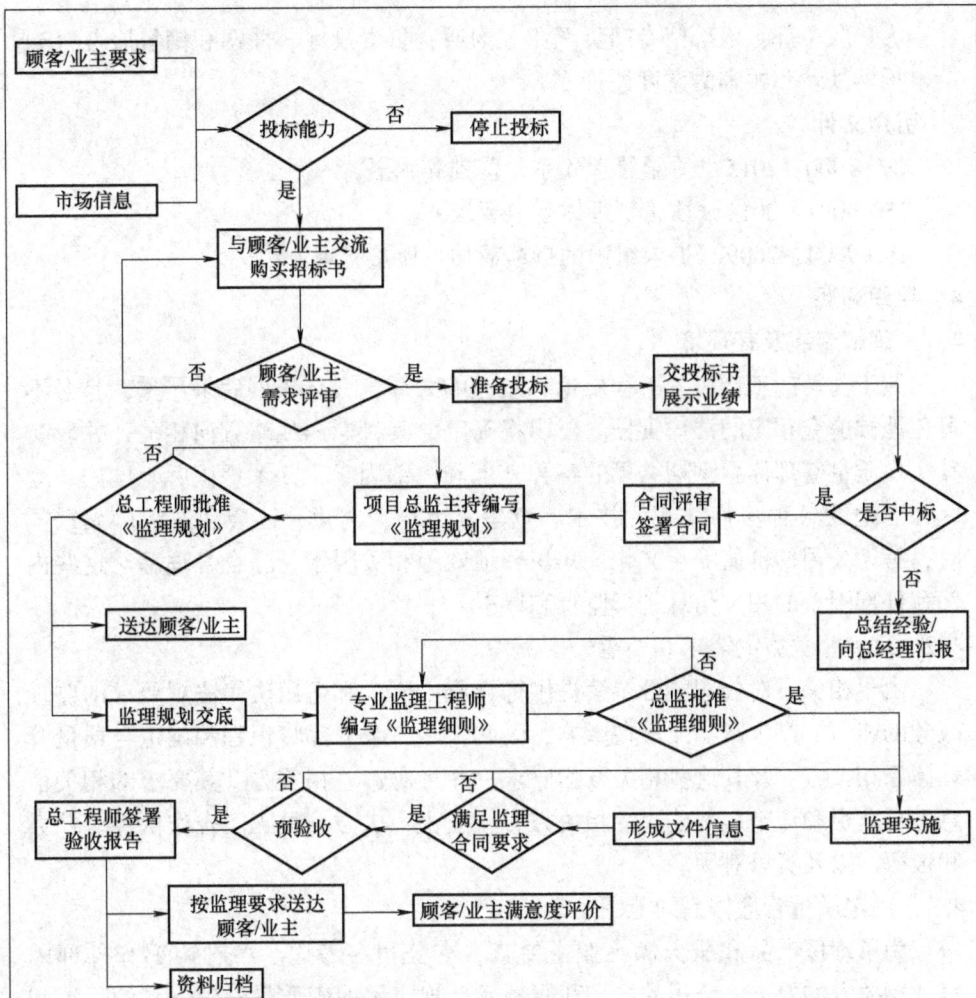

图 6-2　质量管理体系的主要过程及其流程图

2　部门职责

综合管理部：该部门主管公司内外的沟通活动，便于建立组织内外的信任、诚实和尊重的坚实基础，负责公司方针目标、公司策划、资源提供、评价和改进，以及公司内部的各种管理事务。

工程项目部：该部门负责实施建设工程的监理服务，按照 ISO 9001：2015 和 GB50319—2013《建设工程监理规范》标准，保证业主的建设项目的投资、进度和质量的三控，实现业主建设项目的目标。每个工程项目需由项目部、管理部、客服部抽调人员组成监理组，设项目总监一人，实行项目总监负责制，各项目可制订质量计划，并组织实施。

客户服务部：该部门专门负责业主沟通，负责投标、采购和销售服务（包括申投诉处理和顾客满意度评价）。

3　引用文件

ISO 9000：2015《质量管理体系　基础和术语》

ISO 9001：2015《质量管理体系　要求》

ISO 9004：2009《追求组织的持续成功　质量管理方法》

4　组织环境

4.1　理解组织及其环境

鉴于公司的工作事关工程质量、效益的大局，一旦失误后果严重，且必不可免地被追究相应的法律责任。公司将确定与其目标和战略方向相关，并影响其实现质量管理体系预期结果的各种外部和内部因素，并考虑国际、国内、地区和当地的各种法律法规、技术、竞争、市场、文化、社会和经济因素。同时，考虑公司的价值观、文化、知识和绩效等相关因素。综合管理部对这些内部和外部因素的相关信息进行监视和评审。

4.2　理解相关方的需求和期望

由于相关方对公司能否持续提供符合业主要求和适用法律法规要求的监理服务的能力，产生影响或潜在影响，因此，客户服务部将识别和确定与质量管理体系相关方，及其这些相关方的要求。并将对这些相关方及其要求的相关信息进行监视和评审。本公司的相关方有：业主、供方、员工、合作伙伴、社会和银行，以及竞争对手。

4.3　确定质量管理体系的范围

为了确保产品和服务满足业主要求，本公司在考虑了各种内部和外部因素、相关方的要求、公司的产品和服务后，规定了明确质量管理体系的边界和适用性，以确定质量管理体系的范围。质量管理体系覆盖地点为公司本部和项目监理组；质量管理体系活动包括房屋建筑工程监理全过程，覆盖现有的三个部门及其工作过程。

公司已经建立了一个满足 ISO 9001 标准的质量管理体系。同时，还采取必要的措施，将质量管理体系范围作为形成文件的信息。本公司质量管理体系的主要过程及其流程如图 6-2 所示。公司确保实施、保持和改进所建立的质量管理体系。

4.4　质量管理体系及其过程

公司按照标准的要求，建立、实施、保持和持续改进质量管理体系，包括所需过程及其相互作用，并应：

1）确定这些过程所需的输入和期望的输出，以及确定这些过程的顺序和相互作用。

2）确定和应用所需的准则和方法（包括监视、测量和相关绩效指标），以确保这些过程有效的运行和控制。

5 质量方针和管理职责

5.1 公司质量方针

科学公正，守法诚信，持续改进，争创先锋。

5.2 公司管理职责

5.2.1 各职能部门的质量职能列于质量职能分配表见表6-1。

表 6-1 质量职能分配表

ISO 9001：2015 章节号	过 程	总经理	副总兼总工程师	综合管理部	客户服务部	工程项目部
4	组织环境					
4.1	理解组织及其环境	☆	▲	○	○	○
4.2	理解相关方的需求和期望	☆	▲	○	○	○
4.3	确定质量管理体系的范围	○	☆	▲	○	○
4.4	质量管理体系及其过程	○	☆	▲	○	○
5	领导作用					
5.1	领导作用和承诺	☆	▲	○	○	○
5.2	方针	☆	▲	○	○	○
5.3	组织的岗位、职责和权限	☆	▲	○	○	○
6	策划					
6.1	应对风险和机遇的措施	☆	▲	○	○	○
6.2	质量目标及其实现的策划	☆	▲	○	○	○
6.3	变更的策划	☆	▲	○	○	○
7	支持					
7.1	资源	☆	▲	○	○	○
7.2	能力	○	☆	▲	○	○
7.3	意识	○	☆	▲	○	○
7.4	沟通	○	☆	▲	○	○
7.5	形成文件的信息	○	☆	▲	○	○
8	运行					
8.1	运行策划和控制	☆	▲	○	○	○
8.2	产品和服务的要求	○	☆	○	▲	○
8.3	产品和服务的设计和开发	○	☆	▲	○	○
8.4	外部提供过程、产品和服务的控制	○	☆	○	▲	○
8.5	生产和服务提供	○	☆	○	○	▲
8.6	产品和服务的放行	☆	▲	○	○	○

（续）

ISO 9001：2015 章节号	过　　　程	总经理	副总兼总工程师	综合管理部	客户服务部	工程项目部
8.7	不合格输出的控制	○	☆	▲	○	○
9	绩效评价					
9.1	监视、测量、分析和评价	○	☆	▲	○	○
9.2	内部审核	○	☆	▲	○	○
9.3	管理评审	▲	○	○	○	○
10	持续改进					
10.1	总则	○	☆	▲	○	○
10.2	不合格和纠正措施	☆	▲	○	○	○
10.3	持续改进	☆	▲	○	○	○

注：☆—归口；▲—负责；○—配合。

5.2.2　公司岗位职责

公司岗位职责管理，除职能分配表所列之外，岗位职责由副总、项目组由项目总监拟定，并口头宣布。

6　策划

6.1　应对风险和机遇的措施

6.1.1　在策划质量管理体系时，公司综合管理部在副总指导下，负责考虑公司的环境背景和相关方的要求，并确定需要应对的风险和机遇，以：

1）确保质量管理体系能够实现其预期结果；

2）增强有利影响，避免或减少不利影响；

3）实现改进。

6.1.2　综合部在项目组策划的基础上，进行公司的质量管理体系总体策划。

1）应对这些风险和机遇的措施，此措施应与其对于监理服务符合性的潜在影响相适应。

2）如何在质量管理体系过程中整合并实施这些措施，并评价这些措施的有效性。

6.2　质量目标及其实现的策划

6.2.1　公司在相关职能、层次和质量管理体系所需的过程建立质量目标。

公司质量目标：

1）监理活动保证工程质量，达到施工图样和业主要求，并使其满意；

2）监理活动符合有关法规和规范要求；

3）监理活动应逐步提高业务和管理水平，并将成熟经验纳入质量管理体系文件。

公司保持有关质量目标的成文信息。

公司的质量目标管理由副总负责，综合管理部负责兼目标分解到各职能和项目监理部。

6.2.2　策划如何实现质量目标时，公司要确定：

1）做什么；

2）需要什么资源；

3）由谁负责；

4）何时完成；

5）如何评价结果。

6.3　变更的策划

当公司确定需要对质量管理体系进行变更时，变更应按所策划的方式实施，应考虑：

1）变更目的及其潜在后果；

2）质量管理体系的完整性；

3）资源的可获得性；

4）职责和权限的分配或再分配。

7　支持

公司确定并提供为建立、实施、保持和持续改进质量管理体系所需的资源，充分发挥现有内部资源的能力，同时识别其局限性，需要从外部供方获得的资源。

7.1　人员

公司建立确定并配备所需知识、能力和意识的人员，以有效实施质量管理体系并运行和控制其过程。

7.2　基础设施和过程运行环境

公司将与业主共同确定、提供并维护为实现产品符合性所需的基础设施（如现场监理的检测装置和工具）和过程运行环境（如安全防护），以确保监理过程有效运行并获得合格的监理服务。

7.3　监视和测量资源

公司是通过监视或测量来验证监理服务符合要求的。因此，将确定并提供确保结果有效和可靠所需的资源。将确保所提供的资源适用于所进行的监视和测量活动的类型，并且得到应有的维护，以确保持续适合其用途。

7.4　沟通

公司建立了确定与质量管理体系相关的内部和外部沟通，包括：内部沟通由综合部负责，外部沟通由客服部及其派至各项目组的职能人员负责。

7.5　形成文件的信息

7.5.1　概述

公司的质量管理体系包括 ISO 9001：2015 标准要求的成文信息，包括公司确定的为确保质量管理体系有效性所需的形成文件的信息。在创建和更新成文信息时，公司将确保明确的标识、说明、格式、载体，通过评审和批准，以确保适宜性和充分性。

7.5.2　公司保留记录

按照 ISO 9001：2015 标准要求，结合公司的运作过程，保留成文的证据信息见表6-2。

表6-2　公司质量管理体系需保留的形成文件的信息

序号	记录编号	记录名称	保存时间	责任部门
1	GCJL01	人员的招聘、培训、考核及评价人力资源管理有效性记录	长期	综合管理部
2	GCJL02	合同评审结果及对服务的新要求记录	3 年	综合管理部
3	GCJL03	监理策划开发过程记录	5 年	综合管理部
4	GCJL04	外部供方的评价选择记录	2 年	综合管理部
5	GCJL05	监理服务日志、周报、月报和项目验收记录	3 年	工程项目部
6	GCJL06	标识和可追溯性记录	1 年	工程项目部
7	GCJL07	顾客或外部供方的财产丢失损坏记录	2 年	工程项目部
8	GCJL08	监理过程变更控制记录	3 年	工程项目部
9	GCJL09	监理过程评价记录	3 年	综合管理部
10	GCJL10	不合格输出的记录	2 年	综合管理部
11	GCJL11	业主满意度评价记录	3 年	客户服务部
12	GCJL12	质量管理体系业绩评价记录	1 年	综合管理部
13	GCJL13	不符合与纠正措施记录	1 年	综合管理部
14	GCJL14	内部审核过程记录和审核报告	2 年	综合管理部
15	GCJL15	管理评审的记录	3 年	综合管理部

此外，总经理还可以根据需要决定适当增补所需的文件和记录。

8 运行

8.1 运行的策划和控制

为满足监理服务提供的要求，并实施体系文件所确定的措施，各项目组应进行策划、实施和控制。

1）确定监理服务的要求。

2）建立监理过程准则和监理服务的接收准则。

3）确定符合监理服务要求所需的资源。

4）按照准则实施监理过程控制。

5）公司将规定并保留过程已经按策划进行，证实监理服务符合要求的有关记录。

6）确保外包过程受控。

公司将控制质量计划的变更，评审非预期变更的后果，当非预期变更的后果影响较大时，要采取措施减轻不利影响。

8.2 监理服务的要求

公司规定了与业主沟通、监理服务的要求、服务要求的评审和服务要求的更改。

8.3 监理服务的设计和开发

鉴于公司业务单一，且处于巩固阶段，暂无须考虑设计、开发问题。

8.4 外部提供的过程、产品和服务的控制

8.4.1 外部供方的评价

公司建立外部服务供方管理制度，对采购的全过程进行有效控制，将确保外部提供的试验、检测设备校准和监理服务分包符合要求。

监理服务分包要得到业主的同意。

8.5 生产和服务提供

8.5.1 生产和服务提供的控制

公司规定了在受控条件下，进行监理服务提供。

8.5.2 标识和可追溯性

公司控制监理服务过程中的标识和可追溯性，如对工程所用材料和施工中的不合格加以标识，以便发现问题时进行追溯。

8.5.3 顾客或外部供方的财产

公司将妥善管理受公司控制或使用的业主或外部供方的财产（如图样、规范、工具、仪表等），确保其完好无损。

8.5.4 防护

应在监理期间，在标识、搬运、储存、处置、污染控制、包装、传输和防

护等方面，保持监理所涉及物质符合业主的要求。

8.6 产品和服务的放行

公司规定了监理服务的要求已得到满足后，才能通过竣工验收。

8.7 不合格输出的控制

8.7.1 公司将确保监理过程中，对施工中的不合格的把关要求和对出现监理人员失职或过错带来的结果进行识别和控制。

公司将根据其不合格的性质，及其对监理服务符合性的影响采取适当措施：纠正、限制或暂停对监理服务的提供和告知顾客，获得让步接收的授权。必要时，由总监组织设计院、承包商和业主的联合会议，确定采取适当措施，防止非预期的结果。

若采取纠正的措施，应在纠正后重新验证，以证实其符合性。

8.7.2 公司将保留下面的形成文件的信息，以：

1）描述不合格；

2）描述所采取的措施；

3）描述获得的让步；

4）识别处置不合格的授权。

9 绩效评价

9.1 监视、测量、分析和评价

9.1.1 公司将确定：

1）需要监视和测量什么；

2）需要用什么方法进行监视、测量、分析和评价，以确保结果有效；

3）何时实施监视和测量；

4）何时对监视和测量的结果进行分析和评价。

公司将评价质量管理体系的绩效和有效性。并保留适当的成文信息，以作为结果的证据。

9.1.2 顾客满意

公司建立了由业主和使用者评价所监理的工程，通过评价表对其需求和期望已得到满足的程度的感受。

9.1.3 分析与评价

公司将分析和评价通过监视和测量获得的适当的数据和信息。利用分析结果来评价：

1）产品和服务的符合性；

2）顾客满意程度；

3）质量管理体系的绩效和有效性；

4）策划是否得到有效实施；

5）针对风险和机遇所采取措施的有效性；

6）外部供方的绩效；

7）质量管理体系改进的需求。

数据分析方法可包括各种统计技术。

9.2　内部审核

公司通过内审以确定公司的质量管理体系，是否符合公司自身的质量管理体系要求和标准的要求，是否得到有效的实施和保持。内审由有资质的人员进行，并制订和实施审核计划，在审核出的不符合项按整改要求纠正后，得出审核结论。

9.3　管理评审

公司每年11月由总经理主持进行管理评审，以确保质量管理体系持续的适宜性、充分性和有效性。管理评审前由综合部协助副总提出体系运行报告，各部门经理和项目组总监参加管理评审。

10　改进

10.1　总则

公司将确定和选择改进机会，并采取必要措施，以满足顾客要求和增强顾客满意。

这应包括：

1）改进产品和服务以满足要求并关注未来的需求和期望；

2）纠正、预防或减少不利影响；

3）改进质量管理体系的绩效和有效性。

改进包括纠正、纠正措施、持续改进、突破性变革、创新和重组。

10.2　公司建立了识别改进机会，评价是否需要采取措施，以消除产生不合格的原因，避免其再次发生或者在其他场合发生的机制。

【案例6-1】点评

1）本案例属于中介服务领域，过程相对比较简单，这家公司仅有三个部门，30名员工，用这种简明质量管理体系文件结构，虽然篇幅较小，但是基本能满足标准要求。因此，这样规模和活动的组织，使用该案例式的文件较合适。

2）通常的手册或整体描述质量管理体系的文件中，基本都包括质量方针和质量目标，在上述"案例"中质量方针的描述较空洞，且未明确提出对产品和持续改进的要求，因而不符合标准要求。

3）由于质量方针的缺失，使质量目标的制定缺乏必要的遵循，质量方针过于笼统，不能为制定质量目标形成框架，因而，易使质量目标与质量方针脱节。另外，质量目标每年或每季度都可能有变化，因此不写在简明文件里的好处是减少文件修改的次数。否则的话，若体现持续改进，应不断地调整目标。调整一次目标，就要修改一次文件。若质量目标是一个独立文件，修改时不牵扯其他文件。

4）案例中质量管理体系文件，仅有整个公司的流程图，其他描述中缺少流程图，尤其流程图中的"判断框"是比较明确的，使用文字难以描述清楚。在本书的"程序文件案例"中，几乎全部流程图都使用了"判断框"，甚至在有的程序中使用2~3个流程图，这样流程的表达就比较清楚。

5）此简明文件若干部分，只简略写明标准要求，而无可操作的方法。一般在小微组织中，在简明文件中未表述清晰的内容，都可以通过口头信息来补充说明。

6.3.2 【案例6-2】 怡华资产管理公司的简明质量手册

1 公司概况

公司提供资产管理服务，目前的产品主要是为小微企业和个人项目融资。公司现有22人，分布如下：公司高层领导（执行董事1人，总经理1人，副总1人）；综合办公室6人（主任、行政、企管、财务、人力资源、客服）；技术职能团队（经理1人，软件开发和运行工程师1人，技术员1人）；两个金融业务职能团队（每个团队经理1人，其下属销售经理1人，高级顾问1人，顾问1人，助理1人）。公司以前曾较长期从事金融方面的有关工作，拥有多位熟悉金融工作的专业人员。公司正式开业已一年半，主要开展P2P线上和线下业务，运营正常。鉴于客观上难以全面满足新的监管要求，转而开展线下资产管理。

2 公司的环境

2.1 公司环境

2.1.1 相关法规和行政规章

公司活动涉及的相关法规和行政规章见表6-3。表6-3列出的法律规章，对本公司的基本精神适用，具体监管细则，则宜尽可能参照满足。

表6-3 公司相关法规和行政规章清单

序号	法律、规章名称	发布部门	生效时间
1	《中华人民共和国民法通则》	全国人大	1987-01-01
2	《中华人民共和国合同法》	全国人大	1999-10-01
3	《最高人民法院关于审理民间借贷案件适用法律若干问题的规定》	最高人民法院	2015-09-01

（续）

序号	法律、规章名称	发布部门	生效时间
4	《关于促进互联网金融健康发展的指导意见》	中国人民银行、工信部、公安部、财政部、国家工商总局、国务院法制办、银监会、证监会、保监会、国家互联网信息办公室	2015-07-18
5	《网络借贷信息中介机构业务活动管理暂行办法》	银监会、工信部、公安部、国家互联网信息办公室	2016-8-24

2.1.2 行业竞争

在为小微企业服务的金融类企业中竞争激烈，P2P 行业原有三千多家企业中，现已近三分之一不能正常经营，或跑路，或因经营不善而资金链断裂，甚至倒闭。在监管细则实施到位以后，将有 90% 以上的企业难以达到要求，而被迫转向。这使 P2P 行业正出现大动荡、大分化、大改组的局面。机遇：在这严酷的形势面前，企业还是有发展的机遇。首先，政府还是提倡金融创新和普惠金融的，特别是国务院已制定普惠金融发展规划（2016～2020），特别鼓励为实体经济服务；其次，要看到巨大的潜在市场需求，众多小微企业、农业及个人对资金渴求，而银行又难于满足这些需求；第三，可以在一些企业失败的教训的基础上博采众长，充分吸收各企业的优点，以及逐步采用国外先进管理标准，来完善自己的管理体系，练好内功，以提高企业的竞争力。在权衡之后，我公司及时做出转向线下资产管理的决策，试图在行业中取得转向先机，保持发展良好的态势。

2.1.3 组织内部环境

由于公司成立时间不长，许多工作有待改进，如组织结构（特别是技术支持和业务开拓有待加强）及公司的规章和制度尚待健全，对各项工作的考核均尚需完善；员工培训不足；公司领导更换频繁；企业文化有待提高等。目前，只是朴素地做到了认真兑现承诺，力求周到地为顾客服务，有逐步改善管理的趋势，为公司进一步扩大市场奠定了较好的客户基础等。此外，对公司追求的价值观、企业文化、愿景和战略等，均应进一步明确。

2.2 相关方的需求和期望

公司的相关方，除投资人、顾客（包括借贷双方）、员工、供方（担保方、资金第三方存管方、审核外包方、公司办公场所出租方；公司所需物资、软件和融资的提供方）以外，还有：银行；当地地方政府及其有关主管部门，如工商、税务、金融监管部门；金融和互联网协会；地方行业组织、商会；工会、社区及公司的合作伙伴等。这些相关方的需求和期望都是不言而喻的，无须特别地识别。

2.3　质量管理体系的范围

鉴于金融产品的特点，没有采用监视和测量资源及其控制，暂时还没有有关产品和服务开发的验证、确认活动，评审活动已归于合同评审的范畴，故对其过程实际上只需要控制输入和输出。在产品和服务的运行中，也不需要对标识和可追溯性（除合同流水号外）和放行加以更多的控制。因此，标准对上述实际不需要的控制过程的要求，在本公司的体系中可以不予考虑。除此，体系应包括全公司有关部门、人员和过程，并使之符合标准的要求。本公司的质量管理体系包括以下过程：识别公司的背景和环境；发挥领导作用；对公司重要过程进行策划，特别是应对风险和机遇的策划、质量目标的策划；风险应对的过程；支持过程；运行过程；绩效评估过程；持续改进过程。

体系覆盖公司的产品和服务范围，其中有：为小微企业项目融资；农贷；个人贷款等。

3　领导作用

3.1　最高管理者

最高管理者应通过以下各种有效方式，证实其对以顾客为关注焦点及质量管理体系的领导作用和承诺。

1）确定、理解并持续满足顾客要求及适用的法律法规要求，并始终致力于增强顾客满意。

2）对质量管理体系的有效性承担责任。

3）应制定实施、保持质量方针，并确保公司的质量方针和质量目标与公司所处的环境和战略相一致。

4）确保质量管理体系要求融入公司的业务过程。

5）促进使用过程方法和基于风险的思维，确定和应对可能影响产品和服务的符合性，以及增强顾客满意能力的风险和机遇。

6）确保获得质量管理体系所需资源。

7）对质量管理和质量管理体系要求的重要性进行有效的沟通。

8）确保实现质量管理体系的预期结果。

9）促使、指导、支持员工努力提高质量管理体系的有效性。

10）推动改进。

11）支持其他管理者履行其职责。

3.2　质量方针和目标

3.2.1　质量方针：诚信为本，严格风控，稳健发展，持续提高顾客满意率。

其中，诚信为本，要求公司兑现做出的承诺，公司员工都要讲诚信，确保公开披露的信息的真实性，对顾客负责；严格风控，是指对涉及风险的各个环节都严加防范，务求确保顾客资金安全；稳健发展，是指公司当前应健全管理，打好基础，不追求快速发展，将控制杠杆率在合理区间内；持续提高顾客满意度，是指不断改进公司的管理和服务，提高绩效，使顾客更加满意，并着力培养和提高顾客的忠诚度。

3.2.2 质量目标

质量目标应按质量方针提供的框架和公司发展方向，以及根据现阶段达到的水平加以制订。公司近三年的质量目标：交易额逐年增加10%；对顾客承诺兑现率100%；不良贷款率和坏账率小于1%；严格控制发展业务规模，确保杠杆率在10以下；顾客满意度在80%以上，并逐年提高；推行ISO 9001：2015质量管理体系标准，达到可通过认证水平。

3.2.3 方针和目标的管理

1）确保公司员工对以上质量方针目标的准确理解，并进行充分的沟通，从而使员工为实现方针和目标贡献出自己的力量。

2）应对其进行监视和测量，并视运行情况，进行动态管理。必要时，如目标已达成，进行修订。

4 组织结构

4.1 本公司的行政组织结构如图6-3所示。

4.2 公司的质量管理体系的组织结构与行政组织结构相一致。

4.3 岗位、职责和权限

4.3.1 各级管理者的共同职责和权限

1）负责所辖范围质量方针、目标的实施和落实。

2）达到合同/协议所规定要求，并使其满足顾客的期望。

3）对所辖范围内质量管理体系过程的运行有效负责，及时指导、监督、检查有关责任人的工作。

图6-3 公司的行政组织结构图

4）合理分配所辖范围人员的工作任务，使其有能力胜任。

5）调配所辖范围的资源。

4.3.2 各级管理者的职责和权限

除应履行4.3.1所要求的各项责任外，各岗位应履行的职责具体内容如下。

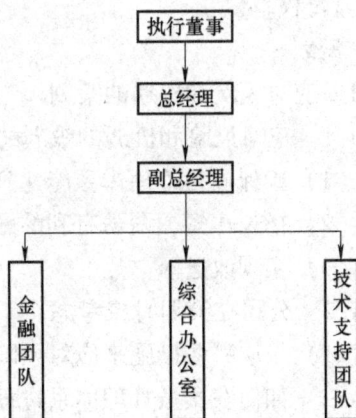

1）总经理。全面负责质量管理体系的建立、实施和保持；负责重大风险和机遇的应对措施的制定、实施；处理与相关方联系的重大事务；负责管理者的绩效考核；审查项目开发的可行性；直接领导金融团队的工作。

2）副总经理。具体领导综合办公室、技术支持团队各项与质量管理有关的工作，以及完成总经理委托的其他任务。

3）综合办公室主任。负责公司的资源管理；协调与相关方的工作联系；在公司层面负责客户服务；为各职能提供必要的物质保障；负责公司级文件的管理；负责组织和汇集公司有关信息，特别是需要公示的信息。

4）金融团队经理。负责资产端和客户端有关业务，完成公司制订的存贷计划；保证两个金融团队之间形成良性竞争和合作，力求存贷平衡；对签订合同/协议的顾客实行一对一的服务；开发潜在的顾客和项目。

5）技术支持团队经理。为公司的业务发展提供技术支持，开发存贷所需的计算机应用软件的辅助软件，指导公司员工运用和维护计算机网络，为公司网站和微信公众号提供服务；逐步开展大数据工作，以满足公司内、外需求。

4.3.3 公司员工

按所属领导分配的工作，完成任务；有的员工要一人多岗；员工有权对公司的不合法、不合规行为进行抵制，并督促改进，有对公司各项工作的建议权和监督权。

5 策划

5.1 应对风险和机遇的策划

5.1.1 应对风险和机遇的策划的目的在于：

1）确保质量管理体系能达到预期结果；

2）扬长避短，增强有利的影响，避免不利的影响；

3）实现改进。

5.1.2 公司在策划时应考虑：

1）采取哪些措施来应对风险和机遇；

2）如何在质量管理体系过程中整合和实施这些措施；

3）如何评价这些措施的有效性；

4）应对风险和机遇的措施应与其产品和服务的符合性的潜在影响相适应。

5.2 变更的策划

当公司需要对质量管理体系进行变更时，应进行策划，以保证其能有效实施，同时应考虑：

1）变更的目的及其潜在后果；

2）质量管理体系的完整性；

3）资源的可获得性；

4）职责、权限的再分配。

6　支持

6.1　资源

6.1.1　概述

本公司需要的物质资源极其简单：租用办公场所，配置必要的交通工具（由投资公司调用），以及办公用计算机和网络。

6.1.2　人员

本公司按照运营的需要，加强领导力量，并逐步增加聘用行政、产品开发和存贷业务人员，以及技术人员，并开展必要的培训，以确保质量管理体系及其过程有效运行。

6.1.3　基础设施

公司办公场所暂租用，与房东签订合同，确保正常使用。如果工作需要，公司就为每个员工配置电脑及相应软件，并由技术支持人员进行维护。目前配备商务车一台，由行政人员兼任司机。为进行内外联络，配有固定电话和手机。

6.1.4　过程运行环境

为使员工在公司有一个心情舒畅的工作环境，公司配置了适当的家具，创造清洁、安静、温度和通风适当的环境。设置了多处顾客接待休息站，便于洽谈和签订合同或协议。

6.1.5　公司的知识管理

公司的知识内部来源于过去积累的经验，员工体验的总结，以及向顾客学习和改进的成功经历等。外部来源于网络，吸取同行业的经验和教训，学习有关书籍、标准、法规和规章，以及参加各种有关会议所获得的资料。公司应将这些知识加以储存，并传承给新员工，并通过相关培训以适应新的产品和服务，以及提高公司竞争力的需要。

6.2　能力

公司对影响质量管理体系运行的人员，确保其能力符合要求的具体措施如下。

6.2.1　通过投资控股集团公司调配及招聘过程考核其能力，除会比较熟练运用计算机以外，公司对各类人员的任职能力要求如下。

1）总经理：可以由投资人兼任或者选聘熟悉金融管理存贷业务和企业管理，并有相当经验的人员，应具有较强的领导能力和内外沟通、协调能力。

2）副总经理：具有大学本科以上学历，在某个领域有 3 年以上的领导职务经历，并熟悉金融业务，具有较强的沟通和协调能力。

3）综合办公室主任：具有大专以上学历，并具有所辖范围较全面的业务知识，组织管理能力较强。

4）金融业务团队经理：大学本科以上学历，有 3 年以上金融产品存贷业务经验，并曾有良好业绩。

5）技术团队经理：具有大学本科学历，有在软件公司从事产品开发或运营 3 年以上的经验，并承担过项目组领导。

6）业务高级顾问：大专以上学历，有 2 年以上金融业务销售经验，销售业绩优良，熟悉金融业务和公司产品。

7）业务顾问：具有大专以上学历，了解金融业务和公司产品，一年以上销售工作经验，并具有独立工作能力。

8）业务助理：高中以上文化程度，初步了解金融业务和公司产品。

9）技术工程师：具有大学本科学历，能熟练运用、维护计算机，从事计算机岗位工作经历 3 年以上，能独立承担计算机的运行管理和维护，并具有一定的编程能力。

10）技术员：高中以上文化程度，具有软件的基础知识、对电脑维护熟练。

11）行政人员：具有大专以上学历，能独立承担所在岗位工作。

6.2.2　对于新老员工，通过培训使其能力适应质量管理体系逐步提高的要求，对不能适应者，通过调换岗位或解聘来满足要求。综合办应保留招聘、培训、考核和评价这些措施有效性的记录。

6.3　意识

总经理应确保与质量管理体系运行过程有关的员工知晓：

1）质量方针和目标；

2）了解他们对质量管理体系有效性的贡献及绩效改进的作用；

3）了解不符合质量管理体系要求的后果。

这些意识的培养是总经理及各级领导的责任。

6.4　沟通

6.4.1　内部沟通：由各级领导与员工通过会议、共享平台及个别谈话，针对方针、目标、存在的问题及改进的建议及时进行沟通，以求达成共识。

6.4.2　外部沟通：由各职能负责人员通过文件传递、电子邮件、微信与顾客及相关方就其需求及改进期望及时进行有效的沟通，务求就问题解决达成共识。

6.5　成文信息的管理

6.5.1 每个过程都应明确需要哪些文件和记录，其中为符合标准要求需要有的文件和记录如下。

（1）文件

公司质量管理体系需建立和保留以下文件：

1）质量方针和目标；

2）产品/服务开发的输入；

3）产品/服务开发的输出；

4）必要的过程文件，包括程序和作业文件。

（2）记录

公司质量管理体系需保留以下记录：

1）合同/协议评审结果及对产品和服务的新要求记录；

2）有关人员的招聘、培训、考核及评价人力资源管理有效性记录；

3）外部供方的评价选择记录；

4）顾客财产丢失或损坏记录；

5）更改的记录；

6）不合格输出的记录；

7）质量管理体系业绩评价记录；

8）内部审核过程记录和审核报告；

9）管理评审的记录。

此外，总经理还可以根据需要决定适当增补所需的文件和记录。

6.5.2 文件的创建和更新

文件的创建和更新应做到：

1）具有标识和说明，如标题、日期、作者、索引编号等；

2）格式统一；

3）经过评审和批准，以确保文件的适宜性和有效性。

6.5.3 文件和记录控制

本公司内部管理文件一律采用电子文档，所有文件发布前应经授权人批准。文件更改只能由责任人根据经总经理批准的更改通知单进行，以保证现行文件版本的有效性。其他人员只能通过公司局域网的平台进行阅读，不能修改文件。经副总经理批准文件方可打印。

与各方的合同/协议文本应归档保存，期限为文本失效后3年。

对外来文件，如有关法律法规、行政规章和相关方的文件等，按其原有状态保存。

有关记录可按其原有状态（纸质媒介或电子媒介）保存，但任何记录都不得进行涂抹修改，如果是笔误需要修改，则只能划改，并在划改处由更改人签章。

保存期限为文件和记录失效后 3 年。

7 风险及应对措施

公司的经营风险主要是由于对贷款企业或个人资信审查不严格，对其还款能力误判所造成的坏账。当这种坏账率超过风险保证金赔付能力时，就会造成公司运营困难，甚至资金链断裂。为尽可能避免这种情况的发生，公司应采取如下措施。

1）对贷款企业和个人的资信进行严格审查：除提供必要的资质证明外，利用各种渠道，充分了解其资信情况，如利用人民银行开放的资信系统查其资信记录；查其二年内的银行流水，资金回笼情况及项目业绩，信用情况的历史记录；利用各种共享平台，查其信用记录；对其债权的有效性进行认真评估等。

2）尽可能实行可变现的资产按市值折值抵押。

3）建立风险保证金：由借款企业提供所借金额的 10% 左右，个人提供借款金额 2% ~3% 的风险保证金，按风险评估的程度来确定具体数值。

4）执行董事或总经理负责从公司自有资金或利润中逐年提取一定比例，来补充风险保证金。

5）建立借款企业风险档案。

6）杜绝一切挪用顾客资金的现象。

7）引入有资质的第三方担保人。

8）实行第三方资金存管，以保证顾客资金和自有资金分账户进行管理，不建立资金池。

9）建立有效的欠款催讨机制。

10）充实自有资金或争取通过风投来融资。

此外，对尚不符合有关法规和行政规章的事项，在过渡期内抓紧整改完毕。

8 运行

8.1 运行的策划和控制

金融产品运行的关键是风险控制（见第 7 章）和顾客服务（见 8.2），因而无需对每项产品和服务的过程进行单独策划和提出控制要求。

8.2 产品和服务的要求

8.2.1 顾客沟通

与顾客沟通的内容包括：

1）提供产品和服务的信息；

2）处理询问、合同/协议及公司情况的变化；

3）获取顾客对有关产品和服务的反馈，包括顾客抱怨；

4）顾客财产的控制情况；

5）重大应急处理问题。

此外，总经理应责成有关人员按行政规章增加透明度，通过官方网站或微信公众号，定期向公众如实发布如下经营管理信息。

1）撮合借贷项目交易金额。

2）交易笔数。

3）借款余额。

4）最大单户借款余额占比。

5）最大10户借款余额占比。

6）借款逾期金额。

7）代偿金额。

8）借贷逾期率。

9）借贷坏账率。

10）出借人数量。

11）借款人数量。

12）客户投诉情况。

8.2.2　与产品和服务有关要求的确定

公司向顾客提供产品和服务时，应确保：

1）满足有关法律法规和行政规章的要求；

2）满足公司认为必要的要求；

3）公司提供的产品和服务，能满足公司做出的承诺。

8.2.3　与产品和服务有关要求的评审（即合同/协议的评审）

公司应确保有能力满足向顾客提供的产品和服务的要求，在合同/协议签订前，应对其有关内容进行评审。

1）能否满足顾客的要求（包括潜在的要求）和期望。

2）能否满足有关法律法规和行政规章的要求。

3）公司是否能确保完成合同/协议做出的承诺。

4）是否符合公司规定的要求及有何新的要求。

这种评审由总经理负责，有关金融团队和技术支持团队人员参加，并应保留评审结果的记录。其关键内容是对项目风险的评估。

8.2.4　产品和服务要求的更改

公司若更改产品服务的要求，则应确保相关文件，如关于还款时间、利率发生变更时，公司网站、微信公众号和广告得到相应更改，并确保有关人员都能知晓。

8.3　金融产品的开发

　　鉴于金融产品开发的特殊性，其产品要立足于确保资金安全，并在市场上有竞争力，投资回报要力争达到市场平均利率以上。

　　产品系列的利率要计算简便，既便于管理又便于顾客监督，如实行 T + 1 的计息方法。

　　产品开发目前是新项目的寻找和认定，其输入是可行性评估所需材料，见第 7 章风险和应对措施所述，其输出是新项目合同/协议书及关宣传资料。

　　此外，还可创造新的模式。

8.3.1　产品/服务开发的输入

　　产品和服务项目开发时，应考虑：

　　1）项目能否满足借贷双方的要求并保证公司的合法收益；

　　2）对项目风险的评估及控制措施；

　　3）法律和法规及行政规章的要求；

　　4）公司承诺实施的标准和行业规范；

　　5）公司及其他企业类似的产品/服务的信息；

　　6）若产品/服务失败可能引起的后果（包括潜在的后果）。产品和服务开发的输入应清晰和完整，并满足开发目的的要求。

　　产品和服务开发的输入应形成文件。

8.3.2　产品和服务开发的输出

　　公司应确保：

　　1）开发的输出满足开发输入的要求；

　　2）对产品和服务的后续过程是充分的；

　　3）规定对于实现预期目的、保证资金安全所需的特性（如风险保证金、抵押）等。

　　公司应对每个项目形成开发输出文件。

8.4　外部提供过程、产品和服务的控制

8.4.1　供方的选择和控制

　　鉴于公司与产品和服务直接有关的外部供方较少，而且较明确，因而对其控制较简单，故不需分多个子过程详细描述。同时，不能设想一个小微企业去控制大供方的过程。公司的外部供方有以下三类。

　　1）第三方资金存管银行金融机构。为了适应行政规章的要求，公司需要从现有的银行服务、成本、品牌价值带来的增信效果及熟悉程度易于沟通等方面选择适宜的合作伙伴。

2）第三方担保人。为了增信，使顾客更放心，公司需要选择适宜的担保人，评价其能力，主要看其资质、资金实力，担保的信用记录。

3）法律顾问。公司和外部供方之间的接口是明确其承担的责任和公司可提供的服务费用，为此进行有效沟通最为重要，公司应委派有关管理者来承担沟通工作。

8.4.2 对于评价、选择供方的活动和由此引发的必要措施应加以记录。

8.5 产品和服务提供的控制

8.5.1 产品和服务的受控条件。

1）获得形成文件的信息，包括：产品和服务的特征及获得的结果。

2）为运行过程提供适宜的基础设施和环境。

3）提供必要的人员保障，其能力和资质都应符合要求。

4）采取措施防止人为的错误。

8.5.2 顾客或外部供方的财产

1）公司在控制和使用顾客及外部供方的财产期间，应对其妥善管理。

2）当这些财产或其一部分成为公司产品和服务的内容时，应加以识别、验证、保护和维护，如对顾客个人信息应予严格保密，对顾客提供的风险保证金不能移作他用等。

3）若顾客财产发生丢失、损坏或不适用时，应向顾客报告并留有记录。

8.5.3 防护

在产品和服务提供期间，公司应对输出进行防护，如对合同/协议的妥善维护。

8.5.4 交付后活动

在确定交付后活动时，应考虑：

1）法律法规和行政规章的要求；

2）与产品和服务有关潜在的不期望的后果；

3）顾客要求和顾客反馈。

在合同和协议到期后，公司应及时按约定条件，将本金和利息及时返还借款人，以及催收借款人应付款项。

8.5.5 更改的控制

公司应对产品和服务提供的更改进行必要的评审和控制，以确保稳定地符合要求，如合同文本的更改，须经最高管理者、法律顾问、销售团队、技术支持团队的评审。

更改内容应进行记录。

8.6 不合格输出的控制

当出现意外情况，无法继续履行合同/协议时，公司应根据不合格的性质及其影响采取应急攻关措施。

1）纠正。

2）告知顾客。

3）获得让步接收的授权。

4）保留相应的记录。

9 绩效评价

公司应评价质量管理体系的绩效和有效性，并保留评价记录。

9.1 顾客满意

公司应监视和测量顾客对其需求和期望获得满足程度的感受。具体监测办法按《ISO 9000：2015 质量管理体系文件》一书提出的 5 级标度法进行。

9.2 分析和评价

公司应运用统计和分析技术，对通过监视和测量获得的有效数据和信息进行分析和评价，并利用分析结果评价：

1）产品和服务的符合性；

2）顾客满意度；

3）策划是否得到了有效实施；

4）质量管理体系的绩效和有效性；

5）针对分析和机遇采取的措施的有效性；

6）外部供方的绩效；

7）质量改进的需求。

9.3 内部审核

公司应按策划的时间间隔进行内部审核，并提供必要的信息。审核由具有资质的外包方来承担，应确保符合 ISO 9001 的有关要求。公司应确保各职能部门都能看到审核报告，并据此及时采取纠正或纠正措施，确保其有效实施。

9.4 管理评审

9.4.1 总则

最高管理者应于每年 12 月按时对公司的质量管理体系进行评审，使其持续地保持适用性、有效性和完整性，并与公司的战略方向相一致。

9.4.2 管理评审的输入

策划和实施管理评审时应考虑如下事项。

1）以往管理评审所采取措施实施的情况。

2）与质量管理体系相关的内外部因素的变化。

3）与质量管理体系绩效和有效性相关的信息，包括趋势性信息，如顾客满意程度与相关方反馈；质量目标实现的程度；过程绩效及产品和服务的符合性；不合格及纠正措施；监测结果；审核结果及外部供方的绩效。

4）资源的充分性。

5）应对风险和机遇所采取措施的有效性。

6）改进的机会。

9.4.3　管理评审的输出

管理评审的输出应包括：改进的机会；质量管理体系所需的变更；资源需求。

公司应保存管理评审的输出记录。

10　持续改进

10.1　总则

公司应确定和选择改进的机会，采取必要措施，以满足顾客要求和增强顾客满意，应包括：

1）改进产品和服务，以满足要求并关注未来的需求和期望；

2）纠正、预防或减少不利影响；

3）改进质量管理体系绩效和有效性。

10.2　不合格和纠正措施

10.2.1　若出现不合格或投诉的不合格，公司应采取如下措施。

1）对不合格做出应对，采取措施予以控制和纠正，并处置其产生的后果。

2）评价是否需要采取纠正措施，这需要：评审和分析不合格；确定不合格的原因；确定是否存在或可能发生类似的不合格。

3）实施所需要的产生不合格的影响，相适应的纠正措施，并评审所采取的措施的有效性。

4）需要时，更新策划时确定的风险和机遇。

5）需要时变更质量管理体系。

10.2.2　保留不合格的有关记录。

10.3　持续改进

公司应持续改进质量管理体系的适宜性、充分性和有效性，应考虑管理评审的输出，确定是否存在改进的需求和机会。

【案例 6-2】点评

1）本案例属于金融资产服务领域，过程相对比较简单。这家公司除领导层外，仅有三个部门，22 名员工，属于小微组织，用这种简明质量管理体系手册结构，并且没再引用任何文件，篇幅较小，很合适，宜借鉴。

2）在公司环境的相关法规和行政规章章节，用表格列出，更加显而易见。

3）简明质量管理体系手册中，"行业竞争"和"组织内部环境"这两部分，用的文字不多，却清楚地描述了本行业实际情况，值得提倡。

4）简明质量管理体系手册 3.2.1，对质量方针的内涵，进行了全面阐述。这样，便于在公司内部沟通和贯彻质量方针。

5）在这种简明质量管理体系手册结构中，缺少流程图，尤其流程图中的"判断框"是比较明确的，使用文字难以描述清楚。若增加过程的流程图，会更清楚直观。

6）"公司的近 3 年的质量目标：交易额逐年增加 10%；对顾客承诺兑现率 100%；不良贷款率和坏账率小于 1%；严格控制发展业务规模，确保杠杆率在 10 以下；顾客满意度在 80% 以上，并逐年提高；推行 ISO 9001：2015 质量管理体系标准，达到可通过认证水平。"等目标，全面体现了质量方针中所提出的制定质量目标的框架要求的要求；"对顾客承诺兑现率 100%"能否持续实现与公司的背景"规章和制度尚待健全，对各项工作的考核均尚需完善；员工培训不足；公司领导更换频繁"等有待改进的现状密切相关。

6.3.3 【案例 6-3】LLC 生产力咨询公司简明质量管理体系文件（来自国外）

1 质量管理体系

本文件确定 LLC 生产力咨询公司 QMS 的战略方针和质量目标，包括各个部门所有工程的输入/输出和活动及它们之间的相互作用。QMS 范围是从提供咨询项目的服务到完成后续的实施和服务。

公司由三个部门组成，它们是企业管理部（EL）、业务管理部（BMS）和金融服务部（FS）。每个部门都能独立工作或对共同项目联合工作。

2 部门职责

企业管理部（EL）：该部门主管公司内外的沟通活动，便于建立组织内外的信任、诚实、尊重和"真诚的对话"的坚实基础。这一层次经常是企业性公司中业务管理体系咨询的先导者。

业务管理部（BMS）：该部门按照有助于公司实现其战略质量和义务的目标进行过程评价和改进咨询。它利用 ISO 9001：2015 标准作为总体集成业务管理体系的框架。

金融服务部（FS）：该部门专门对金融服务业（银行、保险公司、担保商等）的业务管理、质量和信息技术提供咨询服务。它利用另外两个业务部门的许多工具为特定目标提供服务。

虽然公司在美国各地设有办事处，但所有办事处的业务都由设在内华达州的弗吉尼亚市的总部进行控制。各办事处之间的活动受企业管理部的控制并适合于捕捉业务机会。公司在"提供业务过程咨询服务"的范围内，保持 ISO 9001：2015 标准的认证合格证书。

本公司是业务过程咨询和组织领导发展的提供者。公司确定的优先事项是：

1）达到最高业务水平和专业水准。

2）兑现我们的承诺。

3）实现顾客满意。

4）以效益为中心，减少费用开支。

本公司承诺：用符合 ISO 9001：2015 标准要求的过程文件、过程实施和过程保持支持我们的 QMS。

3　引用文件

ISO 9000：2015《质量管理体系　基础和术语》

ISO 9001：2015《质量管理体系　要求》

4　质量管理体系总体设计

4.1　总体控制

公司识别业务过程、过程的应用、顺序、相互关系和有效性，将在较低层次文件中详述。服务的策划、监视、操作、控制、测量和分析将通过质量计划和目标、战略规划会议、管理评审、内部审核、纠正措施和风控措施、统计过程控制和持续改进启动等进行。公司制定了简明质量管理体系文件，以确保服务符合顾客要求，并为有效策划、服务提供和过程控制提供指导。所有过程文件都加以建立、实施并保持。本简明质量管理体系文件，即描述了公司的战略，又规定了每种职能的战术，还提出岗位运作的信息。

总经理的职责是通过足够的资源和信息，以支持 QMS。他还负责向顾客提供所有的服务领域中所需的业务培训、鉴定合格且有能力的人员。

所有员工应该接受初始业务模式定向培训，包括测量公司的成功和利润的度量标准。员工应按适合其业务部门的所有服务项目接受培训，以确保顾客接受所需水平的服务。培训计划应按期评审，每年至少一次评价其有效性，并确定培训需求已使员工持续改进其技能。

业务过程应按管理、资源提供、产品（服务）交付及结果的测量来建立。公司内的业务过程应在开始时加以确认，更改时再确认，操作期间加以监视和检验，必要时实施持续改进，以便给顾客和其他相关方提供所需的服务。公司内的员工应被赋予与其承担的任务相当的责任，并授予适当的权力，以确保质量方针和质量目标始终完成。外包给与其他服务提供者的任何服务项目都应受到公司 QMS 的控制。

公司的组织机构如图 6-4 所示。

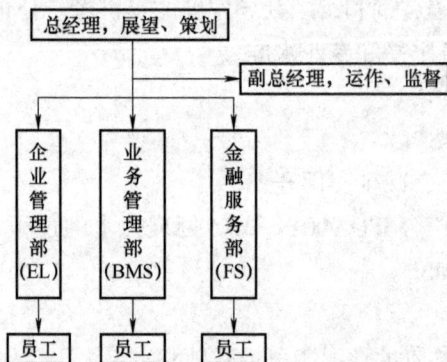

图 6-4　LLC 生产力咨询公司组织机构图

4.2　公司环境

4.2.1　总则

满足所在国的法规。

4.2.2　市场环境

QMS 范围是从提供咨询项目的服务到完成后续的实施和服务。现在这个领域面临的竞争对手是某公司，追赶的标杆是某某公司。

4.2.3　组织内部环境

所有员工应该接受初始业务模式定向培训，包括测量公司的成功和利润的度量标准。员工应按适合其业务部门的所有服务项目接受培训，以确保顾客接受所需水平的服务。

4.3　质量管理体系范围

公司遵循 ISO 9001：2015 标准的要求，建立质量管理体系，其范围是从提供咨询项目的服务到完成后续的实施和服务。

4.4　质量管理体系及其过程

公司应按照 ISO 9001：2015 标准的要求建立质量管理体系，包括所需过程及其相互作用，如图 6-5 所示。应确定这些过程及其在整个组织内的应用，且应：

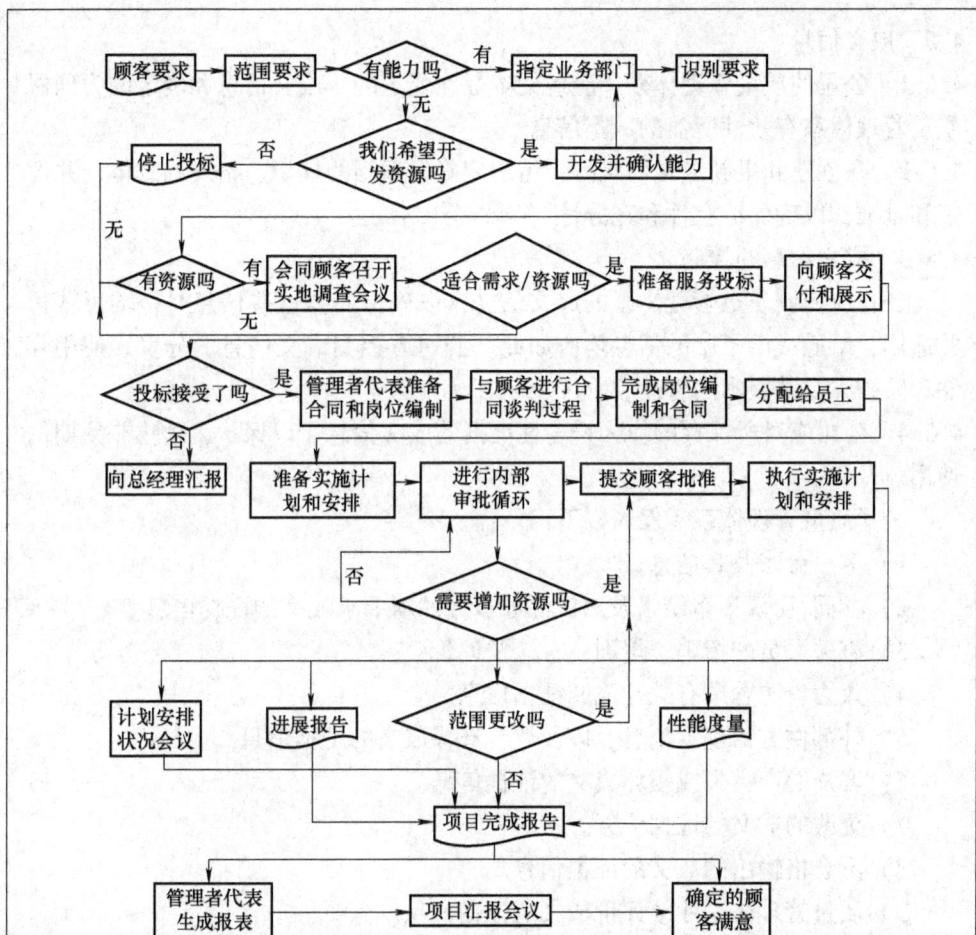

图 6-5 LLC 生产力咨询公司过程流程图

1）确定这些过程所需的输入和期望的输出；

2）确定这些过程的顺序和相互作用；

3）确定和应用所需的准则和方法，以确保这些过程的运行和有效控制；

4）确定并确保获得这些过程所需的资源；

5）规定与这些过程相关的责任和权限；

6）对按照标准的要求所确定的风险和机遇；

7）评价这些过程，实施所需的变更，以确保实现这些过程的预期结果；

8）改进过程和质量管理体系。

同时，公司应：

1）保持成文信息以支持过程运行；

2）保留确认其过程按策划进行的成文信息。

4.5 成文信息

4.5.1 公司的质量管理体系，应包括本标准要求的，成文信息和确定的为确保质量管理体系有效性所需的成文信息。

4.5.2 在创建和更新成文信息时，组织应确保适当的标识、格式和载体，并评审和批准，以确保适宜性和充分性。

4.5.3 成文信息的控制

公司应控制质量管理体系的成文信息，以确保需要这些信息时，均可获得并适用，纸质或电子版的信息均应如此。公司应控制成文信息的分发、使用存储和防护，及其版本的管理。

4.5.4 公司应对所保存的作为符合性证据的成文信息予以保护，防止非预期的使用。

公司质量管理体系需保留以下记录：

1）客户台账及其信息。

2）合同/协议评审结果及对产品和服务的新要求成文的证据信息。

3）有关人员的招聘、培训、考核及评价。

4）人力资源管理有效性成文证据信息。

5）外部供方的基本信息，以及评价选择成文的证据信息。

6）客户财产丢失或损坏成文的证据信息。

7）更改的成文的证据信息。

8）不合格输出的成文的证据信息。

9）质量管理体系业绩评价成文的证据信息。

10）内部审核过程成文的证据信息。

11）内部审核报告。

12）管理评审的成文的证据信息。

13）客户信息应无限期保存，其他的都要明确保存时间。

所有要保持成文的证实性信息应清晰，使用公司名称，并明确标识、妥善存储和保护、易于检索、适当处置的方法。

公司每位业务工作人员应保存本职业务范围内的客户文卷和成文的证据信息。应便于为实施或项目提供服务的员工检索查询。查询方式可通过电子邮件，或者提供已批准的供方目录上的电信公司。

5 领导作用

5.1 总经理承诺

本公司总经理承诺在本手册和支持文件中规定质量方针和质量目标。这种承诺的证明就是持续利用质量方针和质量目标，作为日常进行的内部和外部业务的指导方针。管理者应传达满足顾客规定的和隐含的需求，以及法律、法规要求及其重要性，通过促进和监督项目提供服务，证实处于顾客希望的服务水平。管理者应分配与每个项目的范围相适应的资源。管理者至少每年12月进行一次管理评审，以确保方针和目标仍然有效，并得到每位员工的支持。部门或员工履行职责时，应及时互相沟通。

5.2 以顾客为关注焦点

在接受委托任务之前，管理者、员工或评估小组应确定顾客规定和隐含的需求。当合同要求形成时，合同应加以评审并进行更改控制。实施计划和资源也应持续地评估，以确保顾客从公司的服务中得到最大收益。每个项目完成时，管理者或设计师应评审顾客合同，确保满足任何书面的或隐含的要求。这时，应明确取得顾客反馈的方法，并且反馈的证据应保存在顾客文卷中。如果发现了问题或反馈信息，应立即与顾客沟通。应定期与顾客联系，以了解是否继续对提供的服务满意。如果员工希望公司提供洽谈方面的机会，应就进一步帮助进行沟通。当变更的可能存在于过程的服务时，应及时告诉顾客。

5.3 质量方针和质量目标

5.3.1 质量方针

总经理应制定、实施和保持质量方针，并且要确保质量方针在组织内得到沟通、理解和应用。公司的质量方针：生产力咨询公司通过评估、介入、启发和培训，帮助客户组织实现他们明示和隐含的目标。

5.3.2 质量目标

本公司将帮助客户按业务问题的优先顺序解决短期战术问题，并实现长期战略计划，最大限度地提高人力资源和物力资源的有效性。所采取的方法如下。

1) 积极倾听客户需求。

2) 识别需要增强的业务输出。

3) 评估组织对更改的准备。

4) 分析业务过程。

5) 评估人力因素。

6) 识别费效比的解决方案。

7) 与客户形成伙伴关系和实施战略。

8) 积极履行对客户的承诺。

9) 确定评价有效性的度量标准。

10) 为实施、评估和结束提供方便。

11）跟踪督促实现业务输出。

12）向客户传送实现自身效益的知识。

质量方针和目标应每年 12 月份评审一次，以确保它们反映管理者的理想和公司的目的。管理者应通过建模和指导确保质量方针反映本公司的承诺。管理者应确保必要时这些评审的结果将促进持续改进。管理者的职责是确保公司的所有员工应该理解方针的宗旨并在他们的日常工作中执行方针。

管理者直接负责确保质量目标是每年战略规划的一部分。质量目标通常应包含在三个业务部门的质量计划中。应告知每位员工为满足公司的目标应发挥的作用，以及共同的业绩和营利与完成分配的指标有何关系。为满足目标而规定的指标，应与每位员工的工作发展计划相联系并形成文件。

5.4 职责、权限与沟通

过程和服务的各部门的职责和权限已经确定，各个人员的职责应在部门的项目质量计划中明确。管理者应确保职责和权限与每一岗位名称所确定的范围相适应。对执行过程中负有直接责任的人员，赋予评审任何与其职能相关的文件的机会。应在年度评估期间评审和讨论每位员工的责任，并应直接与利益和顾客满意度的测量相联系。

5.5 沟通

管理者应确保整个公司内及其与相关方真诚对话，特别是有关 QMS 和顾客事宜。沟通包括沟通什么、何时沟通、与谁沟通、如何沟通。管理者应确保所有员工有效的沟通方式，这种方式包括电子邮件、网站、微信、召开讨论会、备忘录或公司会议。

5.6 管理评审

只要考虑先前策划的目标、先前的管理评审及相关输入，管理评审可以以任何合理的方式进行。管理评审的主要目的是持续改进。发现的任何问题均应加以评审和讨论，以确保它们在未来的策划中设法解决。在 QMS 改进中取得巨大进步的员工应得到承认。评审形成文件的证据信息应予以保存并包括措施项目和完成的时间框架。措施项目可以用任何方法完成，只要每个项目的文件予以保持，并且每个项目的解决办法在管理评审中得到沟通即可。管理评审需要来自整个公司的输入，必要时与措施项目有联系的合作者都可参加管理评审。

6 质量管理体系策划

6.1 管理者负责确保安排并完成 QMS 策划和保持体系的完整性。应考虑把下述项目作为策划的输入。

1）质量方针和目标。

2）顾客反馈意见。

3）客户的需求和期望。

4）工业或商业标准和要求。

5）商谈但未接受的项目。

6）先前项目的优势和薄弱环节。

7）纠正措施。

8）顾客建议和风控措施。

9）发现的机会和威胁。

10）必要的评估、测量、验证、确认和监视结果。

11）影响 QMS 的更改。

作为 QMS 策划活动的结果，具有指标和目标的战略计划应形成文件，并应包括：

1）进一步的培训需求。

2）执行计划的措施项目和时间框架。

3）预算和人力需求。

4）进度的测量。

5）资源增加的需求（包括软件）。

6）过程改进的需求。

7）文件和形成文件的证据信息的需求。

6.2　在策划质量管理体系时，组织应考虑到公司的内外部因素和相关方的要求，并策划应对风险和机遇的措施，在质量管理体系过程中实施这些措施，并且评价这些措施的有效性。应对风险和机遇的措施应与其对于产品和服务符合性的潜在影响相适应，以确保质量管理体系能够实现其预期结果，增强有利影响，避免或减少不利影响，从而实现改进。

7　资源

7.1　资源提供

咨询和 QMS 实施中的资源及其分配和可用性应持续进行评审和识别。公司在管理评审/顾客信息输入，或者新的业务评审期间，会发现进一步需求的资源。管理者应保持足够的资源和工作人员，以便在实施服务和顾客满意度监测时，支持 QMS 目标和客户要求。

7.2　人力资源

鉴于本公司的咨询工作完成取决于员工的能力，公司应基于教育、培训、技能和经验持续地评估员工的能力。对于现有的员工，这种评估应以顾客满意度测量、审核的结果确定培训形式。对于潜在的员工，应确定选择准则和经验需求。人力资源评估准则如下。

1）人的能力。

2）培训需求的评估。

3）有效性和重要性意识的确定。

4）QMS 培训需求。

5）人力资源形成文件的证据信息的维护。

7.3 基础设施

应在每位员工确定其发展方向时，向他们提供公司可用的软件和资源清单。每位员工应方便地使用这种清单中的资源，以便公司中的每个人必要时能够下载并访问文件。

员工所需的其他工具、软件和设备，应个别向管理者取得。

7.4 工作环境

公司确保用来完成公司的目标和顾客的要求的适当工作环境。工作环境应与工作内容和顾客的场所有关。为支持每个项目所做的大部分书面工作，可在员工确定的家庭办公或其他适当的区域完成。

8 运行

8.1 服务的策划和控制

对每一位顾客委托的服务需求项目所策划的结果，取决于该项目的区域类型、组织机构、人员素质和顾客要求。除非策划的结果满足了顾客的所有要求，否则公司应将进行新的跟踪努力。公司可以使用现有的方法和过程，但也可按客户的需求对目前的程序进行必要的剪裁或产生新的程序。此时，公司应考虑本书中讨论的质量策划目标。当利用交叉职能资源的大型项目成为必要时，应拟定、批准和实施单独的质量计划。在所有的项目策划中，应考虑资源、验证、确认、监视和接收准则。策划的输出应适合组织的运行需要。公司应控制策划的变更，评审非预期变更的后果，当变更影响质量管理体系有效性时，采取措施减轻不利影响。策划形成文件的证据信息应予以保存。

8.2 产品（服务）的要求

8.2.1 与产品（服务）有关的要求的确定

要求公司的代表确保在任何项目投标之前，与顾客讨论所有规定的和隐含的需求。公司的员工是过程和项目的咨询专家，并承担与客户的业务特点相适合的服务工作。公司代表的职责是确保客观了解主要项目的细节，以及客户的特殊需求可能如何影响实施和时间框架。公司代表还有责任考虑任何法规或环境要求，并确保提供知识资源，以帮助将上述要求纳入实施项目之中。

8.2.2　与产品（服务）有关要求的评审

在接受合同之前，公司应确保客户的需求得到理解，并能在本手册范围内确定的三个部门的工作框架内得到满足。进而，公司负责确保客户理解在实施的每个阶段将做什么工作。如果客户要想省略或改变实施的某些部分，这些省略或改变在着手之前应增补到合同中并经双方签署。

8.2.3　顾客信息

在项目进行期间，公司应定期与客户代表沟通，并说明项目的状态。沟通的频次应在合同中规定。沟通可通过每周会议和形成文件的证据信息、电子邮件、微信或电话进行。负责的员工应保存项目工作日志。对项目实施的范围提出的更改请求或建议应形成文件，作为对合同修订的依据。当可用的过程和方法发生改变时，应及时通知顾客。在实施项目完成时，应请顾客填写顾客满意度反馈单。在此反馈单反映的任何问题或请求，应立即由专人解决。如果反馈的问题是抱怨，应做书面答复并跟踪，以确保解决方案形成文件和客户得到所希望的服务水平。

8.2.4　若产品和服务要求发生更改，组织应确保相关的成文信息得到修改，并确保相关人员知道已更改。

8.2.5　组织应保留评审结果、产品和服务的新要求、有关的成文信息。

8.3　产品（服务）的设计和开发

由每一领域的专职人员完成服务、工具、文件和方法的设计。一旦进行了初步设计，就应由相关人员提供评审和输入进行开发。当顾客要求新程序时，该顾客应参与到设计和开发过程中来。输入还可以参照先前的服务设计、顾客反馈、开发工具、标准、质量计划和战略规划。设计和开发期间，最重要的是对所有更改使用版本号和日期进行跟踪，以避免重复和多余的劳动。输出形式可为形成文件的描述、科目概要、幻灯片、资料或软件。还应评审输出的准确度和清晰度，按照设计输入进行验证。

在评审阶段，每位对交付产品（服务）负有责任的员工应有评审的机会，并提供书面反馈意见。在产品放行之前，相互矛盾的问题应得到解决。所有反馈意见应得到答复，所有措施的形成文件的证据信息应予以保留。对交付的最终产品或服务有责任的每个人均应清楚地了解产品或服务。

在评审阶段和每项产品或服务交付前应进行验证，以确保它仍然满足输入指标。如果必须更改，就要完成更改，并且在它再次交付之前，所有负责人员应评审与更改相关的服务或产品。评审和更改的成文证据信息应予以保存。

可行时，在产品或服务将交付给顾客之前应进行运行试验。当顾客接受最新设计过程的第一批产品时，应了解产品或服务的顾客受试状况，以便确认是否达到了顾客的规定要求。试验和更改的结果应予以形成文件的证据信息并保存。

应利用版本号和日期对更改情况进行跟踪。更改的成文的证据信息应当保存。每项产品或服务应使用受控点，并且更新情况应根据需要发送给其他相关人员。产品或服务的设计人员有责任确保所有相关人员收到最新版本。更改的评价应利用顾客评价或调查加以验证。

8.4 外部提供的过程、产品和服务的控制

8.4.1 采购过程

本公司只采购办公用品和计算机设备之类的项目。公司持续努力已取得最好的效益。当购买包括可交付给顾客的产品（如软件、资料等）时，供方应规定产品和来源，并对供方的信誉和能力应按确定的准则进行评价，这种评价应该是动态的。员工个人消耗的物品不需受控。当新的员工加入到公司时，将给他们一套现有的硬件和软件，以便他们能采购到适合的产品。外部服务的采购只能由合作者处理和指导，不要试图对他们的现货制造厂的货品进行一一评价。必要时，合作者可对供方的适宜性提出他们的意见，以确保与顾客最终产品的需求相适应的性能水平。

8.4.2 采购信息

每位员工负责制定并保存他自己的采购文件。采购订单应清楚地说明物品的性能、型号和价格。只有管理者有权批准从公司的经费中支取款项或者发现采购订单中存在的问题。

8.4.3 采购产品的验证

对于各类物品，在接收时应检查性能、数量、编号、类型及损坏情况。损坏的货物和价格上的分歧应立即解决。

8.5 生产和服务提供

8.5.1 生产和服务提供的控制

本公司是一家服务公司。服务提供的控制包括：

1）获得可用性信息和岗位文件或程序文件。

2）使用适宜的设备和资源。

3）适宜的监视测量方法。

4）监视和测量方法的实施。

5）项目完成、交付和跟踪活动的实施。

8.5.2　生产和服务提供过程的确认

本公司的咨询服务具有高智力和判断力的特点，有些服务可能在交付之后问题才显露出来。要确保员工具有相当的资质和能力，并遵循公司指定的方法和程序。初始顾客合同检查清单应在每次服务交付结束时，根据来自顾客评价表和调查的信息进行评审。为了交付成功，应对目标进行评审和评价。时间长短和项目费用应按照计划目标进行评价。过程中的任何问题应按照纠正措施的方式形成文件，同时在文件中提出建议的解决方案，并提交受影响的合作者。与顾客有关的问题应加以评审，以便于解决和实施。并应立即向顾客做出答复，副本应保存在顾客文卷中。合作者应评审利润额，并调整项目或实施的时间安排，同时所需资源应能够得到。对采用方法和程序的适宜性，以及有关的经验和能力，应加以评审并做出安排，以便在下个项目之前解决问题。

8.5.3　标识和可追溯性

所有文件、文卷和报告应使用与其主题内容有关的标题加以标识。对于文件文卷的简称，可以使用版本字母和日期。所有可用资料的索引可由每一业务部门的主管保存在文卷中。

8.5.4　顾客或外部供方的财产

由于保密和责任的原因，负责实施项目的人员应跟踪顾客或外部供方的财产。顾客或外部供方的财产可以是文件、软件、培训教材、规范或内部程序。应遵守所有版权和商标要求。应询问顾客或外部供方是否要求将信息资料销毁。只有征得顾客或外部供方的同意后才能销毁，并保守顾客的秘密。如果顾客或外部供方的财产在项目实施期间被破坏或丢失，应及时通知顾客。会谈的详细资料，或者往来信函的副本应保存在顾客文卷中。应尽力满足顾客或外部供方更换财产的需求。

8.5.5　产品防护

本公司生产的唯一"产品"就是书面的和电子文档形式的知识财产。所有这类载体均应妥善予以识别、保管、存储和防护控制，以免损伤和受各种因素影响。

8.5.6　交付后的活动

公司应满足与产品（服务）相关的交付后活动的要求。在确定所要求的交付后活动的覆盖范围和程度时，组织应考虑法律法规要求，及其产品（服务）相关的潜在不期望的后果，产品（服务）的性质。

8.5.7　更改控制

公司应对产品（服务）提供的更改进行必要的评审和控制，以确保持续地符合要求，应保留成文信息，包括有关更改评审结果、授权进行更改的人员，以及根据评审所采取的必要的措施。

8.6 产品（服务）的放行

公司应在产品（服务）的适当阶段实施策划的安排，以验证产品（服务）的要求已得到满足。应保留有关产品（服务）放行的成文信息。成文信息应包括符合接收准则的证据，以及授权放行人员的可追溯信息。

8.7 不合格输出的控制

公司应确保对不符合要求的输出进行识别和控制，以防止非预期的使用或交付。

不合格品应根据不合格程度进行处理。有疑问的产品应按照顾客的要求、顾客的合同和隐含的需求进行评价。不合格可能包括能使用但不能完全满足顾客的隐含需求的产品。如果必要，应与顾客进行商谈，以便允许使用该产品，或者采取必要的措施，使产品满足他们的期望。应保存不合格的成文信息，以描述不合格，描述所采取的措施，描述获得的让步，用作历史资料和趋势分析。

9 绩效评价

9.1 监视、测量、分析和评价

本公司的 QMS 和质量目标的有效性应在实施过程中和项目完成时，由责任人在公司会议中加以评价。应通过下述方式识别和纠正各种问题：针对性的纠正和纠正措施、更新适用的文件、通过进一步的培训或教育或者取得额外的资源。这些评估的结果将导致质量计划和目标的更新，以达到持续改进的目的。在测量、分析和改进活动中，应使用包括统计技术在内的适用方法。

9.2 顾客满意

顾客反映的问题和不满，应立即处理和解决。这些情况的反馈意见应告知所有员工，以便使其得到教育和提高。来自顾客的反馈单、评价表和顾客调查的信息，应分发到所有员工。

应按管理者的指示，对现有的和过去的顾客进行访问，以确保顾客满意或确定是否需要进一步的帮助。

9.3 分析和评价

公司应分析和评价通过监视和测量获得的适当的数据和信息。从过程、产品、顾客和供方搜集的数据应加以分析，以了解趋势。对不利趋势应加以评价，以便使其立即减缓、进行根本原因分析和进一步消除。良好的趋势也应加以评价，以便在其他领域利用，从而改进 QMS。这种数据分析的结果及针对风险和机遇所采取措施的有效性，纠正措施的实施情况应作为管理评审的输入，并传达到其他相关人员。

9.4 内部审核

公司应按照策划的时间间隔进行内部审核,以提供有关质量管理体系的下列信息:质量管理体系的内部审核应按计划安排完成,每年至少进行一次,由有资格的内部审核员进行审核,审核员应独立于被审核的工作。这种审核应按照质量管理体系的要求进行。先前的审核结果适用时应加以评审。审核应根据被审核过程的状况和重要性予以安排进行。审核员应通过已认可的培训,取得资格或是公司已有证书的审核员。

10 改进

10.1 公司应确定和选择改进机会,并采取必要措施,以满足顾客要求和增强顾客满意。

这应包括:

1)改进产品(服务)以满足要求并关注未来的需求和期望;

2)纠正或减少不利影响;

3)改进质量管理体系的绩效和有效性。

10.2 纠正措施

若出现不合格,包括来自投诉的不合格,公司对不合格做出应对,并在适用时采取措施以控制和纠正不合格。公司应实施闭环管理,纠正措施和风控措施并形成文件,以消除现有的或潜在的不合格原因。这种过程应扩展到所有顾客、供方和合作方。该过程应利用表格形成文件的证据信息,记录所有问题和建议,以用于趋势评审。问题的提出者应提供详细的问题说明,并推荐解决方案。策划的实施方案应包括现有的或潜在的不合格的根本原因分析,以及消除发生或重新发生步骤,避免其再次发生或者在其他场合发生。

10.3 持续改进

公司应持续改进质量管理体系的适宜性、充分性和有效性。

公司应考虑分析、评价结果及管理评审的输出,确定是否存在应关注的持续改进的需求和机遇。

【案例6-3】点评

1)LLC生产力咨询公司属于中介咨询组织,其简明质量管理体系文件确定了LLC生产力咨询公司QMS的战略方针和质量目标,包括各个部门所有工程的输入/输出活动,以及它们之间的相互作用。明确其QMS范围,是从提供咨询项目的服务到完成后续的实施和服务,描述了中介咨询的特点。

2)简明文件是将企业生产力咨询过程,与ISO 9001:2015标准相结合,试图保持原有文件的基本格局和内容,并作简要补充,以满足既贯彻了ISO 9001:2015

标准，却又没有大块"抄"标准，这样就跳出了"为贯彻标准，而'抄摘'标准"的误区，其基本精神值得提倡。

3）简明文件的编排顺序，在原体系文件基础上，同时贯彻了 ISO 9001：2015 标准。例如，第 5 章基本上保持了 ISO 9001：2015 标准的章节序，将"管理评审"安排在"质量管理体系策划"的前面，是考虑了实际情况，保持了原来体系构成，做了局部修改，不是为贯彻标准而贯彻标准。

4）简明文件中的 4.2.2 市场环境章节，描述了"QMS 范围是从提供咨询项目的服务到完成后续的实施和服务。现在这个领域面临的竞争对手是某公司，追赶的标杆是某某公司。"但未清楚描述标准要求的"可能包括需要考虑的正面和负面要素或条件""来自于国际、国内、地区和当地的各种法律法规、技术、竞争、市场、文化、社会和经济环境因素"方面的内容。因此，简明文件中的 6.2 "并策划应对风险和机遇的措施"章节，未明确针对本条在前述环境条件下的风险及其应对措施。这是明显的欠缺。

5）简明文件中的 5.3.1 质量方针章节规定："生产力咨询公司通过评估、介入、启发和培训，帮助客户组织实现他们明示和隐含的目标。"体现了满足"产品要求"，但是，未体现"持续改进"的要求。同时也未为制定质量目标提供框架。

6）简明文件中的 5.3.2 质量目标章节规定："管理者直接负责确保质量目标是每年战略规划的一部分。"但是未体现在相关职能、层次和 QMS 所需的过程建立质量目标。也未明确体现与"质量方针保持一致"，也未明确体现产品的要求，这样的目标也不便于测量。此外，关于如何完成质量目标的策划欠缺，如没有为实现关于质量目标"该做什么、需要什么资源、由谁负责、何时完成和如何评价结果"等做策划的信息。质量目标罗列了一系列内容，但并未满足标准的基本需求。

7）简明文件中的 4.5.3 公司质量管理体系需保留以下成文的证据信息，未明确"监视和测量资源适合其用途的证据"。咨询中介过程采用较多的"评价方法""检验软件"，这些同样是监视和测量资源，也要实施控制，确保其有效和可靠。

8）咨询中介过程产品是服务，同样需要设计和开发。简明文件的 8.3 虽描述的是一般产品的设计和开发，但对此过程成文的证据信息却未明确。

9）简明文件中的 9.3 分析和评价中，描述"公司应分析和评价通过监视和测量获得的适当的数据和信息"，未明确具体的数据分析方法，更未明确包括统计技术的，尤其是现代统计技术最新软件的应用，而无须用传统的测量数据、画图描点连线的方法。现代的管理文件宜提倡应用新技术和新方法。

6.3.4 【案例6-4】 五金配件批发零售店简明质量管理体系文件

1 公司概况

五金配件批发零售店由4名员工组成。批发零售某五金配件，并代为客户改制。批发零售额100万/年，由店长领导管理岗（包括财务管理）等三个岗位，其构成如图6-6所示。

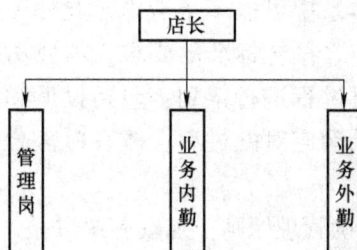

图6-6 五金配件批发零售店人员构成图

2 公司的环境

2.1 风险：地区内同行竞争白热化。

2.2 机遇：国内行业中最大品牌省区代理商。

2.3 标杆（基准）：华北自强。

2.4 竞争对手：地区内：Wan、北门、lire；省际：zhanb、wanhony。

2.5 相关方：公司的相关方除投资人、顾客、员工、供方（包括营业店面场所出租方）外，还有银行、工商、税务、社区及商店的合作伙伴等。这些相关方的需求和期望都是清楚的，无须特别识别。

3 相关法规和行政规章

公司活动涉及的相关法规和行政规章见表6-4。

表6-4 五金配件批发零售相关法律、规章清单

序号	法律、规章名称	发布部门	生效时间
1	《中华人民共和国合同法》	全国人大	1999-10-01
2	《中华人民共和国消费者权益保护法》	全国人大	1994-01-01
3	《中华人民共和国质量法》	全国人大	1993-02-22
4	《中华人民共和国安全生产法》	全国人大	2002-11-1
5	《零售商促销行为管理办法》	商务部、国家发展和改革委员会、公安部、国家税务总局、国家工商行政管理总局	2006-10-15
6	《零售商供应商公平交易管理办法》		2006-11-15

4 质量管理体系

4.1 质量管理体系的范围

鉴于五金配件批发零售过程的特点，销售过程的开发，尽管没有有关产品和服务开发的明确的验证、确认阶段活动的要求，但是对验证和确认活动意识却不能缺少。对其过程实际上需要控制输入和输出。在产品和服务的运行中，不需要对客户财产和放行加以控制。因此，标准对上述实际不需要的控制过程的要求，在本公司的体系中可以不予考虑。此外，体系应包括全公司有关部门、人员和过程，并使之符合标准的要求。本公司的质量管理体系包括以下主要过程：公司对重要过程进行策划，包括投诉和退货的处理，特别是应对风险和机遇的策划；风险应对的过程。体系覆盖公司的五金配件批发零售范围。

鉴于上述要求，要明确管理原则：凡事有章可循，建章建制；凡事有据可查，记录；凡事有人负责，责权利均衡；凡事有人监督，建立检查机制。

4.2 商店按照 ISO 9001：2015 标准的要求，建立、实施、保持和持续改进 QMS，包括所需过程及其相互作用；确定这些过程及其在整个组织内的应用，所需的输入和期望的输出，确定这些过程的顺序和相互作用；确定和应用所需的准则和方法，以确保这些过程的运行和有效控制；应对所确定的风险和机遇。评价这些过程，实施所需的变更，以确保实现这些过程的预期结果。

公司保持成文信息以支持过程运行，并保留确认其过程按策划进行的成文的证实信息。

5 领导作用

5.1 店长承诺

持续利用质量方针和质量目标，作为指导日常进行的内部和外部业务的依据。确保满足顾客规定的和隐含的需求，以及法律、法规要求。店长每年底进行一次年终总结（管理评审）。

5.2 以顾客为关注焦点

在接待客户之前，店长及其员工应确定通常的客户规定和隐含的需求。当合同要求形成时，合同应加以评审并进行更改控制。与此同时，公司还要确定和应对能够影响产品和服务的符合性，以及增强顾客满意能力的风险和机遇，对实施计划和资源也应持续评估，确保满足客户任何书面的或隐含的要求，让客户从商店的服务中得到最大收益。更应定期汇总获取客户反馈的方法，并且将反馈的证据保存在客户文卷中。如果日常发现了问题或反馈信息，应立即与客户沟通联系，以了解是否继续对提供的服务满意。

5.3　制定和沟通质量方针

店长制定质量方针，并向员工宣讲，确保他们理解，以及在工作中加以贯彻实施。

本店的质量方针是：佳友品牌、诚信有序、及时可靠、客户满意。

5.4　岗位、职责和权限

在本章4.2已经对体系做了较全面的描述。故店长要确保组织内相关岗位的职责、权限得到分派、沟通和理解。各岗位职责、权限如下。

5.4.1　店长

除履行5.1所要求的各项责任外，应全面负责QMS有关问题的决策；负责领导各岗位工作和绩效考核。

5.4.2　管理岗

全面负责资源管理；协调与相关方的工作联系；在店面负责客户服务；为各职能提供必要的物质保障；负责相关文件的管理；负责财务管理；收集客户的满意度信息。

5.4.3　业务内勤

负责组织和汇集有关信息，特别是潜在客户的信息；制订销售计划；负责客户的沟通；对签订合同/协议的客户实行跟单服务；收集潜在的客户信息。

5.4.4　业务外勤

负责外部提供过程的管理；对进出货账目进行管理；负责进出货的运输业务管理；负责改制及其外协联络。

6　策划

6.1　应对风险和机遇的策划目的，确保质量管理体系能达到预期结果，增强有利的影响，避免不利的影响，实现改进。

6.2　在策划时应考虑采取哪些措施来应对风险和机遇，如何在质量管理体系过程中整合和实施这些措施，如何评价这些措施的有效性，应对风险和机遇的措施应与其产品和服务的符合性的潜在影响相适应。

6.3　当需要对质量管理体系进行变更时，应进行策划，以保证其能有效实施。

6.4　质量目标及其实现的策划

本店三年的质量目标为：客户满意率85%，每年提高2%；客户投诉数量10次，每年降低1%。

策划如何实现质量目标时，应确定做什么、需要什么资源、由谁负责、何时完成、如何评价结果。

7 支持

7.1 员工管理

7.1.1 确定各岗位人员所需具备的能力,这些人员从事的工作影响 QMS 绩效和有效性,确保这些人员是胜任的。

通过相关培训以适应新的产品、服务及提高竞争力的需要。管理岗要保留招聘、培训、考核和评价这些措施有效性的记录。培训的主要方式为店长传授和师傅带徒弟。

7.2 基础设施

商店办公场所暂租用,与房东签订合同,确保正常使用。如果工作需要,公司就为每个岗位员工配置电脑,其技术维护外包。目前配备乘用车一台,由外勤人员兼任司机。为进行内外联络,配有手机。

7.3 过程运行环境

为使员工有一个心情舒畅的工作环境,配置了适当的家具,创造清洁、安静、温度和通风适当的环境。设置了客户接待休息间,便于洽谈和签订合同或协议。

7.4 沟通

1)内部沟通:由经理与员工通过会议及个别谈话,针对方针、目标、存在问题及改进的建议及时进行沟通,以达成共识,谋求发展。

2)外部沟通:由各岗位通过文件传递、电子邮件、微信与客户及相关方就其需求及改进期望,及时进行有效的沟通,务求就问题解决达成一致。

7.5 成文信息的管理

7.5.1 每个过程都应明确需要哪些文件和记录,其中为符合标准要求则需要有:

(1)文件

QMS 文件,除本简明体系文件外,均由店长按标准的有关要求口头告知。

(2)记录

质量管理体系需保留以下证据信息:客户清单;门店出货记录;客户反馈/抱怨/退货记录;店长定期检查记录;年终总结报告(管理评审)。

此外,店长还可以根据需要决定适当增补所需的文件和记录。

除本简明文件以外,一律采用口头信息,以师傅带徒弟的方式,包括培训、能力及其能胜任岗位的工作评价等。

7.5.2 文件的创建和更新

文件的创建和更新应做到具有标识和说明,格式统一,并且经过店长批准,以确保文件的适宜性和有效性。

7.5.3　文件和记录控制

本体系文件采用纸质方式管理，所有文件的更改，只能由责任人根据店长批准进行，以保证现行文件版本的有效性。

对外来文件，如有关法律法规和行政规章、相关方的文件等，按其原有状态保存。有关证据信息不得进行涂抹、修改。

保存期限为文件和记录失效后3年。

8　运行

8.1　运行的策划和控制

批发零售行业运行的关键是客户沟通和管理，故对客户沟通和管理的过程进行策划和提出控制要求。

8.2　产品和服务要求

8.2.1　客户沟通

对产品信息不熟悉的客户，要逐条耐心解释，帮助客户选型，推荐产品。

为保持与客户的联系，建立"客户清单"，见表6-5。

表6-5　客户清单

序号	客户名称	客户代码	通信地址	联系人	联系方式（手机、微信号）	初始联系时间	备注

门店建立门店出货记录，见表6-6。

表6-6　门店出货记录

序号	出货时间	销货品名	规格型号	商标品牌（厂家）	数量/单位	出货单价	总金额	客户代码	备注

门店建立顾客的有关产品和服务的反馈，包括顾客抱怨和退货记录，见表6-7。

表6-7　客户反馈/抱怨/退货记录

序号	获取信息时间	产品/服务	信息描述	处理人员	处理结果

8.2.2　与产品和服务有关要求的确定

提供产品和服务时，由客户与店长共同商定提供的产品和服务，确保满足商店做出的承诺。

8.2.3　与产品和服务有关要求的评审（即合同/协议的评审）

这种评审由店长负责，有关人员参加。常规或标准产品可减免评审。需要对特殊产品和非标产品进行全面评审，并应保留评审结果的记录，其关键内容是对其风险的评估。

8.2.4　产品和服务要求的更改

若更改产品服务的要求，如产品标准换版、新技术的应用，发布的信息或在店面介绍时，都须得到相应更改，并确保相关人员都能知晓。

8.3　产品销售方案的开发

鉴于业务形式单一、产品销售开发的特殊性，在店长主持下评审确认销售方案，开发的同时，特别关注新业务的风险应对。保留相关的记录。

8.4　外部提供过程、产品和服务的控制

由店长主持供方的选择和控制，选择以后填入供方评价名册，见表6-8。外部供方控制的重点：一是货源供应点的评价，只从经过评价合格的供方采购；二是外协加工点的选择和质量控制。

表6-8　供方评价名册

序号	供 方 名 称	地　　址	供应产品	评价结果	备　注

8.5　服务的提供

8.5.1　服务的提供的控制

由店长策划和控制店面的销售，确保所提供的产品和服务满足客户要求。

8.5.2　标识

店面的每个规格产品均标识清楚。对于容易混淆的同类产品更要标识清晰。

8.5.3　防护

店长负责爱护货物的检查，要按码放高度要求垛堆，不允许脚踏货物。

9　绩效评价

9.1　分析和评价

店长负责分析和评价来自各方面数据和信息，确定各方面信息的趋势。

9.2　定期检查

店长定期/不定期检查工作，确定改进方向。

9.3　年度总结

每年的 12 月由店长主持年度工作总结。

策划和实施年度工作总结的内容包括：

1）去年的年度工作总结所采取措施的实施情况；

2）与质量管理体系相关的内外部情况的变化；

3）与 QMS 绩效和有效性相关的信息；

4）资源的充分性；

5）应对风险和机遇所采取措施的有效性；

6）改进的机会。

年度工作总结（管理评审）要形成报告。

10　改进

无论哪方面的不合格，由店长确定是否采取纠正措施，以满足客户要求和增强客户满意。这应包括：改进产品和服务，以满足要求并关注未来的需求和期望；纠正或减少不利影响，改进商店质量管理体系的绩效和有效性。

【案例 6-4】点评

1）本五金配件批发零售店仅有 4 名员工，批发零售又是相对简单的过程，可以说是微型企业的典型。其简明质量管理体系文件结构基本覆盖了 ISO 9001：2015 标准，其章节号基本参照 ISO 9001：2015 标准章节序，比较清晰。

2）这样的文件，虽然字数不多，但能基本清楚地描述了批发零售店的过程活动。除了简明质量管理体系文件以外的则是管理者的口头指示，也称为口头程序。

3）该店的质量方针较笼统，如"佳友品牌，诚实有序，及时可靠，客户满意"，难以为制定质量目标提供框架，并全面满足标准要求。同时，质量目标与方针也完全一致。

4）此简明文件，未尽的要求用"管理者的口头指示"作为补充，只要这种指示能满足标准要求即可。作为内部运行没有问题，但是，本文件用于认证的话，还需要与认证机构沟通。

参 考 文 献

[1] 柴邦衡，刘晓论.ISO 9000 质量保证体系［M］.北京：机械工业出版社，1999.

[2] 柴邦衡，陈卫，等.设计控制［M］.北京：机械工业出版社，2002.

[3] 柴邦衡，刘晓论.ISO 9001：2008 质量管理体系文件［M］，北京：机械工业出版社，2009.

[4] 张勇，柴邦衡.ISO 9000 质量管理体系［M］.3 版.北京：机械工业出版社，2016.

[5] 柴邦衡，刘晓论.制造过程管理［M］.北京：机械工业出版社，2006.

[6] 郑嵩祥，柴邦衡.ISO/TS 16949 国际汽车供应商质量管理体系解读和实施［M］.北京：机械工业出版社，2005.

[7] 刘晓论，柴邦衡.检验和测量控制［M］.北京：机械行业出版社，2000.

[8] 柴邦衡，刘晓论.质量审核［M］.北京：机械工业出版社，2004.

[9] 唐晓芬.顾客满意度测评［M］.上海：上海科学教育出版社，2001.

[10] 宋其玉.ISO 9000：2000 族质量管理体系常见问题及应对措施［M］.北京：机械工业出版社，2004.

[11] 吴建伟，祝宝一，祝天敏.ISO 9000：2000 认证通用教程［M］.2 版.北京：机械工业出版社，2004.

[12] 高奇微，莫欣农.产品数据管理（PDM）及其实施［M］.北京：机械工业出版社，1998.